本书为国家社科基金项目：政府购买服务支持大众创新创业的障碍因素与解决机制研究（16BZZ0057）的成果

政府购买服务支持大众创新创业研究

江永清　著

中国社会科学出版社

图书在版编目（CIP）数据

政府购买服务支持大众创新创业研究／江永清著．—北京：
中国社会科学出版社，2021．1

ISBN 978－7－5203－7704－1

Ⅰ．①政…　Ⅱ．①江…　Ⅲ．①社会服务—政府采购制度—
研究—中国　Ⅳ．①D669．3

中国版本图书馆 CIP 数据核字（2020）第 264221 号

出 版 人　赵剑英
责任编辑　张　潜
责任校对　胡新芳
责任印制　王　超

出　　版　中国社会科学出版社
社　　址　北京鼓楼西大街甲 158 号
邮　　编　100720
网　　址　http://www.csspw.cn
发 行 部　010－84083685
门 市 部　010－84029450
经　　销　新华书店及其他书店

印刷装订　三河弘翰印务有限公司
版　　次　2021 年 1 月第 1 版
印　　次　2021 年 1 月第 1 次印刷

开　　本　710×1000　1/16
印　　张　17．75
字　　数　256 千字
定　　价　98．00 元

目　录

第一章　导论 …………………………………………………………（1）
一　政府购买服务支持“双创”的政策背景 ……………………（1）
二　政府购买服务的国内外研究综述 ………………………（22）
三　选题的应用价值和学术价值 ……………………………（30）
四　本课题的研究对象范围、总体框架 ………………………（31）
五　本课题研究的基本思路与研究方法 ………………………（35）
六　本书的主要特色和贡献 …………………………………（38）

第二章　国内外政府购买服务支持大众创新创业的政策实践 ……………………………………………………………（40）
一　发达国家政府购买服务支持大众创新创业的政策实践 ………………………………………………………………（40）
二　发达国家政府购买服务支持创新创业的几点启示 ………（69）
三　国内地方政府购买服务支持创新创业的政策实践 ………（70）

第三章　政府购买服务支持“双创”政策执行情况评价 ………（91）
一　地方政府购买服务类型与政策清单落地情况评价 ………（94）
二　政府购买服务支持“双创”的资金保障政策执行情况 ………………………………………………………………（135）
三　地方政府购买服务支持“双创”的长效制度落地情况 ………………………………………………………………（143）

四 地方政府购买服务政策完善与政策动态调整情况 ……… (149)
五 基于 AHP 方法的地方政府购买服务政策执行评价 …… (151)

第四章 政府购买服务支持创新创业政策执行的主要障碍 …… (166)
一 政府购买服务支持大众创新创业的管理主体协同障碍 …… (169)
二 政府购买服务支持大众创新创业的责权利益障碍 ……… (175)
三 政府购买服务支持大众创新创业的供求对接障碍 ……… (182)
四 政府购买支持大众创新创业的技术与流程障碍 ……… (198)
五 政府购买服务支持大众创新创业的资源保障障碍 ……… (207)
六 基于专家模糊评价的政策障碍因素分析 ……… (219)

第五章 政府购买服务支持创新创业的解决机制与政策工具匹配 …… (233)
一 建立政府购买服务支持创新创业的主体责任机制 ……… (233)
二 实现利益关系的激励相容，完善支持大众创新创业的制度衔接 …… (241)
三 规范政府购买服务支持创新创业的技术与流程体系 …… (246)
四 政府购买服务支持“双创”的供求有效对接机制 ……… (253)
五 着力构建长效机制，明确各级政府的财政预算与资源保障责任 …… (263)

附 件 …… (269)
政府购买服务支持大众创新创业的调查问卷 ……… (270)
政府购买服务支持“双创”政策执行综合模糊评价问卷 …… (277)

第一章

导　　论

2015 年 3 月 5 日，李克强总理在《政府工作报告》中明确指出："推进大众创业、万众创新，对于推动经济结构调整、打造发展新引擎、增强发展新动力、走创新驱动发展道路具有重要意义。"而政府购买服务支持大众创新创业是创新驱动战略的重要组成部分，是激发大众创新创业的一项重大举措，在适应和引领经济新常态的大背景下具有十分重要的意义。由此，政府购买服务紧跟"双创"战略的实施，其政策的执行过程和效果成为一项需要密切跟进和评估的任务。

一　政府购买服务支持"双创"的政策背景

政府购买服务支持大众创新创业是国家整个"双创"政策之窗开启周期之内，一项目标、途径、方式均具有探索性的政策选项。对其现实政策背景进行政治经济学分析，有助于把握和了解政府购买服务支持"双创"的现实缘由与动力。因此，分析新常态背景下"双创"的政策背景与推动力量，对进一步研究政府购买服务支持"双创"核心议程、政府购买服务支持大众创新创业的政策传播扩散和政策工具的落地具有重要的现实意义。

（一）我国政府购买服务支持"双创"的政策背景分析

政府购买服务支持"双创"的整体背景与国家"双创"战略的实

施和推进密不可分。“双创”战略的政策之窗开启和实施，是政府购买服务支持“双创”政策工具落地的前提和条件。所谓“政策之窗”是“政策倡导者把他们的注意力集中在政策问题并实现他们所喜欢的方案而开着的机会”。约翰·W. 金登（Kindon）的“政策之窗”理论提出了政策议程设置的一个新的分析框架：“什么样的情况如何被认识和界定为政策问题、政策方案如何被开发、政治事件在这一过程中起什么作用。”[①] 而在现实的政策之窗开启案例中，还有一种类型就是非标志性事件和政策问题缓慢累积的条件下“政策之窗”开启。这类情况的社会问题情境并不是十分迫切，而“政策之窗”的关闭也并没有转瞬即逝，这样一种渐进的“政策之窗”开启并逐步加推的过程，实际上是“双创”政策之窗开启显现的非典型特征。

“双创”政策议程的累进性并逐步强化升温的政策举措跟林德布罗姆的“凑合着对付的科学”不同的是，它是一种具有逐步正强化的政策议程特征，而不是逐步变形走样的过程，导致政策结果与政策初衷相背离。

本研究正是从中国政府支持大众创新创业的政策之窗的成功开启并不断推出政策，结合金登的政策之窗理论分析框架，分析“双创”政策问题的识别、议程构建以及政策企业家的推动与合法化的过程分析，解释中国政府购买服务支持大众创新创业的政策背景特征。

政策问题认知。政策学家认为，在通常情况下，社会问题累积到一定的程度，会催化政治行为，导致“政策之窗”的开启。而突发性的事件通常是这一情形中的重要刺激因素，因为突发事件既刺激政策认知，也刺激公众对社会问题的公共政策诉求，促使政府采取政策行动。但对于长期累积的政策问题，即使没有突发性事件的催化作用，由于问题本身具有高度的重要性，也会促使政策企业家采取政治行动，以避免问题的进一步恶化而带来政治上的被动。显然，我国“双创”

---

① John W. Kindon, *Agendas*, *Alternatives and Public policies*, Boston: Little, Brown and Company, 1984, pp. 3 – 4.

政策出台的背景因素为后者，“双创”政策出台属于社会问题累积到一定程度，围绕政治主线而开启的“政策之窗”。而政府购买服务支持“双创”则属于整个“双创”政策之窗成功开启后所产生的溢出效应（spillover effect）。（见图1－1）

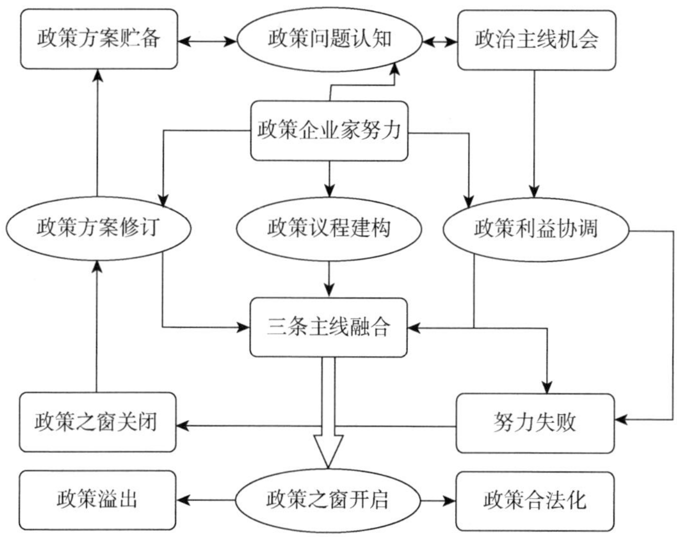

图1－1　基于金登“政策之窗”理论的政策议程构建与合法化模型

金登等政策学者认为，当政策需求产生后，政策供给可能由于各种机会而产生。但如果政策参与者缺乏对政策问题的认识，不能在短期内完成政策方案所需要的准备，并采取行动，则很容易失去政策机会。显然，除了政治事件和社会事件，经济情势转折等因素可以给政策倡导者明显的信号，但这些信号能否被识别取决于政策企业家及相关主体的认知和判断能力。但大多数情况下，政策之窗的开启条件并不是充分而且透明的，因此会出现判断上的失误，导致政策流产和政策的中途夭折，即使是政策专家和政治家之间也就“政策之窗”的开启机会的识别和行动的采取上经常产生分歧。“老练的政治家经常强调选择时机的重要性。”[①] 他们往往能够在关键的事件“窗口期”，提出政策方案，协调各方利益，发起政策议程。这就是西方政治背景下政策之窗能否成功开启的政策企业家要素，政策企业家担负着识别并抓住稍纵即逝的政策机会的关键角色。

而我国政府推动“双创”的政策问题的认知，源自新常态下经济发展动力的转换压力。我国经过改革开放40年的高速发展，其间又经历了1997年东亚金融危机，2008年国际金融危机后的强刺激政策，经济政策中的“大水漫灌”措施已经难以持续。正如李克强总理所言：“我们不搞‘大水漫灌’式的强刺激，而是持续推动结构性改革。”[②] 而美国特朗普政府在新的国家利益主张中凸显“美国优先”(America First) 等类似的原则，加强了贸易保护主义；欧盟等国家也对我国的出口保持了一定的警惕并借机制造新的壁垒。依靠出口拉动和投资拉动来应对新常态带来的经济减速的政策空间受到挤压。此时，国际国内的大环境决定了新常态下新旧动力转化出现阵痛期，迫切需要新的经济增长点和带动力。中共中央、国务院清醒地认识到：“经济增长不可持续的因素累积，……以高投入、高消耗、高产出的模式难以持续，人口红利逐步消失，三驾马车的拉动力出现减弱，要素驱动、投资驱动转向创新驱动成为一项必然的选择。”中国领导人将这种挑战形容为“三期叠加”也就是：“增长速度进入换挡期，结构调整面临阵痛期，前期刺激政策进入消化期。”[③] 它是前期发展模式所积累的矛盾和政策选择所带来的必然结果。推进大众创业、万众创新，就是要培训新的市场主体，开发新的技术产品，开拓新的消费空间，带动新兴战略产业。“实现创新驱动发展，打造新引擎、形成新动力。”[④]

---

① 张伟：《打开“政策之窗”》，《学习时报》2006年第12期。

② 李克强：《不搞“大水漫灌”式的强刺激》，2016－03－05，新华网（http://www.xinhuanet.com/politics/2016lh/2016－03/05/c_135157431.htm）。

③ 顾钱江、张正富、王秀琼：《习近平首次系统阐述“新常态”》，2014－11－10，新华网（http://news.xinhuanet.com/politics/2014－11/10/c_127195118.htm）。

④ 蒋伊晋：《国务院：今年起设立“大众创业创新周”》，《南方都市报》2015年10月14日。

更为重要的是新常态带来的社会风险在逐步显化。多期叠加的巨大就业压力成为社会稳定的重要考量因素。随着经济增速的不断下降，不仅显性就业问题不断增加压力，隐性失业问题开始逐渐凸显出来。“即使是以国家统计局公布的城镇登记失业率与调查失业率之间的差距来衡量的话，那么隐性失业率也要超过1%，隐性失业人员达到300万人左右。”① 而推进“双创”从短期看是扩大就业的低成本路径，从长期看，也是培植新的内生经济动力的优先选择。从我国的就业规模和就业结构性矛盾看，9亿多劳动力，2.8亿农民工，还有待业的大学生，通过政策激励而不是政府包揽才是解决问题的出路，而大众创业、万众创新可以缓解短期内由于增长减缓带来的多重就业压力，其中经济减速和出口减缓带来的农民工就业压力，以及国内房地产市场下滑和经济增速放缓带来的大学生就业和去库存导致的产业工人失业等多重现实压力。这些压力作用在政府政策导向上，会促使政府更加倾向于拉动就业促进创新创业的政策工具选择。

党和国家领导人对于这种情势的判断和认知构成了政策议程开启的关键。习近平总书记在2015年省部级领导干部研修班上明确提出：“‘十三五’时期，我国经济发展的显著特征就是进入新常态。……我们要激发创新创业活力，推动大众创业、万众创新。”② 强调“要以只争朝夕的紧迫感，切实把创新抓出成效”③。使新产业、新市场和新技术成为引领新常态的重要力量。随后，他又指出：“加快实施创新驱动发展战略，就是要……激发全社会创新活力和创造潜能，营造大众创业、万众创新的政策环境和制度环境。”④ 为此，

---

① 李长安：《“双创”是促进社会公正的有效途径》，2015－09－11，光明网（http://theory.gmw.cn/2015－09/11/content_17003213.htm）。

② 《习近平与“十三五”五大发展理念·创新》，2015－11－01，新华网（http://cpc.people.com.cn/xuexi/n/2015/1110/c385474－27798107.html）。

③ 习近平：《主动把握和积极适应经济发展新常态》，2014－12－14，新华网（http://news.xinhuanet.com/politics/2014－12/14/c_1113636703.htm）。

④ 中共中央、国务院：《关于深化体制机制改革 加快实施创新驱动发展战略的若干意见》，2015年3月13日。

需要破除制度和观念上的藩篱，推动政府和市场关系的改善，让市场发挥决定性作用。

而作为“双创”政策的全力倡导者的国务院在政策措施制定和加码的过程中扮演着极为重要的角色。正如李克强总理在2014年《政府工作报告》中所指出的：我国人口规模大，劳动力资源丰富，人才资本充足：“蕴藏着无穷的创造力，千千万万个市场细胞活跃起来，必将汇聚成发展的巨大动能，一定能够顶住经济下行压力。”① 2015年的国务院《政府工作报告》将大众创业、万众创新提升到中国经济转型和保增长的“双引擎”之一的高度，显示出政府对大众创新创业的前所未有的高度重视。“保持经济持续稳定增长，必须通过大众创业、万众创新，催生经济社会发展新动力。”② 从中长期看，面对传统发展模式和路径的瓶颈，需要创新发展的思路，转变发展模式。他强调：“特别是通过鼓励创业创新，寻找更多新的增长点，实现经济社会发展从要素驱动、投资驱动转向创新驱动。”③ 李克强总理曾在一周之内三次倡导“创新创业”。2015年7月9日，李克强在主持经济形势分析座谈会指出：“促进和巩固经济稳定向好，必须……实施创新驱动，加快打造大众创业、万众创新新引擎。”同年7月10日，李克强总理在听取专家和企业负责人意见建议时再次强调：“要大力推动大众创业、万众创新，支持创新型企业特别是创新型小微企业发展。”要想实现“城镇新增就业目标设定为1000万人以上，城镇登记失业率4.5%以内”的目标，当前仍需大力推动大众创业、万众创新。以创业带动就业，以创新为引领，实现经济有质量的增长。进入2016年，国务院和地方政府进一步抓紧出台相关的配套政策，实现“双创”政策的升级和系统化，高层认知的不断强化，为政策窗口的有效打开，

---

① 李克强：《政府工作报告——2015年3月5日在第十二届全国人民代表大会第三次会议上》，2015年3月5日。

② 《李克强何以一周三提“创新创业”》，《金融时报》2015年7月18日。

③ 林火灿：《国务院印发推进创业创新措施意见，激发创业热情》，《经济日报》2015年6月17日。

政策议程的迅速形成，最终实现政策的系统化创造了政治条件和社会舆论条件。李克强总理在2018年《政府工作报告》中首次提出要打造“双创”升级版。“打造大众创业、万众创新升级版，不仅要巩固近年来快速发展的新业态、新模式，还要向更广阔的领域拓展，使创业创新在更大范围、更高层次和更深程度上蔚然成风。”① 从中央政府层面，对于政策问题的认知和新的经济情势的正确判断，则成为政策行为的首要的逻辑起点。此时“双创”的战略意义已经成为中央政府的共同政策认知。正是基于此，政府购买服务支持大众创新创业的形式和途径在国务院的政策部署中不断得到强化和明确，从而为创新券、创业券和服务券等购买服务的落实打开了政策空间。

（二）我国政府支持“双创”的政策基础与动力

政策常识告诉我们，“双创”政策之窗的成功开启并不是必然的，这其中中央政府的努力是最为重要的因素，它和部分先行探索的地方政府一起构成了政策企业家的核心角色。政策企业家包括各级政府的政策倡导者和政策专家，他们的识别能力、协调能力、创新能力和资源配置能力是成功开启政策之窗的必备要素。从中国政府扶持“双创”的政策实践看，它是学习借鉴外国经验，总结地方政府先行先试的模式和成功做法，不断借鉴、吸收和再创新的一种结果。它为“双创”政策的议程设置和实施创造了条件，提供了动力。

一是学习借鉴国外先行者探索以不断酝酿和积累政策方案。实际上，中国政府并不是最先开始“双创”政策实践的。从世界范围内看，不论是推进创新创业，还是政府购买服务支持创新创业，扶持中小企业发展，发达国家都不缺乏先行者。美国政府从克林顿新经济时代开始提倡创新驱动和全民创业，创新创业成为美国经济发展的重要引擎。英国从20世纪80年代以来，实施了一系列大学生创业教育促

---

① 宋岩：《如何打造“双创”升级版？李克强总理这样说》，2018－09－09，中国政府网（http：//www. gov. cn/premier/2018－09/09/content_ 5320535. htm）。

进政策，而荷兰、爱尔兰、新加坡等国先后出台政府购买服务支持创新创业的相关政策，并且推行了政府购买服务支持创新创业的创新补助券计划，积极有效地促进了本国本地区的中小企业发展和创新创业行为，为我国“双创”政策的实践探索提供了可资借鉴的国际经验。

二是国内先行先试修正政策方案。我国地方政府积极学习和借鉴了国外的做法和实践，并结合本地区实际进行了政策工具的创新。其中，北京中关村和深圳的创新创业实践也为政策之窗的开启积累了经验。作为国内首个自主创新的国家级示范区——中关村科技园区在各方面的创业和创新政策中进行了积极的尝试，通过系统化的政策创新和集成，为国内的创新创业政策议程的构建积累了经验。“2011 年 4 月我国第一家车库咖啡入驻中关村科技园，首个青创社区在中关村科技园正式成立并挂牌运营。”① 时任国务院副总理的李克强曾强调要在中关村先行先试鼓励科技创新的政策措施。要求“各有关部门要在前期调查研究基础上，搭建首都创新资源服务平台，……研究相关配套措施，不断增强自主创新能力”。② 北京市对于中关村的“双创”扶持，从政府政策层面搭建创新的综合服务平台，这个平台首次实现了中央和地方的资源整合，平台下面设八个工作组，有 19 个国家有关部委的 37 名司局长和处长在这个平台上办公，北京市的 110 名相关委办局和区县的机关部门和工作人员长期入驻，作为窗口服务单位的延伸。依托综合平台，有关国家部委和北京市各部门等政府主体实现了项目直通车等一系列的会商机制。中关村探索建立了促进创新创业的政策框架体系，形成了 1 +6 + N 的政策体系。“1”是指搭建中关村创新平台——首都创新资源平台，“6”是指支持中关村深化实施先行先试改革的 6 条政策，包括：“股权激励、税收优惠、中央级事业单位科技成果处置权和收益权改革、高新技术企业认定、科研经费管理改革和建

---

① 郭洪：《中关村创新创业呈现六大新趋势》，《人民日报》2015 年 10 月 20 日。

② 谢登科：《李克强考察中关村　强调着力营造激励创新制度环境》，2010 – 12 – 23，中国网（china. com. cn）。

设全国场外交易市场等政策。”①

深圳市实施科技体制创新，科技主管部门均改名为“科创委”，其科创制度体系和机制创新为“双创”提供了“强力催化剂”。为更大力度促进“双创”，2015年6月，深圳市政府发布了《关于促进创客发展的若干措施（试行）》和《促进创客发展三年行动计划（2015—2017年）》，并出台了第一个《创客专项资金的管理办法》。②“深圳是高绩效实现型、高活动活力型、中度环境支撑型、低要素投入型的“双创”城市，在全国具有引领、示范作用。”③ 在深圳柴火创客空间，李克强总理在体验创客们的创意和创新成果之后，给予了高度赞赏：“创客们的奇思妙想和丰富成果，充分展示了大众创业、万众创新的活力，将会成为中国经济未来增长的不熄引擎。”④ 而在政府购买服务支持创新创业方面，江苏宿迁、湖北武汉、四川成都等地也进行了前期的探索。政府购买服务支持中小企业的中小微服务券方面，则政策实践更早，江苏、广东、湖北等地的大中城市也进行了积极探索，为后续政策的拓展与创新积累了经验。

三是进行风险与效益分析，协调政策利益。新常态大背景下“双创”政策虽然不是极为迫切，但也是面对巨大的经济增速下滑压力，权衡各种政策新选项的必然选择。政策倡导者在有限的资源条件下，需要分析政策选项成本，包括政治风险、经济风险和社会风险及其比较收益。这里的风险收益分析，从扶持创新创业的政策体系的政治、经济、社会、生态成本等多个二级指标的比较，其成本代价均要小于传统的政府投资驱动模式，即依靠大规模的政府投资和房地产的松绑政策，这种发展模式的政策支持体系不仅资源投入难以持续，而且社会负面评价带来的政治成本和生态成本不断累高。

---

① 《北京为科技创新营造良好政策环境》，《中国高新技术产业导报》2011年7月25日。

② 吴德群、文萱：《深圳“双创”缘何领跑全国》，《人民日报海外版》2016年9月7日。

③ 翁惠娟、韩文嘉：《深圳发布首份双创研究报告，提出十余条对策建议》，《深圳特区报》2016年10月11日。

④ 开可：《三大关键字解读李克强新年地方考察：暖“小家”谋“大家”》，《中国青年报》2016年1月11日。

从表 1-1 的比较可以看出，以国务院为核心推手的中央政府作为政策倡导者和政策决策者，推动“双创”政策议程，支持政府购买服务支持“双创”从政治风险、社会风险、经济风险、生态风险和文化风险方面都是较低的。并且由政府自身付出的直接财政投入成本完全可控，虽然短期内难以取得明显的经济增速提振作用，但可以避免原来的扩大政府投资带来的巨大财政负担和债务压力。从政治风险看，虽然不如扩张性财政政策的短期效果明显，但也没有长期的负面效果的累积，因此不仅无实质性的风险因素集中累积和释放，而且还能带来一定的正面政治声誉和国际评价。2017 年 4 月第 71 届联合国大会采取协商形式一致通过了第 284 号决议，设立了世界创新日，该《决议》认为世界范围内创新创业已经成为经济增长的新动力和新方式，对中国创新创业行动给予高度评价：“这表明，中国的理念为国际社会实现经济增长和创造就业贡献了解决方案，得到国际社会普遍赞同。”[①] 从社会风险看，支持创新创业的财政资金可以发挥杠杆作用。特别是创新券和中小企业服务券政策有地方政府的先行先试，操作比较成熟，效果较为明显，且政治收益和社会效益均得到正面的肯定。虽然从短期看，不如扩张性的政府投资和项目建设那样产生立竿见影的效果，反而会带来环境和生态问题的负面评价；但从长期看，“有利于创新文化和创客文化的培养，将创新精神和开拓精神植入新一代创客的细胞之中，成为新时代中国文化的基因”。

表 1-1　“双创”政策与传统的刺激政策的成本收益比较

成本	支持创新创业	政府投资传统产业	两种方式风险收益比较
政治风险	无实质政治风险	风险不断累积	前者风险为零，但短期收益低 后者短期收益高，但政治风险高
社会风险	短期降低，长期降低	短期降低、长期升高	两种风险初期降低，后期相反

① 殷淼：《联合国大会呼吁各国支持“大众创业、万众创新”》，2017-04-30，中国经济网（http://world.people.com.cn/n1/2017/0428/c1002-29244469.html）。

续表

成本	支持创新创业	政府投资传统产业	两种方式风险收益比较
经济风险	成本极低，风险市场化	成本很高，风险内化	前者代价低，收益缓慢 后者成本高，且风险大
生态风险	资源环境要素代价低	资源环境消耗 难以为继	前者几乎无风险， 后者风险将指数增大
文化风险	营造创新创业氛围	强化既有发展模式	取得创新创业认同， 后者支持传统模式的信念

资料来源：依据政策分析理论与方法，笔者整理而来。

国务院“双创”政策议程的确定和政策的不断出台，是回应经济新常态下发展动力不足和增长缺乏新引擎政策问题作出的重大部署。为推动“双创”政策之窗的开启，国务院不断营造良好的政策氛围，并进行多种层面的政策讨论，并将其列入中央政府层面的政策议程。国务院至少召开15次以上的常务会议，并且在提交全国人大的《政府工作报告》中讨论此问题，成为国家中心政策议题之一。（见表1－2）

表1－2　　国务院推进“双创”政策议程的设置与讨论

日期	政策议程	主要政策议题与政策方案
2015－01－28	国务院常务会议	确定了支持发展众创空间的政策措施，为创业创新搭建新平台
2015－03－05	全国人大十二届三次会议	政府工作报告将“双引擎”明确表述为“大众创业、万众创新和增加公共产品、公共服务”
2015－06－04	国务院常务会议	李克强总理主持召开的国务院第93次常务会议审议通过了《关于大力推进大众创业万众创新若干政策措施的意见》。从9大领域、30个方面明确了96条政策措施
2015－06－10	国务院常务会议	支持农民工、大学生和退役士兵等返乡创业，促就业、增收入，打开工业化和农业现代化、城镇化和新农村建设协同发展新局面

续表

日期	政策议程	主要政策议题与政策方案
2015－06－17	国务院常务会议	确定实施“三证合一”登记制度改革，方便创业创新；部署运用大数据优化政府服务和监管，提高行政效能
2015－09－01	国务院常务会议	发挥杠杆作用和乘数效应，吸引民营和国有企业、金融机构、地方政府等共同参与，建立总规模为600亿元的国家中小企业发展基金
2015－09－16	国务院常务会议	研究关于加快构建大众创业万众创新支撑平台的指导意见，从十个方面阐述了国务院关于大力推进大众创业万众创新和推动实施“互联网＋”行动的有关部署
2015－10－08	国务院常务会议	从2015年起设立“全国大众创业万众创新活动周”，定于每年10月举行，具体时间根据年度安排确定，每年设置不同主题
2015－10－21	国务院常务会议	决定在全国推广国家自主创新示范区部分所得税试点政策，推进结构调整，助力创业创新
2016－01－14	国务院常务会议	决定设立国家新兴产业创业投资引导基金，助力创业创新和产业升级
2016－04－20	国务院常务会议	推动大众创业、万众创新向更大范围、更高层次、更深程度发展，按照政府工作报告部署，建设一批高水平、有特色的“双创”示范基地，构筑完备的创业创新服务链
2016－10－14	国务院常务会议	部署持续深化商事制度改革，更大降低创业创新制度性成本
2017－06－07	国务院常务会议	部署新建一批大众创业万众创新示范基地，推动体制机制创新和经济转型升级
2017－06－21	国务院常务会议	部署促进分享经济健康发展，推动创业创新，便利群众生产生活
2017－07－21	国务院常务会议	出台国务院关于强化实施创新驱动发展战略　进一步推进大众创业万众创新深入发展的意见
2018－01－04	国务院常务会议	部署进一步优化营商环境，持续激发市场活力和社会创造力；确定加大支持基础科学研究的措施，提升原始创新能力
2018－01－17	国务院常务会议	确定进一步支持返乡下乡创业的措施，激活农村资源要素，促进乡村振兴

续表

日期	政策议程	主要政策议题与政策方案
2018 - 04 - 05	国务院常务会议	为降低创业创新成本会议决定采取 7 项措施为企业减轻税负 600 多亿元。支持留学回国人员创业创新，进一步简化落户、子女入学等证明和办理手续
2018 - 07 - 04	国务院常务会议	深化科技领域“放管服”改革，按照能放尽放的要求赋予科研人员更大的人财物自主支配权，充分调动他们的积极性，激发创新活力，壮大经济发展新动能
2018 - 09 - 07	国务院常务会议	深入实施创新驱动发展战略，打造大众创业、万众创新升级版
2018 - 12 - 08	国务院常务会议	将新一批 23 项改革举措向更大范围复制推广，更大力度激活创新资源、激励创新活动，培育壮大发展新动能
2018 - 12 - 12	国务院常务会议	决定实施所得税优惠，促进创业投资发展，加大对创业创新支持力度

资料来源：2014—2018 年中国政府网官方文件和资料，经整理。

四是政策资源的配置。政策学家通常认为，政策之窗的成功开启与政策企业家的资源动员和优化配置能力密不可分。尤其是在资源约束条件非常紧张的情况下，利用现有的政策工具，撬动政策资源以满足政策议程的需要，成为一门实实在在的政策艺术。在“双创”政策议程开启之后，国务院迅速将政策议程转化为政策方案，并抓住难得的政策窗口期出台了一系列政策方案。不断将“双创”政策加码，推动地方政府将政策方案落地，这些政策方案一开始涉及的主体较少，范围也较窄，但随着政策思路的不断完善和政策预期的不断升温，政策方案逐步完善，并且措施更加具体和系统化。（见表 1 - 3）

表 1 - 3　　国务院推动大众创业万众创新主要政策措施与方案

政策名称	政策时间	主要政策导向
国务院办公厅关于发展众创空间　推进大众创新创业的指导意见	2015 - 03 - 11	继续推动众创空间向纵深发展，在制造业、现代服务业等重点产业领域强化企业、科研机构和高校的协同创新，加快建设一批众创空间

续表

政策名称	政策时间	主要政策导向
国务院关于进一步做好新形势下就业创业工作的意见	2015－05－10	实施更加积极的就业政策，把创业和就业结合起来，以创业创新带动就业，催生经济社会发展新动力，为促进民生改善、经济结构调整和社会和谐稳定提供新动能
国务院关于大力推进大众创业万众创新若干政策措施的意见	2015－06－16	不断完善体制机制、健全普惠性政策措施，加强统筹协调，构建有利于大众创业、万众创新蓬勃发展的政策环境、制度环境和公共服务体系，以创业带动就业、创新促进发展
国务院办公厅关于加快推进“三证合一”登记制度改革的意见	2015－06－29	加快推进这一改革，可以进一步便利企业注册，持续推动形成大众创业、万众创新热潮
国务院办公厅关于支持农民工等人员返乡创业的意见	2015－06－21	加快建立多层次多样化的返乡创业格局，全面激发农民工等人员返乡创业热情，创造更多就地就近就业机会，加快输出地新型工业化、城镇化进程
国务院关于积极推进“互联网＋”行动的指导意见	2015－07－04	加快推进商事制度改革，进一步便利企业注册，持续推动形成大众创业、万众创新热潮
国务院办公厅关于同意建立推进大众创业万众创新部际联席会议制度的函	2015－08－20	在国务院领导下，统筹协调推进大众创业万众创新相关工作，加强有关地方、部门和企业之间在推进大众创业万众创新方面的信息沟通和相互协作，及时向国务院报告有关工作进展情况，研究提出政策措施建议
国务院关于加快构建大众创业万众创新支撑平台的指导意见	2015－09－26	营造四众发展的良好环境，推动各类要素资源集聚、开放、共享，提高资源配置效率，加快四众广泛应用，在更大范围、更高层次、更深程度上推进大众创业、万众创新，打造新引擎，壮大新经济

续表

政策名称	政策时间	主要政策导向
国务院办公厅关于加快众创空间发展　服务实体经济转型升级的指导意见	2016－02－18	充分发挥各类创新主体创新的引领和驱动作用，紧密对接实体经济，有效支撑我国经济结构调整和产业转型升级，在制造业、现代服务业等重点产业领域强化企业、科研机构和高校的协同创新
国务院办公厅关于建设大众创业万众创新示范基地的实施意见	2016－05－12	建设一批“双创”示范基地、扶持一批“双创”支撑平台、突破一批阻碍“双创”发展的政策障碍、形成一批可复制可推广的“双创”模式和典型经验，重点围绕创业创新重点改革领域开展试点示范
国务院办公厅关于加快推进“五证合一、一照一码”登记制度改革的通知	2016－06－30	从2016年10月1日起正式实施“五证合一、一照一码”，在更大范围、更深层次实现信息共享和业务协同，激发企业活力，推进大众创业、万众创新，促进就业增加和经济社会持续健康发展
国务院办公厅关于支持返乡下乡人员创业创新　促进农村一二三产业融合发展的意见	2016－11－18	返乡下乡人员创业创新，有利于将现代科技、生产方式和经营理念引入农业，提高农业质量效益和竞争力；有利于发展新产业新业态新模式，推动农村一二三产业融合发展；有利于激活各类城乡生产资源要素，促进农民就业增收
国务院办公厅关于创新管理优化服务　培育壮大经济发展新动能　加快新旧动能接续转换的意见	2017－01－13	坚持以推进供给侧结构性改革为主线，着力振兴实体经济，深入实施创新驱动发展战略，大力推进大众创业万众创新；深化简政放权、放管结合、优化服务改革，进一步优化公共服务、创新行政管理
国务院办公厅关于加快推进“多证合一”改革的指导意见	2017－05－05	构建“互联网＋”环境下政府新型管理方式、营造便利宽松的创业创新环境和公开透明平等竞争的营商环境，建立程序更为便利、内容更为完善、流程更为优化、资源更为集约的市场准入新模式，促进提高劳动生产率
国务院办公厅关于县域创新驱动发展的若干意见	2017－05－11	支持县域开展以科技创新为核心的全面创新，推动大众创业、万众创新，加快实现创新驱动发展，打造发展新引擎、培育发展新动能

续表

政策名称	政策时间	主要政策导向
进一步推进大众创业万众创新深入发展的意见	2017-07-27	进一步系统性优化创新创业生态环境，强化政策供给，突破发展瓶颈，充分释放全社会创新创业潜能，在更大范围、更高层次、更深程度上推进大众创业、万众创新
国务院办公厅关于推广支持创新相关改革举措的通知	2017-09-07	营造有利于大众创业、万众创新的制度环境和公平竞争市场环境，为创新发展提供更加优质的服务，经国务院批准，将有关改革举措在全国或8个改革试验区域内推广
国务院办公厅关于进一步压缩企业开办时间的意见	2018-05-14	依法推进压缩企业开办时间工作，强化责任落实，提高服务效能，增加透明度和可预期性，提升办理企业开办事项的实际体验，进一步降低制度性交易成本、激发大众创业万众创新活力
国务院关于推动创新创业高质量发展 打造“双创”升级版的意见	2018-09-07	通过打造“双创”升级版，进一步优化创新创业环境，大幅降低创新创业成本，提升创业带动就业能力，增强科技创新引领作用，为实现更充分就业和经济高质量发展提供坚实保障

资料来源：2014—2018年中国政府网官方文件和资料，经整理。

政策之窗的开启需要政策动员者持续发力打通政策“最初一公里”。从国务院的政策出台窗口期看，推动大众创业万众创新的政策突破口在于2015年3月发布的国务院办公厅关于加快众创空间的发展的《指导意见》上，这是明确以促进“双创”为目的写进文件的第一份国务院文件。2015—2018年，为推动“双创”工作，国务院层面下发的文件多达20多个，政策措施有300多条。

国务院的“双创”政策需要得到国家部委和相关机构的积极响应才能够顺利打通“最初一公里”，为地方政府的执行和落地创造良好的条件。政策之窗开启之后，政策资源的配置牵涉到中央各级部门的责任和资源的协调。从中央政府层面加强横向政策协调，注重建立部门之间、部门与地方之间政策协调联动机制，形成众创的政策合力。国务院的“双创”政策协调由国家发改委牵头，23个部门和单位参加的部际联席会议制度被正式批复建立。成员单位包括科技部、人社部、财政部、工信部和“一行三会”等国家部委、直属机构和国务院直属事业单位。确立以发改委、财政部门、科技部门为主导，加强政策的整体联动，发挥政策的协同效应。主要是通过联席会议制度，发挥桥梁和纽带作用，在地方政府、国家部门和企业和市场多维主体之间进行信息沟通和情况的反馈。从具体的工作安排看，联席会议办公室设在国家发展改革委，由其内设的机构承担日常事务的组织和协调工作。国务院要求各地区、各部门要系统梳理已发布的有关支持创业创新发展的各项政策措施，通过负面清单审查和“双创”政策的检讨、清理和再创新，切实打通“双创”政策的“最初一公里”和政策落实的“最后一公里”，确保各项政策措施落地生根。（见表1－4）

表1－4　　国家部分部委政策的有效协同与资源配置

机构名称	配套文件名称	主要政策内容与解决问题
发改委	《关于印发“双创”孵化专项债券发行指引的通知》	加大债券融资方式对“大众创业、万众创新”的支持力度，拉动重点领域投资和消费需求增长
科技部	《关于印发〈发展众创空间工作指引〉的通知》	明确众创空间的功能定位、建设原则、基本要求和发展方向，指导和推动众创空间科学构建、健康发展
人社部	人力资源社会保障部办公厅《关于进一步推进创业培训工作的指导意见》	面向有创业意愿和创业培训需求的劳动者大规模开展创业培训，大幅度提高创业培训质量，使有创业意愿和创业培训需求的劳动者都有机会获得创业培训服务
教育部	《高等学校“十三五”科学和技术发展规划》	大力发展众创空间支撑大学生创新创业，加强高校对创新创业空间的服务和支持

续表

机构名称	配套文件名称	主要政策内容与解决问题
财政部	《关于印发〈中小企业发展专项资金管理暂行办法〉的通知》 《关于支持开展小微企业创业创新基地城市示范工作通知》	引领带动地方积极探索政府扶持中小企业的有效途径，支持改善中小企业发展环境，加大对薄弱环节的投入，突破制约中小企业发展的短板与瓶颈，建立扶持中小企业发展的长效机制，有效促进形成“大众创业、万众创新”的良好局面。 重点强化对创业创新基地（众创空间、小企业创业基地、微型企业孵化园、科技孵化器、商贸企业集聚区等）服务能力的支持，并以创业创新基地为载体，采取多种有效方式促进中小企业特别是小微企业发展
农业部	《关于实施推进农民创业创新行动计划（2015—2017 年）的通知》 《关于开展农村青年创业富民行动的通知》	努力搭建农民创业创新平台。形成一批农民创业创新园区。按照政府搭建平台、平台聚集资源、资源服务创业的要求，积极配合有关部门，依托现有各类开发区和农业产业园区，支持一批基础设施完善、服务功能齐全、社会公信力高、示范带动作用强的园区成为农民创业创新园区
工信部	《关于做好小微企业创业创新基地城市示范有关工作的通知》 《关于做好推动大众创业万众创新工作的通知》	小微企业创业创新基地城市示范工作，以推动“大众创业、万众创新”为主线，切实加大对示范城市的指导聚焦政策、完善机制、集聚资源，以营造有利于大众创业、万众创新的良好生态环境
国土部	国土资源部等部委《关于支持新产业新业态发展　促进大众创业万众创新用地的意见》	明确各地可结合地方实际，确定当地重点发展的新产业，以“先存量、后增量”的原则，优先安排用地供应。对新产业发展快、用地集约且需求大的地区，可适度增加年度新增建设用地指标

资料来源：2015—2018 年中国政府网官方政策发布的《政府公报》，经整理。

从国务院相关部门的政策跟进和配套看，在“双创”政策之窗打开后，国家各部门各司其职，出台或者联合出台相关政策举措，从资金、信贷、投资、土地、人力资源等多种要素，工业、科技、农民工、大学生创业等多主体多维度进一步拓展政策空间，解决“双创”过程中的若干政策要素的落地问题。（见图1－2）

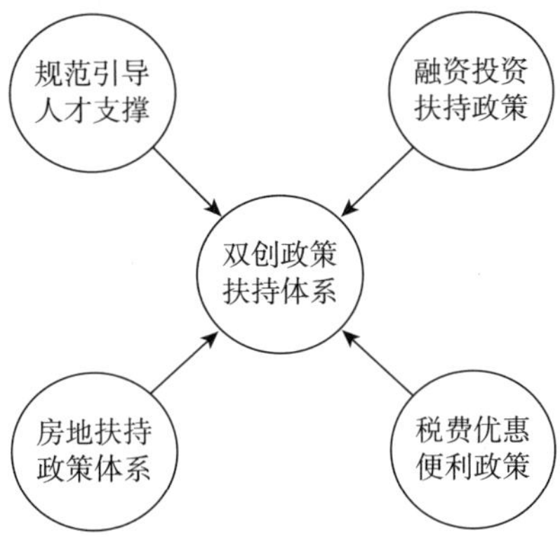

图1－2　国家机构支持“双创”的政策配合与系统协调

一是解决“双创”资金融资问题的政策落地。其中国家发改委出台了“双创”孵化债券发行的《指引》，“双创”孵化专项债券募集的资金用于涉及“双创”孵化服务的设施改造升级，设立孵化器和创业园等项目。发改委将适用简化审核审批程序：“提高审核效率，并适当调整企业债现行审核政策及放宽准入条件。”[①] 此举在于适当降低融资门槛，解决各地“双创”基础设施建设投资的政策门槛问题，为各类孵化器平台的资金融资提供便利化政策服务。

二是解决扶持“双创”的投资基金与税费优惠政策落地问题。财政部出台中小企业引导资金和小微企业创业示范基地建设服务资金的两项扶持政策，将中央政府的政策扶持由文件形式转变为实实在在的中央财政的资金扶持。中小企业发展专项资金包括科技创新、科技服

① 国家发展改革委办公厅：《关于印发双创孵化专项债券发行指引的通知》，2015年11月9日。

务和引导基金项目共计 3825 项，中央财政预算计划安排资金 34.8 亿元。其中“科技创新项目 2386 项，计划安排资金 19.8 亿元。科技服务项目 954 项，计划安排资金 10 亿元；引导基金项目 485 项，计划安排资金 5 亿元”[①]。这两项政策分别针对中小企业各方面的资金整合，明确中央和地方财政支出的方向、重点和具体的支持项目类型，提供中小微企业的孵化和创新平台的资助。而中小微企业的示范基地工作的扶持资金则重点突出对中小企业孵化基地建设的支持，主要解决公益服务和政府购买服务的财政支持。此外，包含“其他促进中小企业发展的工作”[②]。财政部对扶持的范围只有一个较为笼统的界定，服务项目则没有进一步明确，留待地方政府根据本地实际确定扶持对象和扶持具体项目，赋予了地方政府更大的自主权。

三是支持“双创”的土地资源配置政策落地问题。国土资源部和发改委等部门则为创新创业的孵化平台的建设和改造用地提供政策便利化支持，降低用地门槛，鼓励和支持众创空间和各类孵化器的用地，在审批和收费等方面给予倾斜和优惠，目的主要是保证新兴业态发展的用地需要。

四是“双创”支持平台的引导与规范管理政策落地问题。科技部出台《发展众创空间工作指引》，通过制定一系列的标准和规范及其操作办法，规范众创平台和众创空间发展，同时为各地的众创空间发展建立一个参照的评价和操作体系。其指引明确提出：“有条件的地方要对众创空间的房租、宽带接入、公共软硬件、教育培训、导师服务、创业活动等费用给予适当财政补贴。”[③] 从科技部的角度，提出来要综合运用各种措施，落实政府购买服务的扶持政策，为中小企业尤其是“科技型中小微企业提供科技研发、市场渠道、管理咨询、检测

---

① 科技部、财政部：《关于 2014 年度中小企业发展专项资金科技创新、科技服务和引导基金项目立项的通知》（国科发计〔2014〕166 号），2014 年 6 月 18 日。

② 财政部：《关于印发〈中小企业发展专项资金管理暂行办法〉的通知》（财建〔2015〕458 号），2015 年 7 月 17 日。

③ 科技部：《关于印发〈发展众创空间工作指引〉的通知》，2015 年 9 月 18 日。

检验、人力资源等各种形式的服务。”①

五是“双创”的人力资源开发政策落地问题。人社部出台的《关于进一步推进创业培训工作的指导意见》，主要针对各类“双创”人才创业发展的专项计划，特别是以就业创业为主导的众创空间建设提供政策支持。鼓励地方人社部门作为众创的主管部门执行相关“双创”政策议程，“研究探索通过‘创业券’‘创新券’等方式对创业者提供创业培训服务”。② 但实际上，人社部门计划推出的创新创业券与科技部门和工信部门的创新创业券在扶持的重点和受益对象上有较大的差距，正好可以形成补充，发挥政策协同作用。

另外，着力解决行业“双创”政策整体联动问题。各领域各行业主管部门都推出了政策措施，其中，教育部的创新规划实际上是将“双创”在教育系统内进行了统筹安排，将创新创业与教学科研有机结合。教育系统，尤其是高等院校的创客空间和创业扶持工作，形成了相对独立的体系，工信部出台的政策不仅包括扶持中小微企业的发展，而且推动工业类的众创空间的发展，并将两者的发展统筹考虑，归类整合相关政策，统筹相关资源，从而在工业和信息化领域助推创业和创新，形成具有专业众创空间发展的引导方向，以“双创”带动工信领域产业转型升级。为此提出：“进一步支持示范城市完善中小企业服务体系。积极鼓励在示范城市推广中小企业服务券制度。”③ 而农业系统则更加关注农村创新创业层面的政策构建，一方面，专注于农业类的众创空间发展，重点突出农业星火众创空间的扶持政策；另一方面，注重国务院的农民工返乡创业工作的落实，结合共青团中央的倡议行动，共同推动农村青年创业和创新。也明确提出“依托现有服务机构，通过政府购买服务、项目招投标等方式健全服务功能，整

① 科技部：《关于进一步推动科技型中小企业创新发展的若干意见》（国科发高〔2015〕3号），2015年1月10日。

② 人力资源社会保障部办公厅：《关于进一步推进创业培训工作的指导意见》（人社厅发〔2015〕197号），2015年12月23日。

③ 工业和信息化部办公厅：《关于做好小微企业创业创新基地城市示范有关工作的通知》（工信厅企业函〔2015〕739号），2015年10月20日。

合社会资源，为农民创业创新提供综合性服务”。[①] 政府的主要服务领域在于农村创新创业平台的搭建，组合和聚集各类平台的资源，整合服务功能，为农村青年创业和创新提供优惠的政策支持：“支持各类创业园区和新型孵化模式发展，推动创业担保贷款、减税降费等政策惠及农村青年创业。”[②] 正是由于国家“双创”政策之窗的成功开启，政策动力不断加强，对于落实“政府购买服务支持大众创新创业”的政策工具提供了条件，形成了新的政策配套要求。

二 政府购买服务的国内外研究综述

国外研究：政府购买公共服务在西方新公共管理运动中，已然成为一种政策选择。美国 20 世纪 90 年代重塑政府运动，进行了先驱性的探索和实践，国外学者对此进行了深入研究。一是实践视角研究。戴维·奥斯本、E. S. 萨瓦斯、莱斯特·M. 萨拉蒙、简·莱恩、盖伊·彼得斯等结合本国实践有专门或综合的研究。二是政府购买行为的效果研究。巴罗（Robert J. Barro，1981）对于政府购买非国防服务的临时性行为和常规性行为进行经验研究，认为临时性的服务采购更有效率。康纳（Daniel O'Connor，2005）等研究了加拿大政府的市场化改革和政府治理合同化改革，认为非政府组织以自治的形式提供公共服务更有效率。克里斯托弗（Christopher，2011）研究政府购买行为对于产业的影响及其传导机制，发现政府购买行为的结果接近于新古典主义而不是新凯恩斯主义的假设。相反，马克（Mark Schlesinger，1986）研究马萨诸塞州的政府购买服务实践，认为很少效率目标能够真正达到，改革反而降低了服务质量，提高了价格。费恩（Mary G. Finn，1998）研究政府购买商品和服务的挤出效应，认为政府购买

① 农业部：《关于实施推进农民创业创新行动计划（2015—2017 年）的通知》，2015 年 8 月 20 日。

② 农业部办公厅、共青团中央办公厅、人力资源社会保障部办公厅：《关于开展农村青年创业富民行动的通知》，2015 年 10 月 28 日。

行为对市场产出具有一定的负面影响。戴维·凡斯莱克（David M. van Slyke，2003）基于纽约州的政府社会服务外包实证分析，探讨政府购买服务的有效性神话（Mythology），提出了州、县、市政府管理能力问题及其外包需要具备的基本条件。三是政府购买服务的责任和质量问题研究。雷德（Bradford G. Reid，1982）认为政府购买服务的构成和规模的变化与其说是节省成本，不如说是预算约束的副产品。沙姆斯·哈克（Shamsul Hague，2001）认为现有的市场化导向的政府治理趋势，削弱了政府服务的公共性，恶化了责任状况。马克莱等（Michael Macaulay and Alan Law ton，2006）认为随着公共服务市场化改革，在复杂的改革背景和现实压力驱动下，效率与功利价值两者之间的伦理趋于融合。乔斯（Philip H. Jos，2009）提出顾客导向的公共服务时代应当保留公共服务的公共价值。不能简单地把公民个人视为公众，政府服务的对象与顾客在服务形式和特征上具有明显的差别。四是政府购买的政策方式研究。萨瓦斯（E. S. Savas，2002），通过研究纽约市无家可归庇护、家庭护理、就业培训的政府购买服务及其使用凭单抵用券等方式，对 132 家社会组织进行调查，认为其提高了政府服务的竞争性。五是政府购买服务的法律问题研究。文森特·琼斯（Peter Vincent－Jones，2005）从管制的视角研究社会工作与服务中公民的法律地位问题，出于多元复杂的目标，政府、服务接受者、合同承包商和其他团体需要更好融入社会服务网络，并考虑不同领域的特殊性予以政策补偿安排。六是支持创新创业研究。有的研究美国小企业管理局（SBA）、小企业发展中心（SBDC）、妇女企业中心等机构提供包括创业培训和咨询、指导起草商业计划书、企业管理技术支持、与银行合作提供担保贷款、帮助企业申请政府采购合同等服务。弗劳恩霍夫系统与创新研究所（Fraunhofer Institute Systems and Innovation Research，2005）专家研究发现：按照服务生命周期进行购买服务更加有利于支持创新；欧盟 PTP 项目维护运作中心（EU Project OMC—PTP）研究小企业革新研究计划（SBIR）和小企业技术转化计划（STIR）的采购合同，认为按照是否满足协议条件而进行阶段性购买行为决策更有效。由此可见，国外政府购买服务的研究起步早、时间长、内容丰富，鉴于篇幅不宜赘述。其理论导向和政策实践对我国的改革具有一定的影响，也助推了国内研究的兴起。

国内研究：国内许多对于公共服务供给与改革的研究都涉及政府购买公共服务，其研究方法不断完善，领域不断拓宽，目前已经形成了多途径多视角的研究格局。

一是综合的理论与实践探索视角。有的研究政府购买、以钱养事，积极推进服务方式和机制的创新（项继权等，2006；唐铁汉，2007）；有的借鉴国外公共服务外包的经验提出在中国建立公共服务购买制度的可行路径（贾西津、苏明、韩俊魁、孙杰，2009）；有的研究政府向社会组织购买服务的基本原则、路径、方法、机制，内在机制和逻辑（王浦劬，2010，2015）；有的对文献进行整体分析以考察该领域的研究动态（岳经纶、谢菲，2013）；有的把公共服务的理论与实践、成本与绩效、体制与机制等作为亟待研究的重点和主题（何翔舟，2014）；有的提出从经济、管理、政治和法律四个视角探讨政府购买公共服务，构建政府购买公共服务分析的整体框架（叶托，2014）；有的提出激励相容的约束机制，按照契约精神，促进政府、社会组织与公民三方共赢（姜竹、陈佳，2017）；有的则从多级政府维度分析政府部门之间，以及社会工作机构之间的价值偏好与行为选择复杂关系模式，指出委托代理的正式合同和隐形条约中的社会工作机构的发展路径（陈天祥、郑佳斯，2016）；有的则提出整合性理论框架，试图将外部环境、政策驱动力、政府制度安排、政策效果、优化调整等多维度要素进行综合分析，从而为购买公共服务、服务外包、政府与社会资本合作等问题研究提供一个概念化图谱（林民望，2017）；有的则从组织标准化、程序规范化、文本合同的标准化着手，从政府购买服务的标准化、法制化、资金保障等维度提出优化路径（陈伟，2016）。有的则立足实践探索，研究成都武侯区政府与新生的社会组织签订购买服务合同，研究基层组织承接购买服务的制度规范，如目录、标准、办法，参与考核等管理问题（句华，2017）。

二是购买服务供给的社会组织培育与制度规范的视角。有的关注政府购买服务与农村非营利组织培育机制（施从美，2014）。有的认为政府作为公共服务主体的角色矛盾，是公共服务既难以实现公平，又难以提高效率的体制性因素（迟福林，2015）。有的对政府购买社会服务的政策工具箱和匹配性考察（季璐，2015）。有的专门进行对策研究（勾学玲、黎熙元，2013）。有的则从社会管理创新的角度进行研究（陈红莉，2013）。有的就政府购买服务承接组织的人才培养问题进行研究（陈书洁，2014）。有的则从政府购买服务与事业单位改革的衔接角度进行研究（句华，2012；王云骏，2014）。有的则认为政府购买公共服务与政府职能转移虽然存在一定契合性，但两者之间的目标和价值存在明显双重差别，提出避免落入低效的窠臼的应对路径（石亚军、高红，2017）。有的提出将包容性创新引入公共服务领域，兼顾公平和效率（赵武、李晓、庞加兰、高樱，2015）。有的则从国家与社会的二元框架，分析国家控制的策略和社会组织的嵌入行为造成社会组织服务供给困境及其优化路径（王清，2017）。有的则从政府购买服务的公法责任角度，研究弥补民法中的制度安排的不足，促进机关与市场主体两者之间的功能和关系的耦合（胡敏洁，2016）。有的则从经济法的角度，研究实现政府购买服务的有效规制和效果的最优化，有效解决政府购买养老服务的矛盾和责任与纠纷的调节问题（于新循，2017）。有的研究者从政策规范性文件的视角，结合行政任务、公共服务的功能、公民基本权利、政府职能转移四个标准，试图厘清政府购买公共服务应有的范围（付士成、李昂，2016）。有的则认为，社会组织以专业化能力承担政府购买服务，与基层社区组织和治理机构的能力之间构成了矛盾，彼此之间张力是导致政府购买服务在基层遭遇困境的原因（陈家建、赵阳，2019）。有的则基于政策合法性的逻辑，从政府购买服务的价值合法性、程序合法性和主体合法性三个维度，分析实践中的差异（徐家良、武静，2017）。有的围绕在监管规制政策的实践问题，指出法规滞后，职责体系不清晰，监督专业化和科学化手段不够等现实问题，提出创新监管的应对路径（张文礼、王达梅，2017）。有的则通过对广州地区的实例分析，认为基于社会组织的专业性和自主性，推进社会组织立法，可以促进政府购买服务的社会组织的规范化和专业化发展（关爽，2018）。有的则从制度模式的角度，聚焦上海、广州、香港等特大型城市中政府购买社区公共服务领域的制度安排，归纳项目制、单位制、混合制的适用场景和条件（管兵、夏瑛，2017）。

三是政府购买服务的供应商选择与管理视角。有的从承担服务主体多元化方面分析，指出第三方组织培育不足是传统政府服务模式造成的困境（崔光胜、陈培浩，2013）。有的阐释了供应商选择理论的核心内容，评价标准以及选择方式（杨文静、蔡萌，2015）。有的认为通过竞争性选择程序、公共服务公开招标采购的实际应用——谈判和合作是两种可行选择来解决政府购买服务的供应商问题（黄春蕾，2015）。有的则集中研究政府购买服务的供需适配机制，优化供求信息的配置（倪咸林，2018）。有的研究迈向“契约化”的政社合作，通过合同合约方式来实现对服务供应商的精细化管理和规范（张昱等，2014）。有的研究优化政府购买服务的供应链管理，提高效率和质量（娄峥嵘，2014）。有的从委托代理关系，及其存在的道德风险和合谋寻租等角度出发，分析其对政府购买服务的合同履行及其绩效影响（孙玉霞，2016）。有的则通过对北京市社区购买服务的实证研究，分析政府购买服务各相关主体的博弈过程，及其不同类型的矛盾，提出互通机制、交集共识与良性互动与发展的优化路径（崔军、陈茜，2016）。有的基于项目承担者与政府部门的关系，区别政府与服务机构的紧密、松散和关系网里三种复合类型，认为中国政府组织中信息模糊带来的阻隔是难以推广的原因（李晨行、史普原，2018）。有的则认为，在现实推进中一些寻租行为和不规范的操作会带来巨大的财政隐忧（傅志华、韩凤芹，2018）。有的基于杭州市某城区购买服务的案例，对目前购买服务标准化的现状及存在问题进行分析研究（张晶、肖若镜，2018）。

四是政府购买服务的绩效评价视角。有的以服务质量、服务能力、价格以及合作能力为决策指标，提出了一种基于质量损失的服务供给机构评价方法（徐兰、方志耕，2013；姜爱华，2014；胡税根、叶托2015）；有的构建多元、独立的评估主体，完善既注重成本与效率，又注重价值取向的绩效评估指标体系（丁辉侠、胡穗，2015）。有的研究美国公共服务的外包项目的责任监控的法律与规制问题，尤其是责任、绩效与效果挂钩的做法对我国有镜鉴作用（尚虎平、杨娟，2017）。有的研究日本评估和监管体系中第三方评估及其实际实施流程、评估监管以及制度完善在内的政策实施全过程的监管（俞祖成，2016）。有的则从构建科学的评价指标体系着手，探讨公共服务绩效分析结果的实践应用问题（罗瑜亭、鲁志国，2016）。有的则以政府购买服务的流程作为分析的剖面，以决策环节、主体选择环节、过程与结果环节为主线，分析影响政府购买公共服务质量的主要因素（董杨、句华，2016）。有的研究政府购买服务的政府与社会组织的非合作博弈，认为对项目的形式化和低效度评估方式造成服务成本的增加（李娟、丁超良，2019）。有的基于绩效付酬的视角，提出政府发挥好市场监管者、市场促进者和市场参与者的三重角色，积极推动绩效付酬治理机制的完善和功效的发挥（曹堂哲、魏玉梅，2019）。

五是购买服务的机制与模式研究视角。有的概括政府购买服务的PPP模式概念，并明晰其在经济社会转轨中对于促进制度、机制创新的意义和功能（贾康、孙洁，2009）。有的关注政府向社会组织购买的机制和实际运作模式（崔光胜，2013）。有的综合运用资源依赖理论和组织理论，采用多案例比较研究法，将政府与社会组织的合作模式划分为任务驱动型、生存驱动型和能力驱动型三种合作模式（吴磊、谢璨夷，2018）。有的指出合理的利益共享和风险分担机制是PPP项目成功的关键（唐祥来，2014；张海星、张宇，2015）。有的分析指出PPP模式在中国主要采用购买服务、特许经营、股权合作三种方式开展（陈志敏、张明、司丹，2015）。有的从购买政策工具的角度，根据竞争性和支付方式两个分类维度，分析单竞争性公平凭单、单竞争性效率凭单、双竞争性公平凭单和双竞争性效率凭单其特定的适用范围和条件（季璐，2017）。有的基于山东购买服务案例，剖析运行机制的不足，重构科学规范、运行高效、可持续发展的模式的路径（杨磊，2017）。有的则结合体育服务领域，重点关注绩效评估等多维机制重构（吴卅，2017）。有的以深圳市 B 区为例，针对政府向社工机构购买服务的运营管理体制进行探索（张贵华，2018）。

从政府购买公共服务研究的具体领域看，涵盖多个层面：一是政府购买居家养老与社会救助服务方面（张国平，2012；范炜烽、祁静，2011；周玉萍，2014；吉鹏、李放，2014；储亚平，2105；王东，2018；江钦辉，2018；雷美霞、王卉，2018）；建立政府购买社会救助服务机制方面（郑春荣，2018）；通过政府购买服务引入社会力量参与低保核查评估，借助专业力量和专业资源审视低保制度执行情况（李长训等，2018）。二是政府购买农村卫生服务方面（刘军民，2008；李凤芹、张秀生，2014；彭婧，2015）。三是购买就业服务方面（王浩林，2013；陈斌、楚俊峰、陈福集，2014）。四是购买体育服务方面（冯欣欣、李克敏、沈克印，2014；郭修金、戴健，2014；秦小平、陈云龙、王健、胡庆山，2014；刘玉、张大超，2015；宋忠良、徐素华，2018；巴玉峰、闫建华，2019）。五是购买教育服务方面（周翠萍，2011，2012；王玲艳、刘颖，2011；吴开华，2013；刘青峰，2015）。六是政府购买校车服务方面（李颖，2012；王凯峰，2013；赵建国，2013；祝小宁、陈小真，2013；江永清，2014，2015）。七是购买生态服务方面的研究（胡熠等，2015）；欧盟国家生态购买实质是准市场行为，以体系化的法律制度为前提，多元化的购买方式、市场化的购买价格和规范化的购买程序是值得借鉴之处（丘水林，2018）。八是大数据与政府购买服务领域的应用方面。有的基于公众对公共服务的实际需求，就政府购买大数据服务的社会组织资质评估以及承接主体的确定，以及财政数据实现全民共享和有效监管进行规范性研究（高晶晶、张跃胜，2016；黄建伟，2017，2018）。九是购买图书馆公共阅读服务领域的研究。通过案例分析，分析政府购买图书阅读服务的优势及公共图书馆应发挥的功能作用（孟兰，

2016；吕亚娟，2018）。十是政府购买农村土地整治服务。有的重点研究探讨了新常态下农村土地整治中，通过项目资金融资引入开发性金融的政府购买服务模式（王伟林，2016）。有的研究政府购买法律服务，通过引进和建立多元化的公共法律服务供给制度，优化政府农村法律服务（宫鉴、代瑞辉，2018）。有的则提出建立行政规制的公私协力关系，通过合同化规制，优化服务质量（邹焕聪，2017）。

在购买服务支持创新创业方面，研究相对较少，有的基于“创新促进型政府采购”的视角，探索试行远期约定购买、科技创新券等新政策模式，不断完善准入条件、信息共享、服务定价及监管机制（张拓宇，2017）。有的从政企之间的博弈关系模型出发，明确政府行为对企业技术革新产生的影响（李敏、曹春华，2018）；有的基于西部地区的案例分析，提出发挥科技创新券适用企业全周期需求，阶段性调整创新券使用范围（刘亚琴、韩新军，2018）。有的通过分析广东省科技创新券政策实践，提出降低补助门槛、带动科技投入，发挥政策的杠杆效应（刘桂兰等，2018）。有的为优化科技创新券的全流程信息化管理，提出一种 SSM 轻量级复合框架的信息管理系统解决方案（蒙杰、杨生举、施韶亭，2018）。有的对武汉市科技创新券政策实践过程进行分析，强调其引导科技服务机构与科技型中小企业之间开展知识服务的真正内涵和价值（张媛，2018）。有的从科技创新券顶层设计、运行管理模式、扩大使用范围、推动跨区使用、加强服务机构能力建设等方面进行探讨（徐琴平，2017）。有的建议对不同对象采取灵活多样的购买方式，探索试行远期约定购买、科技创新券等新政策模式（张拓宇，2017）。

综上所述，政府购买公共服务研究从研究的途径看，已经由从理论探讨、整体性构架逐步走向主体、内容、模式、政策工具等途径深入研究；从研究方法看，已经从规范研究、比较研究向实证研究和政策工具深化拓展；从研究的内容看，从重点领域走向全方位多领域；从公共服务领域向产业经济、市政公用事业等领域拓展。但国内对于政府购买服务支持大众创新创业的研究目前尚处于发展阶段，尤其是支持创新创业的政策落地问题缺乏重点关注。前述学者研究的基本思路、方法、工具为本研究提供了理论借鉴和方法参考。本研究是新常态背景下，运用政府购买公共服务的相关理论，以政策落地的新视角，研究支持大众创新创业这个新领域的新问题，是对政府购买服务理论研究的深化，是政府购买服务政策研究的拓展和延伸。

三 选题的应用价值和学术价值

应用价值：首先，政府购买服务支持创新创业有利于发挥创客支撑平台作用，激发大众创新创业行为。国务院《关于大力推进大众创业万众创新若干政策措施的意见》明确提出："政府购买服务支持创新创业"，国务院办公厅《关于发展众创空间 推进大众创新创业的指导意见》进一步提出："综合运用政府购买服务、无偿资助、业务奖励等方式，支持中小企业公共服务平台和服务机构建设。"① 主要为中小企业提供技术开发、检验检测和运营保障若干类服务，提升创新创业专业化服务水平。政府购买这些服务对大众创新创业的软环境的改善、发挥支撑平台协同效应具有至关重要的作用。其次，支持创新创业的政策走完"最后一公里"，可产生巨大的催化效应和示范效应。李克强总理在国务院常务会议中指出："既要肯定各地、各部门主动积极开展工作取得的成效，也要严令整改政策实施中的落地难、不作为等问题。"如果没有一个好的执行机制做保障，势必影响到大众创新创业的热情和效果。国务院相关文件对于政府购买服务支持创新创业的政策进行了部署，明确了牵头部门和相关责任单位。但具体的政策操作机制尚不明确，需要地方政府的配套政策跟进，打通"最初一公里"，走完"最后一公里"，才能真正发挥政府购买服务的催化作用，有效激发创客"双创"热情。

---

① 国务院办公厅：《关于发展众创空间 推进大众创新创业的指导意见》（国办发〔2015〕9号），2015年3月2日。

学术价值：首先，探索政府购买服务理论研究的本土化新视角。公共政策的执行理论研究随着新时代中国特色的行政管理体制改革和政策创新实践需要进一步本土化，用新的视角解释政府购买服务政策、用中国化的理论指导政府购买服务支持创新创业政策实践。其次，拓新政策执行理论在政府购买服务领域的适用。通过政府购买公共服务支持大众创新创业的解决机制研究，将上述相关理论进行理论贯通、方法对接、工具组合，对于政策执行理论研究途径拓展具有重要的参考价值。

四　本课题的研究对象范围、总体框架

本研究具有明确的研究范围和研究对象，并由此搭建研究框架体系。

（一）本课题的研究对象

政府购买服务支持大众创新创业的政策落地问题，也就是政府购买服务支持创新创业的障碍因素分析及政策走完“最后一公里”的机制设计问题，包括购买的主体协同与利益协调问题、购买服务的承接主体科学选择问题、服务的享受主体的需求表达问题、服务内容科学定制问题、资金保障机制的落地问题。

本研究的对象范围的界定：鉴于本研究是政府购买服务支持大众创新创业的政策落地问题，而承载大众创新创业的基本平台是众创空间和各类孵化器及其入驻的中小微企业。因此，本研究的对象范围基本聚焦于政府购买服务对众创空间的扶持项目和创客的扶持项目政策落地问题。因为，推动创新大众化的新形态和服务创业的新平台在于各地的创客空间及其创客行为，如果将研究范围不做限定，则会导致研究的对象无限扩大，将所有的创业行为和创新行为纳入研究的对象范围之中，导致研究分散和失去实践价值。

（二）本研究整体内容设计

整个研究内容分为五个部分，其中核心内容为三个部分，分别承担政策执行的基本估价、政策落地障碍因素分析、政策落地机制设计和匹配政策工具的任务。核心内容如图 1－3 所示。

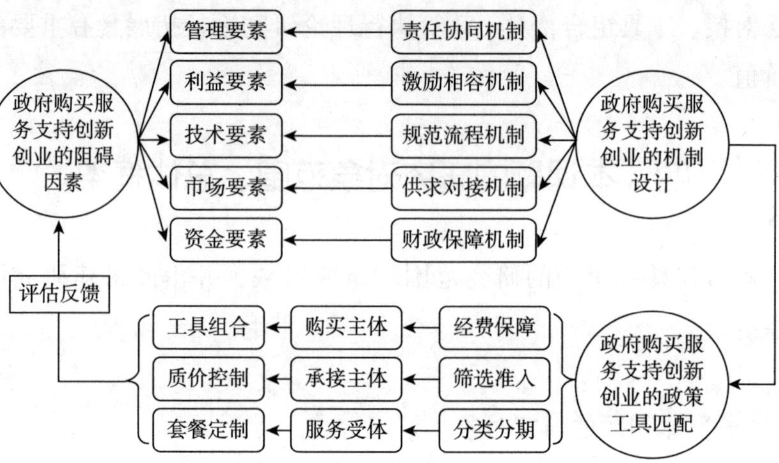

图 1－3　政府购买服务支持大众创新创业的研究逻辑与框架

第一部分，政府购买服务支持大众创新创业的政策落地问题厘定——结合参照国家的政策要求，明晰什么政策已经落地，什么政策没有落地，并进行基本的估价。一是厘清政府购买服务支持创新创业的主要政策工具和政策要求。准确分析新常态背景下的政策措施，国家就政府购买服务支持创新创业政策工具的要求，政策的调整和优化过程，搞清楚中央政府要求采取哪些政策措施，配套哪些政策工具。二是政府购买服务支持创新创业的政策落地问题评估。地方政府已经为创新创业购买什么样的服务，哪些政策工具得到落实，哪些政策存在中梗阻，哪些地方政策未落实。这些问题需要厘清，确保研究的针对性和有效性。这部分在统计性描述的基础上，结合分层分析方法，对政策的落地情况进行评估，对省市区、副省级城市和部分其他城市进行定量的分析。

第二部分，政府购买服务支持创新创业政策落地的阻碍因素分析——解释政策难以落地的缘由。本部分在问卷调查和德尔菲法征求专家意见的基础上，利用统计描述和定性分析，将制约政策落地的若干要素进行定性分析：一是管理协调因素，分析相关文件和制度对于支持创新创业的服务内容和购买主体的责任规定和分工衔接，从政策主体、制度、程序方面分析政策执行的障碍。二是利益要素，主要是分析购买服务的资金与成本如何分担，项目如何设置，谁来负责牵头和落实，这些问题牵涉到资金分配和权力在不同部门和不同层级之间的切割，这些利益相关要素如何影响政策的落地。三是供求因素，政府购买服务的支持必须建立在创客的真实有效的需求的基础上，将供求要素纳入分析，重点回答供应商选择与创客需求表达有效性对政策落地的影响。四是技术与流程要素，主要是政府购买服务支持创客创新创业的资金使用、服务打包、项目申报、服务供应商筛选的操作程序、条件要求及其对政策落地的影响。五是资源要素，也就是资金预算的保障和资源整合要素分析，分析长效机制的构建所需要的资金、资源和政策调整、整合所面临的障碍。在聚类分析的基础上，将假设的影响因素类型分解为二级子因素，结合模糊评价进行分层分析（AHP），得出每个因素的权重和每一类型在整个类群中的权重。

第三部分，政府购买服务支持创新创业的政策解决机制设计与政策工具匹配——进一步回答谁来购买，谁来提供，谁能享受服务的问题。一是政府购买服务支持创新创业的政策实施主体责任协同机制落地——明确地方政府谁来组织和管理购买服务。部分地方政府明确牵头部门、责任部门的政策安排各有特点，但又缺乏科学有效的协调。其真正落地需要在各级政府和部门间进行有效协调和分工。二是政府购买服务支持创新创业的供求机制设计。需求方面，创新创业的中国创客主体巨大，政府购买服务支持创客需要设计普惠性和专门性的政策内容，对创客进行有选择的支持，以创客空间和创新孵化机构等客体为主体集中支持，需要合理划定受益范围和时限。供给方面，通过筛选机制的完善和合同契约管理的加强，对第三方专业化服务，政府通过购买服务的方式进行提供。三是政府购买服务支持创新创业的财政保障机制设计。探讨如何通过完善财政创新创业专项资金的投入保障机制，将政府购买服务支持创新创业的资金纳入政府购买公共服务的预算之中，明确列支购买服务支持创新创业专项的项目和经费比例，使支持“双创”成为国家创新驱动战略的长期行为。四是政府购买服务支持创新创业的利益机制优化。通过三方利益相互平衡、相互制约的机制设计，促进购买主体、承接主体和创业主体之间的良性互动。通过引入第三方评估机制，对资金使用效果和创新创业的经济社会效益评价，调整和完善购买服务的政策包和政策工具，提高服务创新创业的效率。五是政府购买服务支持创新创业的技术支持与流程机制设计。通过创客一站申报机制、服务清单自选机制，政策服务包自动生成机制设计，完善三方责任承诺与契约管理手段，使服务在政策许可的范围内尽可能规范化和灵活性相统一。

政府购买服务支持创新创业的政策工具与内容匹配——主要解决提供什么样的服务、以什么方式服务的问题。在完善机制的基础上，匹配政策工具促进有效运作。一是政府购买服务的政策工具匹配。通过政策资金的保障和预算项目的长效化，由政府合理安排政策工具。重点研究创业券、创新券、电子服务券、补助、奖励等政策工具的单独和组合使用方式，研究地方政府提供创客的“创新创业通票”制度，以可选择、可调整、可组合的灵活形式来进行政策工具的配置。二是政府购买服务政策服务内容匹配。通过初步调研和政策梳理，政府主要向第三方购买的服务项目：人力资源、法律服务、管理咨询、检验检测、软件开发、研发设计、财务服务、市场拓展等 30 多项服务。根据创客发展阶段分为初创服务包、培育服务包、发展服务包；同时研究创客需求定制套餐，将前述服务内容、机制和工具有效匹配，加强其针对性和实用性。

（三）本研究的重点难点

重点在于政府购买服务支持创新创业的障碍因素分析，定性定量分析相结合，定性分析深入透彻；与此同时，结合 AHP 分析厘清主要障碍因素及其影响的重要程度；在政策主体责任厘清的基础上，进行有效的政策解决机制设计。研究的难点在于有效组织调研和访谈，得到足够和有效的第一手真实材料。同时进行三方主体利益相容性机制设计，构建有力的保障机制，实现政策的可持续化也是研究难点之一。

（四）研究目标

通过解决机制的设计与政策工具的匹配，实现政府购买主体的责任协同与利益分享机制落地、承接主体的筛选与契约化管理机制落地、创客需求表达与红包派发机制落地、第三方评估与资金保障机制落地，发挥财政资金四两拨千斤的作用，有效催化创客的创新创业行为。

五 本课题研究的基本思路与研究方法

（一）研究思路

本课题的研究思路按照“问题维度、理论维度、方法维度”三维一体，以问题为主线，以理论和方法高度契合来展开研究内容，规划研究过程，见图 1 – 4。

主要由三个步骤有机构成。

一是通过政策背景和理论契合导入政策落地问题。明确新常态下政府购买服务支持创新创业政策落地问题的现实意义和理论价值，指出其现实的政策背景和政策动力。结合新公共管理理论、政府购买公共服务理论、政策执行理论，运用实地调查、访谈和资料分析的方式，提出政策落地的现实命题、政策依据和政策动力问题。进而回答政府

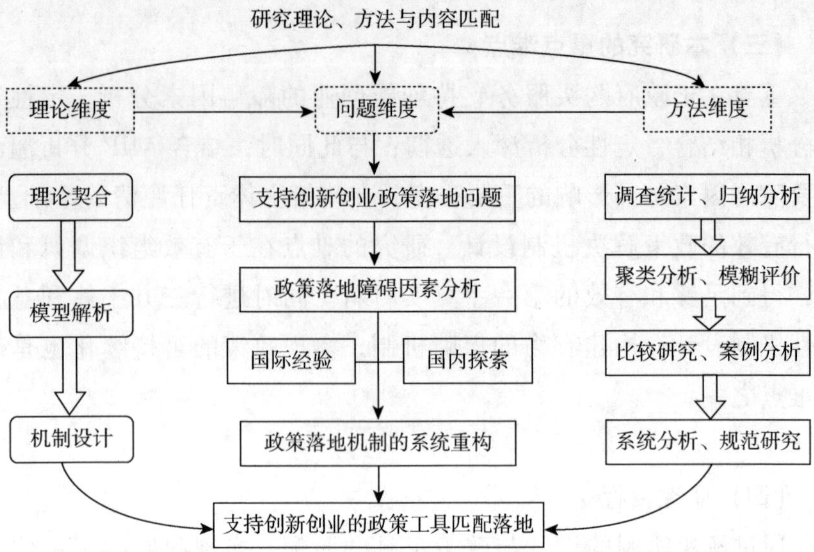

图1-4 政府购买服务支持大众创新创业政策落地研究技术路线

购买服务支持创新创业政策有哪些具体措施，有哪些没有落地。

二是通过模型构建和系统方法来剖析政策障碍因素。按照政策执行的相关要素，按照系统的分析方法，采用第一手资料和信息分析每个障碍因素的梗阻情况，并剖析其内在的原因，实现定性分析的深入有效。在此基础上，结合聚类分析法，通过问题归类和具体因素分析，回答各项支持创新创业政策执行的障碍因素及其原因，结合 AHP 分层分析切实厘清政策落地的制约要素及其相互关系，为破解阻滞机制提供参考依据。同时，基于国际经验和国内实践的正反比较分析，针对障碍因素进行政策落地机制的参考和借鉴。

三是通过机制设计和政策工具匹配解决问题。通过政策解决机制设计和政策工具优化组合，落实政府购买服务的政策实施主体、承接购买服务的第三方组织，享受服务的创客和其他创业主体；进一步落实政策工具组合，提供灵活高效的服务“菜单”，解决服务的供求关系问题；最后通过财政预算机制的完善和绩效评价措施的完善，促进执行质量改进，推动政策落地，实现政策目标。

（二）研究方法的匹配

一是实地调查与统计描述的方法。主要用于问题的界定和统计描述。通过选择中、东、西部地区各1个省（自治区），每个省选择3个市（其中1个省会城市，2个地级市）3个县（市、区），共3省9市9县（根据实际调研的需要扩展调查样本和调整调查对象范围）对创客空间和主管部门、相关购买服务的财政、发改、科技、人力资源等部门和创客、服务承接主体进行购买服务需求、服务落实效率和相关问题访谈、问卷调查和相关人士座谈。利用描述性统计分析工具，确定目前政府购买服务支持创新创业政策落地存在什么样的问题、问题的基本种类、特征和制约因素。

二是聚类分析和模糊综合评价的方法。参照较为成熟的理论模型，构建分析框架，主要用于政策落地的障碍因素归类和权重排序。在问卷调查和量表测量的基础上，利用聚类分析法来挖掘各种影响政府购买服务支持创新创业政策落地的障碍因素，利用模型对政策落地障碍因素聚类分析作为模糊评价方法的预处理步骤。在障碍因素归类之后，运用专家权重法进行AHP（分层分析法）模糊综合评价，对各种影响政策落地的因素进行权重的计算和排序。从而形成各种障碍因素的基本权重和相对关系，为进一步针对性地设计方案、匹配政策工具提供依据。

三是比较研究与案例分析的方法。主要是用于国外购买服务支持创新创业的政策落地的成功案例的经验归结和可借鉴性分析。本研究主要选择这方面做得比较好的代表国家进行案例研究，重点选取荷兰、英国、新加坡、爱尔兰等国支持创新创业的服务措施和推动机制研究。通过比较，借鉴国外政府购买服务促进创新创业的政策机制设计思路，剖析其政策组合和政策方案对于我国的适用性，并提出可供操作的指引。与此同时，关注国内发达地区的先试先行经验。以宿迁、武汉、深圳等地的做法为案例分析对象，结合本研究选择的其他样本进行比较分析，一方面归纳可供操作的政策思路，另一方面发现薄弱环节和实际问题，既可以为障碍因素和阻滞机制的发掘提供案例支持，也可以为解决机制的设计提供经验借鉴。

四是规范研究与系统分析的方法。通过规范研究，提出政策落地的应为责任和路径，也就是哪些政策服务应当提供、服务应当达到什么样的标准，以及政府应为的责任路径；通过系统分析的方法，进行政策落地一揽子方案设计，避免政策顾此失彼和机制设计的结构缺陷。进行支持创新创业的政策主体、项目、工具、资金落地的激励相容设计。包括制度设计，综合运用审批简化、分级授权、部门协同的制度安排来调整利益关系，推动实施主体和服务项目的落地，通过技术程序操作规范来促进服务供求机制落地，通过凭单、通用券、补贴、奖励、套餐自选、服务包等多种工具灵活有效提供服务，通过财政保障和预算机制、绩效评价调整机制的落地，保障购买服务的持续动态优化。

六 本书的主要特色和贡献

一是研究问题的领域新。政府购买公共服务有许多领域需要进一步深入研究，其中政府向第三方购买服务支持大众创新创业是当前党和政府高度重视，但尚未得到有效落地的问题。这既是国家在新常态下实施创新驱动战略的新举措，也是政府购买公共服务理论面对当前政策实践需要研究的新问题，又是政策执行与政策创新研究的新领域。因此，如何从新的宏观政策背景下，通过研究政府购买公共服务，支持创新创业进而推动国家创新驱动战略，是亟待关注的新领域。

二是研究问题的视角特。本研究基于建设“少花钱、多办事”的政府的立意，以政府购买服务支持创新创业的政策实践问题为研究对象，以政策执行的“最后一公里”问题为角度切入，通过解决机制的重构来解决问题，整个研究视角围绕政策落地这个最迫切、最现实的问题来展开，整个政策目标围绕创新创业服务全面及时高效科学落地，视角具有一定的独特性。

三是研究方法契合度高。本研究围绕政策落地问题的逻辑主线，实现研究的理论和方法高度契合，综合运用新公共管理理论、政策执行理论、系统分析理论，通过实地调查、比较研究、案例分析、因素分析、模糊综合评价方法，将整个研究的内容和研究任务、目标有机结合，完全可以满足研究的要求，有助形成正确的结论。

第二章

国内外政府购买服务支持大众创新创业的政策实践

发达国家高度重视对创新创业的政策支持，把政府购买服务作为支撑国家创新战略的有机组成部分，从本国实际出发，通过推出创新券、生产力提升补贴券等政策工具，对大众创新创业提供专项资金或补贴支持。国内不少地区进行了积极探索，对于政府购买服务支持大众创新创业的途径、形式、扶持对象与流程规范等都进行了吸收消化再创新，积累了丰富的经验。

一　发达国家政府购买服务支持大众创新创业的政策实践

发达国家的政府购买服务主要集中在三大区域：一是以欧洲大陆为主体的欧元区的国家，主要是荷兰、丹麦、法国等国家；二是英国、加拿大、澳大利亚等为主体的英联邦国家；三是以新加坡为代表的东亚国家，新加坡、韩国等国家也重视对创新创业的扶持政策。

（一）欧元区国家购买服务支持“双创”的政策探索与实践

欧盟成员国荷兰作为最早实施创新券的国家，其推出创新券解决国内中小企业普遍存在的三个相互联系的问题：一是中小企业创新力度不足；二是技术知识的需求和供给联系不紧密；三是科研机构的技术研发不能很好考虑企业实际和市场需求。这三个问题彼此之间相互联系，制约着该国的中小企业发展和创新活力。鉴于此，荷兰于2004年7月在荷兰国家级的科技创新服务平台（Innovation Platform）建设中首次推出创新补贴券项目，这是一种用于推动中小企业与公共科研机构之间的知识转移与知识开发的补助计划，企业申请补贴券可向科研机构购买一定额度的服务。随后荷兰国家经济事务部（EZ）在荷兰政府的整体政策规划下推出创新券补贴项目的具体操作方案，并决定由创新与可持续发展局负责执行和具体实施该项目，此项目的优惠券计划分别于2004年、2005年进行了两次区域性试点，并于2006年在该国所有地区推广，有效地促进了科研机构与小微企业的合作，密切了创新创业者与知识创造者的联系，产生了良好的效果。此后，随着其他国家对创新优惠券计划的认识的不断深入，英国、爱尔兰、澳大利亚、加拿大等国家随后跟进，并扩展到东亚国家韩国、新加坡等国家。2005年欧洲产业区域组织（IRE）重点讨论了创新券政策，认为该政策是促进知识转移的有效工具之一。

1. 政府购买服务的主要形式——中小企业创新券与服务券

荷兰政府经济事务部所管理的国家级创新平台在2004年7月首次创新奖券项目计划。其基本的出发点和假设就是科研机构与创业者和小微企业这“两者之间合作存在一定的障碍”。“其基本目的就是促进企业与大学研究机构和科研组织的知识对接。”① 同年9月，荷兰经济事务部（推出2004年创新奖券补贴试验计划（Subsidy scheme pilot innovation vouchers，2004），指定该机构下属的创新与可持续发展局作为创新奖券项目的负责部门，具体组织和实施该计划。2004年至2006年，荷兰创新奖券计划已经通过三轮试验。其主要的实施情况和类型见表2－1。

① Maarten Cornet，Björn Vroomen，Marc van der Steeg，“Do innovation vouchers help SMEs to cross the bridge towards science?”，*CPB Netherlands Bureau for Economic Policy Analysis*，February，2006.

表 2－1　　荷兰创新券的实施及其类型

“创新奖券”试验	年、月	奖券类型	申请企业数	发放标准	派发情况
第一轮	2004 年 9 月	面值 7500 欧元的奖券 100 张	1044（申请首日）	随机派发	首日即派发完
第二轮	2005 年 3 月	面值 7500 欧元的奖券 400 张（其中 100 张可用作捆绑申请项目）	1700（申请首日）		首日即派发完
第三轮	2006 年	面值 7500 欧元和 2500 欧元的奖券共 6000 张			未知

资料来源：荷兰国家经济事务部官方网站，经整理。

荷兰的创新奖励券计划是以先前地方政府实施的区域券与知识券为基础的，其中林堡省主要推出的是科学研究补贴券（research vouchers，1997—1999），主要是荷兰的南部地区创新知识服务券（knowledge voucher，2001—2004），主要补贴范围是科研开发和应用型研究。此外就是可以跨区域采购科技服务的“区域间边界补贴券（inter－regional vouchers，2001—2002）、跨地区边界的知识券（Cross－border knowledge vouchers，2002—2004）”。[①] 这两种补贴券计划可以更大范围内促进知识流动和科技合作；第三类是荷兰与卢森堡之间的竞合联盟补贴券（mid－Benelux area innovation vouchers，2005—2007），这种区域间的补贴券计划，突破了国界的限制，已形成欧元区通兑的服务券体系的雏形。

后来跟进此政策的国家对创新券的设计进行了逐步完善。不少欧元区国家力求从本国实际出发来完善创新券的类型和功能。丹麦等国采用基本券与扩展券的分类方法，基本券与扩展券是根据项目性质和政府出资比例等方式来进行划分的，便于适用不同的扶持对象和服务

① Flanagan K.，Uyarra E.，Larangja M.，“The ‘Policy Mix’ for Innovation：Rethinking Innovation Policy in a Multi－Level，Multi－Actor Context”，*Research Policy*，Vol. 40，No. 5，2010，pp. 702－713.

项目。基本券用于以应用研究为基础的市场商业拓展项目，确保科技服务与知识从研究阶段转移到中小企业商业化阶段。荷兰政府规定其中支付费用的40%由政府财政进行补贴。而服务扩展券提供给较大型的研发合作项目，用于资助多个机构联合攻关找到现有问题解决的新思路、新方法，由于总的交易金额提高，因此，补贴比例略有下降，荷兰政府规定其购买科技服务支付费用的25%由财政来进行补贴，其资助比例要低于基础类服务券，但绝对总额却有所提高。而瑞士等国也采用类似的一般券与专项券分类方法。其中，一般券面向国内的一般技术创新领域，涵盖所有的创新项目，专项券面向特定的技术知识创新领域，有特定的使用范围。2009 年瑞士创新促进机构（CTI）推出了专门面向中小企业的科技创新券，面向所有技术创新服务领域的中小企业开放申领，规定每张创新券为7500 瑞士法郎。之后，鉴于企业的积极反应和良好的政策效果，为促进本国清洁技术和清洁能源技术进步和推广，瑞士联邦于 2010 年进一步推出了两个系列的创新券：第一个系列延续过去面向所有技术领域开放的形式，且面值保持不变；第二个系列则采用专项券的方式，专门给“清洁技术”领域的创新研究项目的申请者予以资助，从政策导向上引导符合国家科技产业主攻方向的创新行为。其他欧盟成员国家资助方式大体类似，只是补贴券的额度和种类略有不同，欧盟各国所实施创新券政策的适用范围、扶持产业领域，券面值、期限等存在一定的差异，大体上的政策设计是近似的，功能和作用也是基本相同的。

欧元区成员国政府购买服务的涵盖内容——创新券服务项目有较为明显的差异。具体视各国的实际需要、财力保障以及科技创新领域的产业政策导向而定。整体而言，政府购买服务的主要内容集中在中小微企业的科技创新和运营服务项目上。具体来看，创新券所支持的服务内容涉及企业创新不同环节，通常以一般性应用研究、技术研发、产品设计与检验检测的科技服务项目为主，有的区域辅之以企业创新管理、市场研究和商业模式创新等补贴项目，部分欧元区国家的创新券计划中也涵盖电子商务、IT 咨询、创新人才培训等事项。荷兰规定创新券用于购买知识服务，第一次创新券计划为了试验和探索的方便，鼓励申报者踊跃参与，对服务项目的界定较为笼统，只要是知识产品转移和服务均可以通过创新券进行购买，以便更好地把握中小企业对于研究问题的实际项目需求。实际上，荷兰创新券作为一种政府背书的信用凭证，可以帮助中小企业购买广泛的科技知识与服务，或者直接根据科技研发实际应用中遇到的困难，向知识提供者提出服务需求，并促成彼此的合作和知识转移。

法国政府创新券政策和资金补贴集中在以下5个领域：支持创新企业的创建、鼓励科技机构与企业之间的技术转让、发展公共部门与中小企业和创客团队研发合作、促进小微企业的科技创新、资助设立公共科研机构、资助并补贴各类科技企业孵化器。但法国政府同时规定，科技服务补贴奖券不能用于科研机构正在进行的科研项目，而是用于新的开发与研究项目。同样地，有些国家规定了扶持的基本项目范围，其中企业从事产品销售咨询活动，大学生到知识机构的实习费用等不能纳入补贴的范围。如在爱尔兰，政府规定创新券不能用于销售活动（含广告）、购买软件以及支付实习费用等。就创新券的扶持产业领域和范围看，芬兰贸易与产业部门出台了5个领域的资助政策，其中之一是创业教育、培训和咨询，跟荷兰的规定刚好相反。其中创业教育主要围绕如何实施创业活动展开，通过创业教育与培训来提高创业者的创业技能，其主要目的是吸引更多人把创业当成职业选择，而咨询服务业主要针对那些需要帮助的初创团队。这也体现出，芬兰在创新券的服务范围上已经突破了传统的科技创新领域，而是把创新和创业服务进行了综合打包，拓展了创新券的服务内容和范围。

2. 创新券与服务券购买服务支持的对象与承接主体

欧盟成员国中实施创新券的国家大多针对中小微企业，重点倾向于科技型小微企业与创客团队。至于各国对资助对象的规范流程、资格条件和产业扶持范围等规定不尽相同，主要是与本国重点扶持的产业发展方向和科技竞争力提升的目标有关，综合考虑自身实际进行政策的科学设计。在设计创新券方案时，荷兰经济事务部考虑到申请者的利益和奖券最大化利用因素，对申请资格给予了较少的限制。2004年荷兰政府在第一轮项目计划中，规定申请企业要符合前置的相关条件，其中首先必须要符合欧盟中小企业定义的资格要求，这些企业必须在三年内没有累计接受过超过92500欧元的政府补贴。爱尔兰政府规定创新券资助对象主要为除农业和运输业以外的中小企业群体，要求公司雇员在50名以下且年营业额1000万欧元以下，支持公司单独申请，或10个以上公司为解决共同的技术需求提出合伙申请。其他欧洲国家的运作模式也大体相似，只是在中小微创客团队的规模和申请模式上有所差异。爱尔兰规定申请者享受的额度和次数有最高的限定："每个企业最多只能申请3张创新券，且每次费用补贴比例不超于50%，其余费用要创客团队自己承担。"① 同时规定，中小微企业的参与创新项目计划在过去五年内申请的总额度不能超过30万欧元，否则不再具有申报资格，但并没有完全限定死，而又出台补充规定，符合特殊条件的则可以另行共同申请。在使用的次序上，一家小微企业可以有一张激活的创新券，并且保证能够被服务商及时赎回，否则不能激活使用第二张创新券。企业只有在支付完知识服务提供者的服务费用后，才有资格使用更多的创新券。爱尔兰规定创新券的服务项目提供者应该是爱尔兰企业和科技服务机构，或者是国外在爱尔兰合作投资的分支机构。创新券计划的资助范围不包括增值税的额度，这需要自己负担支付给服务提供者，并且需要分开结算。爱尔兰对培训和指导等不能使用创新券的17种情形进行了列举。其他国家，如捷克的支持主体从规模上看，以小规模企业为主。其中1—10人的企业占55%，11—50人的占28%，51—250人的占17%。②

其申请者的行业分布范围见图2-1。

---

① Enterprise Ireland. Innovation Vouchers, https://enterprise-ireland.com/en/Research-Innovation/Companies/Collaborate-with-companies-research-institutes/Innovation-Voucher.shortcut.html, 2017-08-05.

② Pavla Matulovaa, Ruzena Stemberkovaa, Petr Zdraleka, Petra Maresovaa, Kamil Kuca, "Innovation vouchers as a segment of regional innovation strategy", *Procedia Economics and Finance*, Vol. 26, 2015, pp. 842-848.

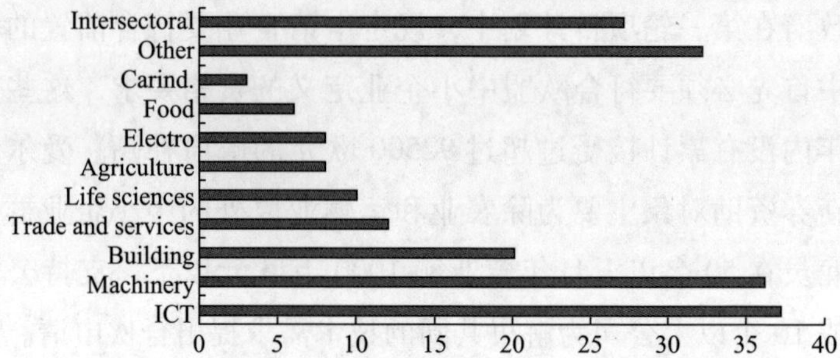

图2-1 捷克科技创新券扶持的产业和领域范围一览

资料来源：Pavla Matulovaa, Ruzena Stemberkovaa, Petr Zdraleka, Petra Maresovaa, Kamil Kuca, "Innovation vouchers as a segment of regional innovation strategy", *Procedia Economics and Finance*, No. 26, 2015, pp. 842-848.

欧盟成员国政府购买服务的第三方承接主体。政府购买服务承接主体是同时具有资格和能力提供创新券或者服务券服务的第三方机构。根据一项对欧洲各创新券计划的调查显示，参与创新券服务的知识提供机构多数由公共或半公共服务提供者构成，有少数创新券计划接受私人商业性研发服务提供者和私人法律咨询服务。荷兰创新券计划项目的承接主体在第一阶段主要是知识产权方面的服务，重点在于促进科技研发机构、公共教育科研机构与中小企业与创新创业团队的合作关系建立。参与荷兰创新奖券计划的科研机构仅限于公共或者半公共性质的技术研究所（TTIS）和中介科研机构，例如，荷兰国家应用科学研究组织（TNO）等公共科技组织。其他欧盟成员国设立创新券的主要目的就是："建立一个中小企业与公共研究机构的新型合作关系，能够促进知识产权的直接转移和两者之间的长期合作。"① 简而言之，创新券实质上就是要一个基本通道资金，促使创业者与公共研究机构的关系能够稳固地建立起来。为了促进两者的相互沟通和服务的顺利推进，爱尔兰对承接服务的科研机构分地区在官方网站进行了公开，

① OECD Innovation Policy Handbook. INNOVATION VOUCHERS-OECD 2010, http: www.oecd.org/innovation February, 2010-12-19.

其中都柏林有都柏林大学等 11 家，北爱尔兰 10 家，东南地区 11 家，中西部爱尔兰及边境地区 7 家研究机构，由申请者自行按照需求进行双向联系。

3. 政府购买服务流程——创新券的使用流程与规范

欧元区国家建立创新券、创业券运作的一套较为成熟制度和机制。创新券制度的设计包括申请中小企业与合作科研机构的资格要求、知识产品的界定、奖券面值设计、派发规则以及操作流程制定等。荷兰规定：中小企业向荷兰创新与可持续发展局递交创新奖券申请表格，按照要求填写后，通过网络提交或者纸质版现场提交，初审之后公布符合条件的中小企业名单。创新奖券原则上按照“先到先得”的规定进行分配，考虑到在规定时间内接到的申请数量可能超过可发行奖券数量的情况，补助券可能以类似“彩票”抽奖的形式随机分配给申请者，以确保机会均等。每家中小企业可单独申请或者通过组成团队联合向公共科研机构申请一张创新奖券。以 2004 年第一轮创新奖券的派发为例，创新券在申请首日递交表格并通过审核的 1044 家企业中进行随机分派，派发方式类似于奖券抽奖。每个企业只可以获取一次小型券，大型券可每年申请，也可在同年同时获得两种创新补贴券，但要求创新券不能转让和变相变现。可单独申请或多家公司联合申请，但联合申请的企业不能超过 10 家。

能够申请创新补贴券项目的基本质量要求就是项目的创新性和创造力。申请企业不仅需要有清晰的科研知识服务需求，更重要的是要有创新性或者好的创意和产品。分配到创新奖券的中小企业需要系统地提出一个研究计划，并证明确实存在需要委托科研机构解决的问题。与此同时，企业将创新补贴券交给科研机构，科研机构再将中小企业所支付的创新奖券提交给荷兰创新与可持续发展局，兑现换取货币补贴。假如研究问题的费用高于奖券面值，中小企业必须利用自己的经费支付给科研机构差额部分。

创新券的使用限制。补贴券使用在创新券计划一开始就设有时间限制。以荷兰 2004 年第一轮创新奖券项目计划为例，荷兰经济事务部持续发展局宣布在公布计划两天后开始执行，原则上不超过一年的使用期限。成功申请到补贴券的中小企业被要求必须在约定期限前将提出的研究任务委托给所选择的科研机构，而该科研机构则需要在规定的期限内完成任务，也就是说从分配到奖券到结束合作项目的整个实行期不到10个月。实际操作中，“创新奖券”时间规定并非严格强制履行，一些委托任务在截止日期后完成后还是可以接收兑现。

兑现要求。大多数欧盟成员国家科技创新券或者补贴奖券的基本兑现流程和项目实施办法基本一致，但每个国家仍然有自己的一些额外的特点和步骤。如捷克规定其创新券的资助资金保证人授权南摩拉维亚中心进行管理；在该管理中心的监管下申请者与知识的提供者达成规范化的文本协议，并且要提交一份复制文本给中心，便于进行监督和管理。服务申请者执行合同并且支付费用给服务提供者，需要提交相关档案资料给管理中心。“使用创新券的创业者需要送达账户给资金保证机构，中心评价计划项目的持续性和价值。”① 主要是评估申请者与智力服务提供者方面的合作价值和市场潜力。

4. 政府购买服务的创新券政策实施的评估与完善

欧盟成员国家政府购买服务政策的完善和改进是促进小微企业竞争力提升的保障。荷兰创新奖券制度以荷兰创新平台作为资金保管和监管机构进行协调，由荷兰国家创新体系对其进行优劣势及其绩效的评估分析。在2006年的《国家创新政策趋势与评价年报》中将结束日期修改为：“未定”。荷兰中央计划局于2005—2006年提出的第95号和第58号报告，探讨了创新奖券对荷兰中小企业与科研机构合作的影响，该项评估从2004年的1044家申请奖券的中小企业中随机抽取了600家企业进行调查，调查报告从以下几个方面对荷兰创新奖券的效果进行具体考察：（1）知识产业化项目数量的影响（是否促进了企业与科研机构的合作，是否催生了更多的合作项目和创新计划，是否

① Katerina Matatkova, Jan Stejskal, “The Effectiveness of Public Support in the Form of Innovation Vouchers-Czech regional case”, *Recent Researches in Business and Economics*, Vol. 6, 2015.

能够体现在数量的增加)；(2) 知识转换项目规模的影响 (是否催化了中小企业的成长，尤其是科技型企业的规模在采取补贴政策后，催生了更大的项目规模和市场化发展成效)；(3) 知识产业化速度的影响 (创新券是否帮助企业及时解决了科技方面的难题，是否取得了明显的进步和经济效益的提高，及时解决了社会需要)。从部分国家的创新券政策评估显示，有接近 80% 的创新项目是基于创新奖券而产生，有 10% 的项目是没有创新奖券但属于计划之内的项目，但遗憾的是，还有接近 10% 的创新奖券计划没有成功实施，导致未被使用。通过专项评估后，荷兰政府认为整体实施效果良好，认定该政策符合预期目标，而继续执行并改进该政策。不仅如此，“2005 年欧洲产业区域组织 (IRE) 在瑞典召开的会议重点讨论了创新奖券政策，认为该政策是传递知识的有效工具”①。《2004—2005 年德国国家创新政策报告》也对荷兰创新券制度实施效果进行了肯定。也就意味着，整个欧盟地区对于科技创新券和补贴券计划的实际运作绩效达成了共识，明晰了区域性政策的推广和完善的方向。各地而言，政策完善措施不尽相同，如捷克摩拉维亚地区对创新券政策的补贴力度加大，且承接对象的范围得到不断的扩展和国际化，第一次调整是在 2010 年，当时要求参加申请者强制性承担 25% 的费用，也就是创新券只补贴 75% 的支出，且补贴的上限控制为 6000 欧元。“2011 年企业在欧元经济区均可以申请捷克的创新券，也就是德国、澳大利亚、斯洛文尼亚的五家公司能够参与该项目服务的提供。2012 年捷克将最高支持上限由 6000 欧元调整为 4000 欧元，从 2012 年开始，企业家可以在世界各地的知识服务机构使用创新券。”②

为保障创新券政策的持续实施，欧盟部分成员国设立创新型企业

---

① 王韧、吴瑶、黄明焕、毛蕴诗：《支持中小企业创新的制度研究——以荷兰创新奖券制度为例》，《科技管理研究》2008 年第 10 期。

② Katerina Matatkova, Jan Stejskal, "The Effectiveness of Public Support in the Form of Innovation Vouchers-Czech regional case", *Recent Researches in Business and Economics*, No. 6, 2015.

发展基金支持计划，如荷兰完善了中小企业创新及研发合作补助计划（MIT - MKB），针对荷兰九大关键领域的中小企业给予补助，其中2014年总预算达3000万欧元，相关项目最高可获得研发成本25%的补助资金。欧盟还为此设立了“创业型企业发展基金”，要求各成员国在此基金计划框架下给予中小型创业企业以风险资金投入的政策优待。其他国家，如爱尔兰、法国等其他国家也推出类似的资金计划，从而形成了一个共同的政策共识和政策扶持框架。

（二）英联邦国家政府购买服务支持创新创业的政策实践

1. 英联邦国家政府购买服务支持众创的主要形式——创新与技术券

自2008年开始，英国各地区发展促进机构陆续推出了面向中小企业的创新券或技术服务券项目。主要是鼓励和帮助中小企业或者创业团队获得并使用高等教育机构和研究部门的知识成果和技术服务项目。通过创新券和技术服务券这一途径，可以帮助企业将其知识需求书面化表达，使研究机构可以发现商业化的市场需求，并使公共研究的方向和项目开发更具针对性，从而加速科研机构和中小企业之间的合作，形成畅通和紧密化的合作桥梁和纽带。参加创新券计划的中小企业可以获得价值3000—7000英镑的补贴，用于选择与他们合作的研究机构开展科技研究与购买科技服务。其中英格兰地区仅实施的第一年就有1300张总价值450万英镑的创新券发放给申请者，催生了2000个合作项目。“创新券计划2011”设计的创新券用于资助高成长性的中小企业发展高新技术，鼓励创业团队从金士顿大学等科研机构获得技术和专家咨询服务，推动科技研发，解决实际问题。此项计划由东南英格兰发展局资助，每家中小企业可以向英国各地区主管部门申请获得4000—8000欧元的创新券，包括公共企业和非营利组织均在扶持的范围之内。该创新券可以帮助中小企业以便捷的路径获得知识产权和专家帮助，借助技术专家解决技术、服务和产品开发中面临的瓶颈和问题。目前创新券分为两种额度，一种是4000欧元面额（不包含增值税额度）；另一种 8000 欧元面额，中小企业和创客团队自己需要负担 4000 元现金，总共可以购买 12000 欧元的服务项目。而申请的资格是，申请者之前没有申请过英国各地区的创新技术券，且符合其他资格条件。总体来看，英国各地区的政策服务范围大致相同，项目有较细微的差别。

澳大利亚维多利亚州创新券计划是由维多利亚州政府倡导，同样也是助力中小企业和创业团队与公共研发机构的合作项目。该项目是对技术券项目的延续和完善，主要是帮助中小企业获得研发设施平台的科研服务和技术支持，也包括智力机构向中小企业提供专门技能的开发与培训，此外，促进公共研究机构提升企业产业竞争能力的项目也是资助的范围。部分项目资助见表 2－2。加拿大亚伯达省的创新券计划帮助亚伯达境内小型企业和处于早期阶段的技术开发，也帮助知识驱动型企业将其创意或产品更快推向市场。该计划协助尚未盈利或低收益的亚伯达省内的中小企业进入成长阶段，符合资格条件可向创新券管理官方平台申请价值 1.5 万—5 万美元的资助，从公共研究机构那里获取商业和技术开发服务。这个地区扶持额度和力度相对较大，因此申请者的积极性较高，同时要求的条件也相应提高。

表 2－2　　澳大利亚创新券的服务项目与内容一览

创新券类型	目的
25000 美元商业研发创新券	中小企业在维多利亚州用来启动或开展更多的 R&D 活动 当地或国际中小型企业用以接触到维多利亚州强大的 R&D 能力
10000 美元创新技能创新券	维多利亚州中小型企业用以开发创新相关的技能 维多利亚州内公共资助研发组织用以提升自己帮助企业的能力和能量

资料来源：西澳大利亚地区政府官方网站发布文件，经整理。

2. 政府购买服务的内容——创新券的服务项目

英联邦国家的购买服务的项目和内容有一定的差异，而且同一国家不同的地区服务项目政策安排也不一样。英国的威尔士地区规定：科技补贴券只授予现有的且能够立即利用的解决方案。因此，该地区的政策导向更加注重短期能够产生效果和效益的项目，以便在回应公众的时候，能够说服纳税人，这笔投入收到了很好的成效。尽管创新券的使用具有相当的弹性，但有些商业行为不在资助之列：如获得法定强制的认证和法定标准培训、软件购买和基础软件的开发、用于促进或者资助出口成本降低的商业活动、实习生的科研机构实习支出、一般市场开发行为、网络开发和在线优化行为、标准移动 App 软件开发、商业计划和经济评估行为、其他被 NI 主流资助项目资助过的科技活动均不在政府购买服务资助的范围之内。创新券资金可以帮助企业："从私人部门获得技术专家咨询，产品开发制造和设计，与高校和其他人才资源形成合作，获取知识产权服务，包括专利、设计和商标。"[①] 该项目的组织实施者为威尔士政府。苏格兰基金委员会也有类似的规定：管理咨询、企业战略计划、资料收集和文案评审、软件开发、系统软件购买等 9 项行为也不在资助之列。此举的主要目的，是将资助项目限定在较为纯粹的创新活动之中，避免经费的超范围使用，也切实提高项目的短期的针对性，从而提高项目的绩效。其政策目标与威尔士地区的创新券计划如出一辙。

而部分英联邦国家的资助对象和范围则不受此限制，如加拿大亚伯达省的创新券的 15000 美元的类型则主要涵盖商业机会的战略评估、诊断报告或者面向创客的其他特殊的项目需求。这些服务用来资助与商业开发相关的企业，促进中小微企业的技术问题解决和技术进步，并且提供小规模研究设计或知识产权服务；另一类为 50000 美元的创新服务券，主要面向更加具体的技术开发活动，如产品研究设计、实验室验证、田野试验、知识产权保护等。这些项目有可能需要更长的周期，短期的效果可能不明显，但仍然具有长

---

① Business Innovation vouchers – Wales From：Department for Business，Energy & Industrial Strategy，Type of support：Grant and Expertise and advice，Published：27 March 2017.

期的应用价值。也就是说，加拿大部分地区的资助政策范围较为宽泛，更大意义上是普惠性的多元服务，以便更好更全面地促进中小企业的发展和进步。

3. 政府购买服务的扶持对象与承接主体

英国创新券计划资助对象明确，主要是面向中小企业，特别是初创企业和创新创业团队，目的是通过提供少量的政策资金支持，发挥政策的有效激励作用，鼓励中小企业和创客们采用合同的方式利用外部创新资源，从而达到激发创新活力，提升经济竞争力的效果。英国不少地方规定申请者的资格包括：首先，创业者在英国开创一家公司，而且是首次与知识服务机构的支持者开展横向技术合作；其次，需要有真实且迫切的技术服务需求，在公司成长过程中确实需要专家帮助解决面临的挑战；最后，优先资助没有资助过的中小企业，规定此前没有在“创新英国”计划申请过补贴券。加拿大新斯科舍省也有类似的规定，其生产力和创新券计划要求企业具有高内涵的项目服务需求，中小微企业必须具有创新性和商业价值。对于申请者的资格要求：（1）必须是在新斯科省注册和经营的中小企业；（2）且所雇用的员工是新斯科舍省的居民；（3）员工的总人数和规模不超过 100 人；（4）申请的服务项目和需求至少有一家合格的供应商，公共研究机构愿意承接此项服务，否则即使申请到服务补贴券，创新计划项目仍然会因没有购买对象而搁浅。北爱尔兰地区要求包括以下几点：（1）规模符合基本的规定，员工不超过 50 名；同时资产和营业额在 1000 万欧元以内。（2）五年内没有得到过类似的资助，即使如此，交通和农业类项目由其他产业部门推出专项政策，而不在资助的范围之内。（3）项目有较好的商业价值和市场前景。（4）优先资助英国本土和北爱尔兰地区的创新型企业，且具有较好的潜力和扶持价值；同时要求申请的项目能够展现和说明是具有高技术含量和高附加值的产品和服务，已经具有创新性和独特贡献的流程和工艺开发。（5）能够得到相关科研机构的推荐和支持。“证明其创意概念和创新方式，确实需要认证、测试、产品研发、样品设计，能够说明产品和服务的创新性，及其市场前景价值和可行性方案评估说明。”[①] 对于申请者，澳大利亚规定：(1) 项目计划必须能够得到开发或者被双方背书支持的项目。(2) 要求明确与制造和技术创新的领域相符合。(3) 可清晰描述的和可信的技术方案，包括拓展计划、一致的时间节点和关键指标，并且有一定的时间要求，在12个月之内能够达到确定的产出或者解决技术问题，且这些产出能够带来商业潜力和市场机会。(4) 拥有第三方的商业价值评估报告，有一个初步的商业评估和方案论证，比如效益同现有的市场解决方案比较具有明显优势。不在资助范围的传统项目，如果确实有价值，需要证明其具有重要的商业创新机会，由政府制造业和创新工作部进行衡量和裁定是否纳入资助范围。每个申请者将进行基本的标准评估而决定项目创新的程度：“是否提供项目资助，先要符合州政府的扶持政策规定，在扶持的优先领域之内，且项目质量和可执行性也是重要考虑因素。其次，项目申请者理能够了解消费者的意图和发掘商业机会，怎样的、什么时候、哪里存在顾客会购买和使用产品，在企业与合作责任方之间建立一个新的建设性的伙伴关系。”[②]

对于服务的供应商或者与中小企业合作公共科技服务机构的资格条件各地有一定的具体规定。南澳大利亚要求中小企业必须是资金在澳大利亚投资的且主要业务行为在南澳大利亚的企业，或者重要的商业经营行为与项目目标符合，拥有权利使用现有知识产权去执行商业化目标。在规模上要求，年营业额小于2亿美元，已经经营一年以上，能够承担相应部分的资金支出，使用者和服务提供者没有实体上和产权上的隶属关系。英国TSB对资助企业合作方的要求创新券计划资助的项目：(1) 要求受资助企业的合作方（知识或服务的提供方）必须是在英国注册和经营的机构，如果是私营企业，必须要有注册房产的

① 张贵红、朱悦、朱金鑫：《发达国家或地区创新券制度分析科技进步与对策》2014年第12期。

② Department of State Development. Innovation Voucher Program Guidelines as of December 2014, 2015-12-30.

证明。(2) 必须是首次与受资助企业合作，如果受资助企业和某个大公司或大学曾经有过合作的话，就不能再选择这个机构的任何一个部门或者院系作为服务提供方，而必须选择其他大学或科技服务实体；公益性质的研究机构，也可以作为服务提供方。对于研发服务的提供者（RSP）资格各地规定差不多：(1) 要具有提供科学技术专家服务的研发能力。(2) 最好该服务机构在当地注册或者有分支机构在当地。(3) “知识服务的提供者必须在创新券官方网站公布的具有资格的名单目录之内，主要是公立大学、学院和研究机构的组织，包括北爱尔兰和爱尔兰共和国所属的这些机构。”① 申请者可以在符合资格的39个服务提供者名单中“选择一个最符合自己需要的知识服务者”。② 澳大利亚地方政府明确研发机构作为服务的提供者需要在：“南澳大利亚能够提供科学和技术专业服务和资源的机构，或者是在南澳大利亚提供研发服务且具有卓越成效的机构，有分支机构的洲际RSPs同样具有资格申请成为服务的提供者。”③

4. 政府购买服务的流程与规范

英国技术战略委员会最新推出创新券计划对规范和流程进行了较为科学的设计。作为英国政府推出新的创新资助工具之一，该计划资助对象明确、资助目标清晰、资助重点突出，并且在资助方式上跟以往科技计划比较有所创新。在英国：“数码科技、食品饮料以及商业服务业为优先资助产业，企业每年有三次申请机会，每次申请期限为

---

① FAQs. investni. com/innovation, https://www. enterprise – ireland. com/en/Research – Innovation/Companies/Collaborate – with – companies – research – institutes/Innovation – Voucher. shortcut. html, 2017 – 05 – 20.

② What could a £ 5, 000 Innovation Voucherdo for your business? investni. com/innovation, Invest Northern Ireland//https://www. investni. com/support – for – business/innovation – vouchers. html, 2017 – 05 – 20.

③ Are Innovation Voucher Program Supporting collaboration between SMEs and world – class research and development organisations, Department of State Development//https://state development. sa. gov. au/industry/manufacturing/manufacturing – programs – and – initiatives/innovation – voucher – program, 2015 – 03 – 34.

4周，每次将有100个名额以随机方式进行抽取。"①

如果中小企业申请未成功，可在下次继续申请。英国政府推出3000万英镑的计划是政府中小企业发展刺激计划的一部分："成长券单张券的价值最高可达到2000英镑，要求必须配套使用，符合条件的申请者最终将通过随机的方式抽选。该项工作由企业创新与技术内阁办公室的行为考察团队负责，该项刺激计划建议将在次年进行评估。"② 其具体流程和要求见图2-2。

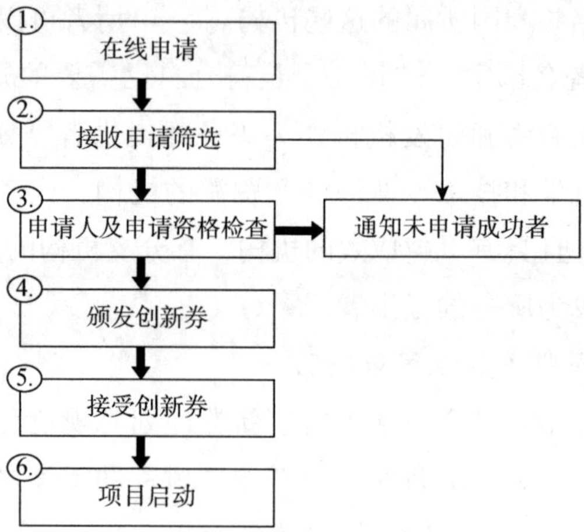

图2-2 英国创新券的申请流程与步骤

澳大利亚要求，申请者填报申请表格之前，要仔细阅读是否符合资格条件以及全面了解评价标准和程序要求。申请者必须能够展示他们的项目符合项目目标，对照评价标准展现他们的计划的优异性，满足共同基金的资助要求，并且能够及时地完成论证和证明。通常的程序，包括完成申请表格并且相关支撑文件提交到政府创新券的官方网站，创新券在1万—5万美元的发放以竞争形式发放，申请的企业，

① 王仲成：《英国政府促进科技成果转化的主要政策与措施》，《全球经济科技瞭望》2012年第5期，第47—52页。

② Lord Young: Brits 'invented entrepreneurship' 07 Oct 2014 By Rebecca Burn - Callander, Enterprise Editor, GMT 27 Jan. 2014.

被要求填写对创新券资金贡献或者产出成果的描述的表格。其中企业年营业额达到500万美元的，申请使用1000美元的创新券要求企业配套5000美元；超过15000美元的项目，各自承担比例为2∶1；而超过200万—500万美元营业额的企业，则只能按照1∶1的比例去使用创新服务项目，也就是10000美元的创新券需要购买20000美元的服务项目，才能够使用抵扣完。在正式提交呈报资料后的六周之内公开发布资助名单和结果。这些资金的使用将通过购买第三方机构对计划项目的绩效进行评估，或者进行项目执行的商业调查，申请者将在一年之内被持续地评估。同时，南澳大利亚地方政府规定：南澳大利亚政府对创新券的授予数量、金额资助和质量评价拥有全部权利。其决策权由制造产业和创新部或者科技信息经济部共同享有。

5. 英联邦国家购买服务支持“双创”政策的评估与完善

英国技术战略委员会通过第三方机构对在实施创新券项目评估后认为：通过该创新券计划的实施：一方面，解决了小微型企业创新资源和能力不足的问题，促进了小微型企业的创新活动；另一方面，通过对合作活动的支持密切了企业与大学或专业研究机构之间的合作关系，较好地实现了社会创新资源的整合，实现了产学研的一体化，增强了社会创新活力。“从2012年6月份以来，TSB的创新券计划开始第一轮的实施，该计划首轮服务项目主要涉及3个领域：农产品、建筑环境和空间领域。”① 第一轮通过政策实施，累计投入农业和环境领域的资金达200万英镑，空间领域的资金达5万英镑，平均每个项目的资助达5000英镑，发挥了较好的杠杆作用和激励绩效。评审人员每个月从申请者中随机抽取100家进行评审，并进行适度的调整和优化。该计划目前已经实施2轮，正在开展第3轮，有可能继续扩大资助的领域和范围。创新券计划前轮项目资助领域已从首轮的3个领域扩大到7个领域。“英国创新券的资金主要来自于英国西北经济发展署

① 李振兴：《英国实施创新券计划支持中小企业创新》，《全球科技经济瞭望》2013年第6期。

（NWDA）与欧盟区域发展基金（ERDF），任何企业还不能接受累计超过20万欧元的资金资助。”[①] 从2002年开始，“英国政府支持全国五大区（英国的区域由五个大区构成，其中主要是英格兰地区，苏格兰地区，威尔士地区，大伦敦地区作为都市区以及北爱尔兰地区）设立科技成果转化‘早期成长基金’或‘风险基金’，用于支持成果转化的起步工作”[②]。北爱尔兰认为，在创新券广泛使用作为一项基本工具来促进商业增长和竞争力提升以及可持续发展的环境下，自己已经落后于其他欧元区国家和其他国家的创新行动，因此需要迎头赶上。英国创新回顾（2015），运用综合手段和方式对2012—2014年的资料数据进行分析，结果显示在英国12个地区中的11个地区都实施了创新券计划，其覆盖面已经基本涵盖英国各地区和重点创新领域、主要科研机构，政府购买服务成为推动本区域创新活动的重要政策工具。

（三）新加坡政府购买服务支持创新创业政策实践

新加坡从2009年开始将政府购买服务支持创新创业作为政策工具，推出了两轮扶持计划项目，由新加坡标新局负责管理和运作。其中，第一轮是以科技服务项目为主，是一种易于申请和兑现使用的有价证券，用于扶持中小企业购买科技服务；第二轮新加坡创新与能力券旨在鼓励中小企业向科研院所和其他技术服务机构购买解决方案去改善经营的效率和提升生产力。

1. 新加坡政府购买服务支持大众创新创业的形式与途径

新加坡创新能力券政策学习和借鉴了欧盟地区的做法和经验，并结合本国的实际状况对创新券进行了完善和创新。其创新券项目计划分为两个阶段。其中，第一阶段为2009—2012年的创新券政策，第二阶段为2012年以来的创新和能力券政策。（见表2－3）

---

① 肖久灵、陈嫒嫒、汪建康：《国外政府创新券的运作机制与模式研究》，《中国管理学年会论文集》，中国管理现代化研究会，2015年2月23日。

② 李晓慧、贺德方、彭洁：《英国促进科技成果转化的政策及经验》，《科技与经济》2016年第4期。

表 2－3　　新加坡创新券与创新与能力券的基本情况

项目	创新券政策（IVS）	创新与能力券政策（ICV）
实施时间	2009 年 3 月	2012 年 6 月
涵盖内容	创新	创新、生产力、人力资源与财务管理
主要目的	联结知识机构，鼓励企业进行科技创新	鼓励企业在四大领域不断升级并提高竞争能力
申请方式	按指定地址邮寄申请书	在线提交＋入口管理
申请时间及步骤	每年 3 月、6 月、10 月（8 个步骤）	随时提交（3 个步骤）
处理时间	4—6 周	2 个工作日
年次数与面值	3 次（5000 新元）	2 次（5000 新元）
申请数（期限）	1 张（1 年）	每个领域可以申请 2 张（6 个月）
服务提供商	19 家	22 家

资料来源：新加坡标新局官方网址公布资料，经整理。

新加坡政府委托标新局等部门从 2009 年 3 月起开始试点创新券政策，当时主要集中在科技研发和技术创新领域，目的在于鼓励中小微企业利用高校和科研院所的科研资源优势，发挥产学研结合的作用，提升新加坡的科技创新能力和成果转化效率。同时政府通过补贴券的形式鼓励高校与中小微企业加强合作，加速知识转移，从而发挥桥梁和纽带作用。由于各个高校和科研院所的不同科技专长和专家所掌握的领域不同的知识，政府并不特别限制服务项目清单，而是鼓励中小创团队在提出申请前，可以直接联络高校或科研院所咨询有关服务与项目，以免出现创客的需求清单没有可供选择的服务机构的窘态。新加坡的创新券大致分为两种面值形式：一种创新券的面值为 5000 新元，可以抵付给参与计划的高校与科研院所的咨询与科技服务费。如果费用超过面值额度，差额部分则需要企业自行填补，如果费用小于面值额度，则创新券余额作废。另一种是合作申领的集体补贴券，如果项目内容契合或符合共同经济利益，可以联合其他中小微企业（最多 10 家）集体申请使用创新券合作项目。2012 年 6 月，新加坡标新局将先前创新券政策重点关注的创新领域扩展至另外三大领域，即生产力促进、人力资源管理和财务运营与服务，并更名为创新与能力券政策（ICV），主要反映出支持范围的延展以及扶持目的的升级。“创新与能力券是以中小微企业创新需求为基础的一项政府创新投入政策，是针对中小微企业经济实力不足、创新资源缺乏、科研机构没有为中小微企业服务的动力机制而专门设计发行的一种创新货币。”① 其目的是通过购买服务的有价证券项目有效地将政府机构、中小微企业、科研机构结合起来，实现三者的相互联动，特别是在政府主导下构建起了企业与科研机构之间的新型产、学、研关系，并作为一种催化剂促使二者形成更深入、更持久、更密切的合作关系。（见图 2 -3）

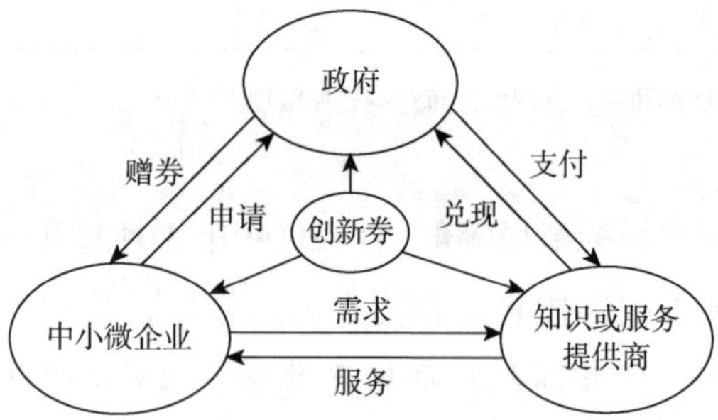

图 2 -3　新加坡政府购买服务支持创新创业的互动模式

2. 新加坡创新能力券的主要服务项目

新加坡中小微企业可以申请技术创新、生产力提升、人力资源管理（HR）与财务运营管理四个领域的服务内容，以进一步拓展业务并促进中小企业可持续发展。如中小微企业选择提升生产力之后，可以同专门提供提高生产力咨询服务的顾问公司咨询战略管理和营销策略，顾问公司将对参与计划的中小企业进行诊断，针对如何提升生产力给予建议或协助制定相关提升能力的政策措施。

① 郭铁成、郭丽峰：《创新券：以用户为导向》，《高科技与产业化》2012 年第 10 期。

表 2-4 新加坡创新能力券的服务内容与项目范围

领域	主要内容
创新	技术开发——技术可行性研究，技术支持和知识开发；知识产权业务和法律诊断服务；商业设计理念——服务与产品创新，创新顾问服务
生产力	ISO 9001 与 HACCP；生产力管理——诊断与评估、改进项目、基准；服务卓越——服务诊断与服务蓝图，“神秘”审计、理解顾客期望
人力资源管理	人力规划、招聘、甄选、薪酬与福利；绩效与职业管理、培训与发展；员工手册
财务管理	计划与预算、现金流和运营资本管理；财务管理和商业增长评估；中小企业财务控制

资料来源：新加坡标新局官方网址公布资料，经整理。

新加坡的创新与能力券与欧洲早期的创新券相比，扶持范围和使用领域更加广泛。目前已经覆盖技术领域、生产领域、经营管理领域等相关领域，已经大大超出科技创新的范畴。中小企业可用创新券购买技术可行性研究、技术支持、技术开发、知识产权保护、法律援助和顾客需求心理分析六大类服务项目，这些项目几乎涵盖企业技术研发与创新，经营管理与市场开拓全过程。但新加坡标新局也做出了规定，创新与能力券不得用于产品营销、设计营销工具（如广告、手册等）、购买电脑软硬件设备等活动。因为这些活动属于纯企业市场行为，日常经营活动不属于资助的范围。

从表 2-5 的内容可以看出新加坡政府购买服务项目具有以下几个特点：其一，新加坡服务类别的多元性和服务目标的综合性。标新局对企业的运营和管理能力进行综合评估资助，帮助企业聘请专业机构帮助分析企业经营的优劣势，确定企业发展的优先战略和优先选项，提出服务改进和生产力提升的路径的建议，主要包括质量诊断、现场诊断、市场调查分析、生产率诊断和检测等服务。其二，新加坡高度重视人力资本和创客能力的开发。新加坡还对中小企业的人力资本开发问题在创新券服务项目增加了人力资源领域的咨询服务内容。比如帮助中小企业根据当前企业用工情况，做出合理的人力规划，组织人才招聘与评选；对企业的员工需求和能力素质匹配情况进行评估，重新设计方案，并提出招聘和培训的系统解决方案。其三，注重科技服务与保姆式服务相结合。中小企业的财务管理咨询也是新加坡创新券的扩展服务项目。这些软服务项目与硬服务相结合，从而既能体现新加坡整体化提升企业竞争力的政策导向，也体现新加坡的城市国家创新券政策特色。

表 2－5　新加坡创新与能力券其主要服务项目分类

服务分类	具体服务内容和项目	扶持重点
（1）可行性分析	主要针对新技术的评估和样品设计与研究开发、新产品和工艺的升级换代的可行性评估和分析论证	技术创新评价
（2）技术支持措施	包含的服务项目也同样有对产品设计与开发、工艺流程设计、技术开发与升级的直接补贴，鼓励中小微企业和创客们获得知识产权	企业创新活动
（3）技术知识开发	主要是提供技术培训和技术咨询服务，满足创客的人力资源培训需求和技能培训需求	人力资源开发与创客创业素质提升
（4）顾客心理分析	主要是为面临困难的中小微企业和创客们提供心理诊断和综合分析心理信息，从而提供克服障碍、寻求生存和发展新机会的建议和策略	组织诊断与困难帮助
（5）在生产领域	中小企业可购买多达 10 项服务：如 ISO9001 认证等等，为首次认证的企业提供咨询服务，使其完成认证；对原料、关键生产工序及影响产品安全的人为因素进行分析，采取规范的纠正措施	生产能力提升与质量提升

续表

服务分类	具体服务内容和项目	扶持重点
（6）中小企业能力改进。	“用SMART工具（结果导向的中小企业管理行为优化）评估企业管理能力，分析卓越企业框架下的优劣势及需要改进的地方，优先解决发现的问题，制定路线图提高企业生产效率”①	管理效率与竞争力提升

资料来源：新加坡政府标新局官方网站发布，经整理。

3. 新加坡政府购买服务支持创新创业的服务对象与承接主体

新加坡对创新创业的团队申请创新券的条件基本要求：一是在新加坡注册，且在新加坡经营，拥有30%以上本地股权；二是经营规模上，上年销售规模不超过一亿美元或全体雇员不超过200名的中小企业的创业团队，均可向SPRING申请创新券。从这点可以看出，新加坡扶持政策整体导向是中小企业，但重点在于那些持有当地股权且规模不大的中小企业，但实际上规模的限制相当宽松，几乎涵盖了所有中小企业，尤其是那些初具规模的成长型企业。新加坡标新局在网站上公布提供服务的知识机构名录，中小企业就购买服务项目可以提前与知识服务提供者沟通，双方达成协议后，知识服务机构协助中小企业通过创新券门户网站在线提交申请，接到申请后，标新局组织专家或者第三方机构审核，在两个工作日内通知申请审核结果。但规定，凡是服务的提供者本身不能够申请创新券，其他有隶属产权关系和关联关系的中小企业也不能申请，以免造成利益输送和舞弊行为。新加坡标新局规定创新券的服务提供者的资格，前提是成为中小企业服务机构合格的名单目录之内，也就是持有证书的知识服务提供者才具有服务的资格，其资格期限直到新的一轮目录申请周期为止。期满之后，服务提供者需要重新获得管理资助机构授予的提供服务的资格证书，不论是申请延期还是新申请资格服务类型，需要通过网络平台申报。

① 郭铁成、骆庆生：《新加坡创新券计划为企业输血》，《经济参考报》2013年11月28日。

管理资助机构一般通过网络公布审查和细节确认的结果，相关提供服务的机构需要注册登录后进行信息的查询和获取。想要申请政府津贴抵消顾问费用的中小企业，从 2013 年 1 月 1 日起，所聘用的企业顾问必须是标新局认可的合格资质者，有关申请的服务项目才能适用创新能力券。

服务提供商范围选择。新加坡标新局要求凡是利用创新与能力券（ICV）或能力发展津贴（CDG）抵消企业顾问费用的中小企业，所聘请的管理顾问都必须经标新局指定的第三方机构认证的合格服务提供者。中小微企业在申请创新与能力券时可以选择与合格的顾问公司、科研机构进行合作，参与服务提供商既包括公共知识机构，如新加坡理工学院、工艺教育学院、科技研究局旗下的科研院所、创新中心等，还包括一些私人顾问公司以及认证机构，共计 22 个公共知识机构，多达 120 家服务提供商。“创新券可以通过不同的服务供应商来申请，其是 ICV 计划的支持者，这些服务提供者需要在官方 ICV 支持平台的名录之内，两张创新券可以同时申请使用，只要在接受扶持政策规定的领域的创新能力提升范围之内，且不属于同一类型的项目。”[①] 当然，其他服务项目如果在产业和行业扶持范围内，即使项目尚没有入围，只要有合适的清单上的提供者，也可以通过相关的程序，证明其符合政策要求，向管理机构申请扶持补贴。当创新券使用完毕后，接受创新券的机构向标新局的所属兑现机构申请兑现。标新局委任了三个机构，为符合技术准则的顾问机构进行认证。这三个机构分别是：“新加坡管理顾问学会（IMC），新加坡 PMC 认证私人有限公司（SPMCC）与德国认证公司 TUV SUD 的子公司 TUV SUD PSB 私人有限公司。”[②] 三个机构给予的认证头衔分别为注册管理顾问、执业管理顾问与新加

---

① SPRING Singapore Innovation and Capability Voucher（ICV），https：//www.rikvin.com/incorporation/singapore – innovation – and – capability – voucher/，2017 – 06 – 30.

② FAQ：2014 Updates for Innovation and Capability Voucher（ICV）and Productivity and Innovation Credit（PIC）Scheme，https：//spring.gov.sg/Growing – Business/Voucher/Pages/innovation – capability – voucher.aspx，2014 – 11 – 02.

坡认证管理顾问。中小企业可登录这三个机构的网站，查看获认证顾问的名单。标新局规定，认证计划可让中小企业在筛选管理顾问时，按照一套共同标准来评估和衡量。其他服务机构被要求参与服务的管理咨询机构在2016年年底之前完成新一轮的资格认证，获得服务资格和条件。上述三个顾问机构将按标新局、新加坡标准理事会与顾问品质管理工作小组制定的技术准则来进行认证。技术准则列明管理顾问具有资质的专业能力、专业水准、职业品德操守和操作规范与标准方式等相关要素，运用专业手段进行测评和估算，根据评估的结果进行等次划分和绩效的排列，在官方网站予以公布，以供中小企业选择服务对象时参考。相关专家表示，这样做的好处就是通过标新局评估和认定的顾问机构，进行的第三方评估认证，可以更好地帮助中小微企业在选择服务机构时进行比较和评判，并对自身的项目需要进行科学的匹配，从而能够更好地实现创新能力券支持企业发展和增长战略目标。

4. 政府购买服务支持创新创业的流程与规范（见表2－6）

表2－6　　新加坡标新局创新券申请指南规定的步骤

步骤	程序内容指南
一是确认是否符合资助条件	中小企业首先要确认资助项目目录的范围，不在范围之内不能得到资助
二是供需之间预先进行沟通和对接	确定需要的服务项目并联系服务项目的供应者进行协商，在提交申请之前确认服务提供者愿意承接该项服务，没有机构愿意承担此项服务，则无法正常使用兑现
三是网上申请和领取	通过新加坡创新能力券门户网站平台进行申请，所有的申请者将在6周之内进行处理并按照要求提交档案材料，符合条件的申请者被审核之后将通过电子邮件的方式通知审核结果，审核结果按照普惠制、先到先得的基本原则执行

续表

步骤	程序内容指南
四是使用和接受评估	在服务项目完成后，中小企业申请者和服务提供者需要提交项目报告给创新能力券管理机构。在使用和兑现的过程中，接受后期的监管和评估

资料来源：新加坡标新局官方网站，经整理。

新加坡在创新券计划实行的初期，实际使用和兑现形式较为简单。最初的创新券面值仅为5000新元，企业申请成功后，可单独使用，也可在联合一家以上十家以内的非股权隶属关系的非亲属企业申请，共同使用创新券购买咨询服务或解决方案。创新券划分为不同领域，每家企业最多可申请8张创新与生产力补贴券，每个领域最多可申请两张券用于购买服务。一般情况下，每张创新券有效期六个月，可用来购买服务名录里任何一项服务。“项目支出超出创新券面值的，超出部分由企业自行承担。支出不足面值的，结项时实报实销，剩余余额过期作废。除一次性付款方式外，还允许知识服务者有首付要求，但首付不应超过全款的20%。”[①] 初期的这种联合使用功能，与欧洲创新券中的“联合券”相似，但扩展为创新与能力券后，标新局规定不可联合使用。该券每年共有3次申请机会，每次颁发约200张。如果申请数量超额，则通过抽签形式决定。“所有申请表格必须在每个申请期截止前寄交新加坡标新局，同时中小微企业创业团队在创新券计划中申请的科技服务项目需要同高校或科研院所签订服务合同。”[②] “项目申请被批准后，项目服务内容允许更改一次，且仅限其中一条内容。而可更改内容包括结项日期、知识服务机构、预期结项成果等。结项

① 马玉洁：《新加坡如何为中小企业保驾护》，2014－10－06，新华网（http：//sg. xinhuanet. com/2014－10/06/c_ 127066901. htm）。

② FAQ：2014 Updates for Innovation and Capability Voucher（ICV）and Productivity and Innovation Credit（PIC）Scheme，https：//spring. gov. sg/Growing－Business/Voucher/Pages/innovation－capability－voucher. aspx，2014－11－02.

日期更改，企业需在截止日期五日前，提交延期申请，被通过者结项日期可以顺延六个月。”

标新局规定项目完成后，由中小企业和知识服务机构共同向新加坡标新局提交结项材料。“每个领域的结项材料都有明确要求，大致分为结项报告、咨询时间证明和PPT，结项报告需双方签字生效。”① 为了持续跟进政策的实施效果，即使扶持的项目结项后，一些知识服务机构被要求提供后期跟踪评估与管理服务。如在人力资源领域，按结项要求项目完成后，企业在三个月内可被要求提供五小时以上的跟踪评估与监管检查。

服务提供商的兑现。服务提供商为了将创新与能力券进行兑现，需要填写申领兑现表（ICV Redemption Form），其内容主要涉及服务供应商信息（服务提供商名称、部门名称以及联系方式）、服务成本（项目总成本以及换领金额）、服务项目信息（公司名称、申请/券的编号、项目的能力领域、服务范围）、相关声明等。大体上是对服务和交易信息的确认和进行必要的审查，确保资金和项目按照规定的要求，合法合规进行并得到执行完成。

5. 新加坡政府购买服务支持创新创业的政策评估与完善

创新券政策最早由新加坡标新局（SPRING）于2009年3月推出，当时只包括技术创新领域的服务项目，2012年后扩展至生产率、人力资源和财务管理等领域，旨在全面提升中小企业竞争能力。“为了适应新加坡经济与社会转型以及促使中小微企业不断提升自身的能力，更名为创新与能力券政策（Innovation & Capability Voucher，ICV）。”② 此举主要是为中小企业提供更多的服务和支持，从而为其发展创造更为优越和宽松的环境，以焕发新加坡的发展活力。由于创新能力与生产力券不仅内容拓展，而且在申请程序、资金使用、内容更改、结项

---

① 郭铁成、骆庆生：《新加坡创新券计划为企业输血》，《经济参考报》2013年11月28日。

② 肖久灵、汪建康：《新加坡政府支持中小微企业的科技创新政策研究》，《中国科技论坛》2013年第11期。

要求、跟踪服务等方面都有改进或优化。同时，为避免财政资源浪费，新加坡标新局规定：企业提交的申请应当有有效的计划和解决方案，能够说明其预期的收益和可行性，对生产力提升和人力资源的提升具有切实的效果，对降低企业成本和优化资源配置有实实在在的作用。为推动创新能力计划的完善，标新局和新加坡标准理事会（Singapore Standards Council）共同制定了一份针对管理咨询公司的技术参考守则，让中小企业在寻求管理咨询服务时有章可依。"制定这份守则的工作小组由来自标新局、标准理事会、管理咨询业者、商团和商会以及认证机构的代表组成。"①

2012 年度的评估报告认为创新券推出后效果非常显著。官方统计资料显示，88% 申请 ICV 的企业获批，其中 95% 为中小微企业，50% 为首次申请者。"生产力及创新优惠计划（PIC）于 2010 年推出，为期五年。新加坡标新局明确计划延续到 2018 年年底，预算的资金为 30 亿新元，以支持升级的 PIC + 工作计划，新的升级计划方案中，中小微企业可以享受申领 40 万新元，约 200 万的合格支出 60% 的现金津贴或者高额税额抵扣。"② 自 2016 年以来，政府已通过标新局（SPRING）和新加坡国际企业发展局（IE Singapore）的援助计划发放 23000 多份津贴给本地企业，超过一半津贴发给中小企业的创新团队。较好地帮助本地企业渡过难关，帮助中小企业员工发展更精专的劳动技能，为未来经济复苏做好人力资源准备。新加坡政府对于中小企业的发展津贴项目扶持数量和金额比之前的年份平均数增加了三倍以上。"新加坡贸工部 2018 进行的一项调查也显示，那些将能力发展津贴用于科技创新的企业，完成创新项目后的平均营收提高了7.8%。"③

① 新加坡标新局：《标新局与新加坡标准理事会将制定管理咨询公司技术参考守则》，《联合早报》2016 年 5 月 20 日。

② 马玉洁：《新加坡如何为中小企业保驾护航》，2014 - 10 - 06，新华网（http://finance.china.com.cn/roll/20141006/2710100.shtml）。

③ 新加坡标新局：《标新局与新加坡标准理事会将制定管理咨询公司技术参考守则》，《联合早报》2016 年 5 月 20 日。

二　发达国家政府购买服务支持创新创业的几点启示

发达国家政府购买服务的探索具有前瞻性和开创性，为我国政府购买服务支持大众创新创业提供了宝贵的经验。

（一）政府购买服务支持创新创业是整个国家创新战略的重要组成部分

从荷兰到英国，从加拿大到新加坡。大多数国家在提升国家整体竞争力方面把创新和创业作为增强发展活力的重要源泉，而把政府购买服务作为支撑创新创业、调动中小企业积极性和降低创业创新成本的不可分割的战略支持工具。相关国家政府落实专门的机构和专项资金来推动服务项目的落实。尤其是新加坡和荷兰都是从国家层面明确政府购买的服务项目，建立国家级的承担和管理机构，并明确资金保障和资金预算安排，其政策力度跟国家的战略重视程度是密切相关的。

（二）根据本国实际需要来确定政府购买服务的形式和内容

发达国家创新创业券购买服务的内容和项目差别很大，荷兰的创新券旨在科技创新项目，促进小微企业与科研机构和技术服务中介的合作和对接，旨在促进产学研相结合。而英国等地的补贴券由于地区的不同，服务内容和项目不同，从当地实际出发，因地制宜来界定服务项目和接受服务的对象。有的不仅包括科技项目，也包括管理咨询等项目。而新加坡等国家的生产力补贴券实际上已经融合了扶持科技创新和中小企业运营的各个方面，从而围绕中小企业的整体竞争力而实施计划。但对于服务提供商却有着严格的限定范围。有的国家则逐步打破地区限制，在全球范围内选择供应服务商的主体。这些都逐步突破原来的边界，将政策工具丰富和拓展到最优化。

（三）将政府购买服务的支持对象聚焦在初创中小微企业和创客团队

不论是欧盟成员国的荷兰、爱尔兰、法国，还是英国、加拿大、澳大利亚，或是东亚的韩国、新加坡等国中小企业科技创新服务券实际上资助的对象是十分明确的，就是初创的中小微企业和创客团队。有的虽然只扶持注册一年以上三年以内的中小企业，但宗旨是扶持初创企业和没有享受过服务补贴的企业。三年以上且具有一定规模的企业则不在补贴之列。政策的宗旨十分明确，扶小不扶强，扶新不扶旧。而不是有选择性的优抚，导致政策的公平性和普惠性初衷的背离。

（四）在实践中不断完善规范和制度化，构建购买服务的长效化机制

显然，政府购买服务支持创新创业需要以制度的保障才能持久化。而不论是爱尔兰还是英国，乃至其他经合组织成员国的政府购买服务不是一买了之，也不是政策一轮结束后就默默淡出。这些国家对于政策的实施都进行了后期的评估，并且对政策的可持续发展组织了研讨和专题的分析，征求专家的意见和相关主体的看法，对政策进行不断地修正和完善。荷兰对政策进行了三轮实验，并着手进行第四轮再继续完善。新加坡也进一步创新和完善了创新与生产力券项目计划，不仅服务项目和内容得到极大的拓展，政府购买的实质和内涵也得到极大的丰富。

三　国内地方政府购买服务支持创新创业的政策实践

地方政府通过购买服务支持大众创新创业是落实国家“双创”战略的重要举措，对于有效激发大众创新创业的积极性具有不可替代的作用。本部分以地方政府购买服务支持创新创业的政策实践为研究对

象，以文献研究和比较研究方法对地方政府的实践模式进行分析，可知目前国内政府购买服务支持创新创业的途径和方式大体分为三种模式：以扶持科技型小微企业为主的创新券模式，以服务中小微企业的服务券模式和以兼顾创新券和创业券的特点的混合券模式。研究发现，他们的共同之处是财政政策创新惠及中小微企业、发挥财政创新投入的杠杆效应、激发专业机构服务企业的积极性。但在资金来源、管理主体、运作机制和模式上有着显著的差别。若要提高政策扶持的效率，发挥购买服务的杠杆作用，需要切实加大资源整合力度与优化运作机制。

2012 年 9 月，宿迁市学习借鉴国外的先进做法创设科技创新券支持中小微企业发展，采取财政资金支持企业向高校和科研院所购买服务并到财政部门兑现的做法，受到高度的关注。此后，部分省市开展小微企业补贴券活动，武汉、温州、杭州等地开展了积极的探索。经过几年的积累，在大众创新创业成为时代大背景下，这些政策得到了中央政府的高度认可，并上升为国务院的政策议程的重要议题之一。2015 年 1 月，国务院出台加快推进众创的《指导意见》，要求各地“综合运用各种手段”①，通过政府购买服务为创新创业提供政策支持。随后的 2016 年，国务院进一步下发众创《指导意见》，明确提出“探索创业券、创新券等公共服务新模式。”在随后的 2016 年年初，国务院下发的众创支撑平台建设《意见》要求：“加大政府购买服务力度”②，为采用四众模式的小微企业提供科技创新类与公益类服务等多种服务，项目进一步拓展到 20 余项。

那么，地方政府的政策执行和政策创新的实践探索形成了什么样的路径和模式？地方政府购买服务的模式其基本构成要素是什么，运作与管理机制如何，不同模式和路径之间的联系和区别在哪里，这些对于进一步完善地方政府购买服务支持大众创新创业，进而推动政策创新和工具优化具有十分重要的意义。

---

① 国务院办公厅：《关于发展众创空间推进 大众创新创业的指导意见》，2015 年 3 月 2 日。

② 国务院：《关于加快构建大众创业万众创新支撑平台的指导意见》（国发〔2015〕53 号），2015 年 9 月 23 日。

为回答以上问题，便于归纳和比较分析，本文采用分析框架包括政府购买服务的形式与途径、资金来源与管理体制、项目与服务内容、申请与提供服务的资格条件、实施的流程与规范五个方面的内容。

（一）地方政府购买服务支持大众创新创业的主要模式分析

目前，地方政府购买服务支持大众创新的主要模式有三种：第一种是科技创新券模式，第二种是中小微企业券模式，第三种是创新创业券混合模式。而有的地方则创新券和创业券并行运作，少数地区推出了信息化服务券等专项补贴形式。但后者只是一种模式的所属类型之一，因此纳入各自模式的分析之中。

1. 科技创新券购买服务支持创新创业模式

（1）科技创新券支持创新创业的途径与形式。近 3 年来，我国地方政府购买服务在创新创业领域推广很快，全国各地从省市区一级，到副省级城市，到省辖市和市辖区县不少地区都出台了相关的科技创新券政策。但科技创新券政策属于国外的舶来品，国内不少地区和城市进行了先行探索和实践。其中，杭州市 2011 年出台《杭州市科技创新服务平台建设与运行管理办法》，推出“科技创新服务平台优惠券”①，起初类似于一种对科技型中小企业的补贴，并规定了发放的依据和标准。“截至 2014 年年底，杭州市共兑现创新平台补贴券 1264 张，发放补贴资金近 1500 万元。”② 创新券编码使用，用于购买科技平台的服务和技术成果，添置创新所需的研发设备和科学仪器等。宿迁市则率先推出科技创新券，“用于支持科技型小微企业购买科技服务。”③ 一般情况下，政府发行的创新券采取无偿资助方式，支持企业科技创新。2013 年成都市为加速推进创新驱动战略，专门出台了创新

---

① 杭州市科委：《关于印发杭州市科技创新服务平台建设与运行管理办法的通知》，2011 年 11 月 28 日。

② 同上。

③ 宿迁市政府办公室：《关于印发宿迁市科技创新券实施管理办法（试行）的通知》（宿政办发〔2012〕194 号），2012 年 9 月 13 日。

型城市建设的《关于印发成都市科技企业创新券实施管理暂行办法的通知》（成委发〔2013〕13 号），明确：创新券是实施创新驱动支持“双创”的一种重要手段，是“推动科技服务需求方和供给方有效对接的一种途径”①。大体而言，科技型中小企业向科研机构或者中介服务机构购买的创新服务，政府通过以创新券补贴的形式，可以抵扣一定的费用和支出，由接受创新券的科技服务机构或者申领到创新券的企业购买服务后提供相关材料到科技部门申请补贴，并通过指定账户发放给接受服务的科研机构和中介机构。这种途径和方式受到了中小企业的极大关注和欢迎。

（2）创新券购买服务支持众创的项目与内容。创新券购买服务主要是科研方面的项目，各地项目的多寡和支持的力度各有不同。少的地方有 3 项服务项目，多的地方有十多项服务，平均在 5—7 项。天津在项目上主要是资助研发设计和认证、检测与检验等科技类服务，其中也包含购买技术成果和知识产权等服务项目。北京的现行创新券资助范围包括科技研发、分析测试和技术成果转让等六大类，10 多项内容。其中以检测、研发方面的服务项目所占比重最大，占比 60% 以上。上海所采取的服务内容界定方式与北京市科技创新券大致相同，且服务范围内的项目在其官方研发服务平台上，专门进行推介和添加标志性的公告。有些地方的高新区则推出了高端类的服务，如天津滨海高新区推出的“创新通票”则将支持的服务内容分为高企服务、知识产权、分析测试、新三板挂牌和初创服务包，“创新通票”涉及的服务领域较为宽泛。深圳、广州等市则推出了高端项目服务，如高性能计算服务，是其他地方未列入的科技服务项目，其他项目也较为丰富，基本涵盖了科技创新类服务项目。

（3）创新券购买服务支持众创的对象与承接主体。宿迁市规定创新券资助的企业应当符合以下条件：一是取得法人资格，且被认定为

① 成都市科学技术局：《关于印发成都市科技企业创新券实施管理暂行办法的通知》，2014 年 10 月 29 日。

本市市级以上的高新企业或者认定为战略新兴产业类的企业；二是成为科技部门或者园区认定的科技型中小企业，主要是具有创新能力的科技型中小企业；三是传统产业中的改造升级企业，这些企业的改造升级符合产业发展导向和技术创新的要求。2015 年，杭州市发布的政策规定："科技型中小企业应以规模小、实力弱但发展前景较好的初创期和成长期企业为主，非企业则可以优先支持在各级各类创业大赛中表现出色的团队和个人。"北京市中关村的资助对象为以下条件："（1）营收在 1000 万元以下，且职工人数最多不超过 100 人；（2）资本金低于 2000 万元，且近两年未得到其他财政资金的同类支持。"① 此举主要是考虑到一些初创的科技型企业和刚刚开始创业的创客团队。北京、上海均提出，未注册企业且具有产品研发及转化需求，需要分析测试服务的创业团队可提出申请，经创客支撑平台来代理。浙江省则授权各市县自主确定创新券支持范围，对创新创业获奖团队也有类似的规定。

在国内，承接创新券服务的提供者主要来源于各大科技服务平台和服务中介，其中也包含部分官方和半官方的科技机构：主要是面向社会开放服务的高校科研机构、中科院、工程院的地方分支机构和地方科技院所和科技创新中心，重点是各种入网科技共享平台的设备、设施等科技资源的拥有者。如上海的创新券服务机构为加盟上海研发公共服务平台、科技创新服务平台、专技服务平台的机构和组织，此外也包括一些开放性的实验室和院士工作站点。除依托各类科研综合平台组织服务资源外，北京推行了推荐机构对接中介业务。中介机构围绕首都的科技平台，组合信息和科技资源，实现彼此之间的信息共享和资源的有效配置，从而实现创新服务的对接。

（4）创新券购买服务支持众创的流程与规范。一般而言，创新券购买服务流程包括发布通知、企业申请、审批公示、发放消费、兑现结算、审核评估等步骤。（见表 2－7）

---

① 李建玲、毛振芹：《首都科技创新券简介》，北京市科技委员会，2016 年 6 月 28 日。

表 2－7　　地方政府创新券购买服务的流程与规范

步骤	流程与内容
第一步	科技部门发布科技企业创新券资助通知，明确科技企业创新券的发放、使用范围和使用比例等有关要求
第二步	企业通过制定的“科技创新创业服务平台”提出创新券申请，创新券管理中心审查通过后在 3 个工作日内将科技企业创新券（电子券）发放至企业在“科技创新创业服务平台”上的账户
第三步	企业在“科技创新创业服务平台”上选择需要购买的科技创新服务产品并提出购买申请
第四步	科技中介服务机构与申请企业在线下商定服务内容、服务时间、服务费用等相关事宜后签订服务合同书，并将服务合同书上传至“科技创新创业服务平台”
第五步	创新券管理中心对服务合同书进行审查，审查通过后，科技中介服务机构按照服务合同书约定为企业提供相应科技服务
第六步	服务完成后，企业在“科技创新创业服务平台”上使用科技企业创新券向科技中介服务机构支付一定比例的服务费用。为鼓励科技中介服务机构为企业提供更多更好的创新服务，科技部门对科技中介服务机构提供的服务给予服务费用一定比例的补贴
第七步	审查评估。科技中介服务机构根据审核意见，在规定期限内将科技企业创新券兑现额度和申请服务补贴的纸质证明材料提交创新券管理中心。创新券管理中心对科技中介服务机构提交的证明进行审核，经分管领导审定通过后，由财务部门负责拨付

资料来源：根据地方政府官方网站公布的《创新券管理使用办法》整理而来。

宿迁市对创新券实行统一管理、分类分工负责的办法。其中，对奖补类的资金由科技局主导管理，拟定发放的对象和名单，报市政府创新券管理委员会研究决定。而涉及中小微企业服务的产业引导资金则由发改委进行管理，授权其审核拟定发放对象和名单；“新型工业化专项资金扶持的项目则由工信委负责审核发放对象和名单，并报管理委员研究决定”[①]。统一负责创新券运营业务的是创新券管理委员会下设的部门联合协调机构——创新券营运管理中心。在兑现方式上，

① 宿迁市人民政府办公室：《宿迁市科技创新券实施管理办法》，2014 年 2 月 19 日。

不同类型的科技创新券要求有一定的差别，或者接受方或者提供服务方申请兑现，如北京要求由提供服务的实验室在接受创新券后申请兑现，企业实际上只需交付创新券以外的服务费用即可，但需要提供服务方——科研机构和实验室在资金垫付等问题上承担一定的前期成本。上海、南京则由企业在申请创新券后自行持有，自行使用后按照规定申请兑现，不需要接受方的单位申请，这种模式在操作上更加灵活便捷。此举能简化程序，更加方便于创新券的兑现和适用，便于创新券购买服务的承接主体提供服务，调动他们的积极性。

（5）创新券购买服务支持“双创”的资金来源与保障。各地资金来源的路径整体而言主要是科技项目资金和创新券专项预算资金，但其他资金来源也是重要的补充。宿迁市的综合创新券的资金预算主要来源于：产业发展引导专项资金、新兴工业专项和科技经费专项预算，此外还整合了市、县、区三级的财政资金。并规定“区财政按与市财政5∶5 的比例进行资金配套。县市财政 8 ∶2 的比例进行资金配套。”[①] 各地管理机构因创新券的资金来源和管理主体部门的不同而有所差别。一般以科技部门为主则来源于科技经费预算，以综合部门为主则资金来源属于多渠道整合。从管理看，宿迁市创新券管理委员会由分管的市政府领导任主任，发改委、科技局和工信委等部门为主要成员，各相关单位配合，各司其职。从其他各地的情况看，凡设立创新券购买服务支持众创的地方政府，一般以一个主管部门牵头，或者是科技部门或者是工信部门，财政部门则主要负责资金预算工作，其他部门共同配合协作管理，完善具体的政策和操作规范，并负责审批发放的基础工作和跟踪评估。而实际的运作，一般由科技创新协同平台或者管理中心来负责具体管理。有的地方创新券主管部门通过购买第三方服务的形式，进行运作和监管，降低人员成本和经费支出，同时为提高公正性，第三方接受委托具体执行受理和审查服务，并进行跟踪监控和评估。

---

① 宿迁市人民政府办公室：《宿迁市科技创新券实施管理办法》，2014 年 2 月 19 日。

2. 中小微企业服务券模式

中小微企业服务券跟科技创新券虽都是政府购买服务支持创新创业的形式，但两者属于不同类型的路径。其资金来源、管理主体和购买内容、享受的对象范围均有明显的不同。

（1）中小微企业服务券购买服务的途径与方式。中小企业服务券实际上以财政资金对中小微企业向第三方主体购买指定服务项目的有价凭证。如广州明确："中小微企业服务券是用于支持中小微企业购买国家、省和广州市中小企业公共服务示范平台和中小企业公共技术服务示范平台等服务的财政补助凭证。"① 就其目的而言，主要是用财政资金的扶持成长性好、发展前景明确、具有迫切服务需求的中小微企业解决实际困难，助推小微企业加速发展。至于凭证的形式有的地方是纸质版，有的地方是电子凭证，有的地区则是一个授权的账户额度。各地对中小微企业的补贴一般按照服务项目的总价值予以一定比例的资助，或者按照中小微企业的年度收入增长额或者按照业绩增长幅度来给予一定的补助，不同的扶持方式，目的有一定的差异。以销售收入和增长幅度补贴明显注重的企业的成长性，而按照服务额度比例扶持，则注重企业自身的运营的规范性和合规性。

（2）中小微企业服务券购买服务的扶持对象。中小微企业服务券的扶持对象是符合一定条件的中小微企业，其资助范围和重点对象视各地具体政策导向而定。各地有一些共性的基本规定，如申请者不得与服务者有关联的产权关系，以免产生影响公正性并且套取资金的嫌疑。一般要求是在本地区注册登记的法人，符合当地产业导向和产业发展的布局，具有良好的发展前景和现实基础条件，有较强的竞争力。中小企业具体划分标准按工信部《中小企业划型标准规定》的有关规定执行。有的则进一步规定："优先支持高成长型中小企业、'小升规'重点培育企业、新增'规上'企业。"② 此外能够纳入全省重点监

① 广州市工业和信息化委员会、广州市财政局：《广州市中小微企业服务券试点工作方案》，2017 年 6 月 13 日。

② 广东省质量协会：《广东省中小微企业服务券试点操作指南》，2017 年 3 月 23 日。

测和扶持的中小企业成长体系范围的中小企业也是重点扶持的对象。如银川市除要符合中小企业基本条件外，还以产业为导向，扶持政策优先考虑企业的成长性。重点是从事符合国家和本市工业产业发展方向的优势特色企业、文化旅游产品生产企业、软件和信息技术服务业以及生产性服务业。其中成长性是比较鲜明的要求："有较强的企业管理和经营能力，近三年营业收入或利润平均增长达10%以上。"[①] 也就是说，企业的成长性和科技含量是考虑是否扶持的重要因素。从上述的扶持对象的政策范围看，中小企业服务券的扶持对象因政策导向不同扶持的范围差别较大，且具有很大的变动性。有的主要是扶持初创企业和弱小企业，有的则是扶优扶强，帮助有潜力的企业，其价值导向不一致。有的地区则是明确要符合产业导向和重点产业政策的要求，而有的地方则是实行普惠制，只要符合条件的中小微企业都可以申领。这与科技创新券扶持对象的稳定性形成较大的反差。

（3）中小微企业服务券购买服务的范围。从各地地方政府的政策安排看，中小企业服务券用于补助购买中小微企业需要的服务包括但不限于表2－8中的内容。

表2－8　　中小企业服务券的基本服务内容与项目

服务项目	基本服务内容
（1）培训服务	为中小微企业负责人、经营管理人员、专业技术人员提供政策法规、经营管理等各类培训服务
（2）市场服务	为中小微企业开展电子商务服务，以及为中小微企业拓宽市场渠道、参与国内外经济技术交流与合作提供的各类服务
（3）创业创新服务	为初创小微企业提供创业创新辅导，以及为中小微企业创新成果转化、展示提供的各类服务
（4）管理咨询服务	为中小微企业战略规划、精准生产、品牌培育、人力资源、供应链管理、商业模式设计、股权激励等提供的各类服务

① 银川市工信委：《银川工业中小微企业服务券使用管理办法》，2012年8月3日。

续表

服务项目	基本服务内容
（5）信息化服务	为中小微企业提供ERP应用、客户关系管理、智能制造等各类信息化服务
（6）法律服务	为中小微企业提供合同风险防范、法律维权与援助等法律顾问服务（不含诉讼服务）
（7）财税服务	为中小微企业提供财务税务咨询和代理、成本和风险控制等服务
（8）融资服务	为中小微企业提供融资、担保、风险补偿、信用征集与评价、上市培育、融资信息与辅导、受托资产管理等服务
（9）技术服务	为中小微企业提供技术开发、技术转移、工业设计、检验检测、质量控制和技术评价、协同创新、设备共享、知识产权和品牌建设等公共服务
（10）其他服务	中小微企业所需要的其他服务

资料来源：2012—2016年地方政府中小微企业服务券管理办法，经整理而来。

各地中小微企业服务券的购买内容基本维持在6—8大类服务项目上，其中公益类服务占主导地位。而绝大多数中小企业服务券也涵盖了科技创新券的科技研发、委托研究设计等创新类服务项目。

（4）中小微企业服务券的承接主体。各地对中小企服务券的服务提供者有着相似的规定，一般都要求有一定的资质条件，重点是专业服务能力和服务经验，且属于本地注册企业，且经过评选进入公共服务平台，成为签约服务机构。如昆明市要求是市中小企业服务中心或市级以上相关部门认定的服务机构。湖北省黄石市也有类似的要求，除此之外还对企业服务质量和服务能力规模有一定的特殊要求。（见表2－9）

表2－9　　　　中小企业服务券承接主体资格与条件

资格条件	具体要求	其他条件
基本条件	属于本地注册企业，且经过评选进入公共服务平台，成为签约服务机构	要根据市场需求不断研发新产品，定期更新并在省公共服务在线上发布服务机构和服务产品目录

续表

资格条件	具体要求	其他条件
一般要求	热心为中小微企业提供优质优惠服务，无不良信用记录，积极参加政府组织的各类服务活动，受到企业好评。具备专业实力及服务能力，运行机制良好	昆明要求：经市级以上相关部门认定的、在昆明市注册登记的“互联网+”创业创新服务平台，企业用户数不低于500家，平台产权明晰，有良好的盈利模式和市场前景，无不良信用记录
特殊要求	具体服务的资质等级、行业规模、同行和客户评价等方面的要求	武汉市对服务机构的要求更加具体和详细：除上述基本要求外，武汉市要求中小企业服务机构的注册资本一般要求30万元（含）以上；依法经营两年（含）以上

资料来源：2015—2017年地方政府中小微企业服务券《管理办法》，经整理。

（5）中小微企业服务券申报的流程与规范。各地创新券和小微企业服务券申报的流程基本相似，在申报过程中，一般分为网络申报和人工纸质申报两种途径。目前，大部分地区和城市依托网络技术服务平台申报。各服务平台——中小企业服务中心完成初审后报服务平台属地的主管部门——工信委及财政部门会同审批。中小企业服务中心对小微企业申请材料的完整性、有效性、真实性等是否符合申报条件等进行审核，审核后报各上级主管部门审批。如果存在超出额度和预算的情况，则有两种处理办法。第一种是采取时间优先原则，实行普惠制，先到先得，符合资格的申请者按照先后顺序领取，已经申报但没有申领到服务券的小微企业在下一期服务券发放时优先考虑。另一种方法，则是请专家进行综合评审，按照评审的综合得分情况进行派发。目前，大多数地区采取第二种办法，主要是考虑到申请的企业数量较多，出现供不应求的状况，需要有重点的资助。但少数发达地区则提出按照普惠制编制计划，只要符合条件都要进行登记发放。

中小微企业服务券的使用和兑现。各地要求持有服务券的中小微企业应在服务机构目录内购买服务，企业购买的服务项目实施完成后，按照要求上传合同和支付凭证等证明文件，抵扣服务费，并结算费用。不同地区的兑现流程基本相同，兑现的办法则有所差别。有的运行申请企业持合同资料和相关证明材料当地兑现。有的则要求承接服务的机构提交相关证明材料，到主管机构指定的平台申请兑现。

从服务券的兑现流程看，承办单位向财政一次性申请当年度服务券资金的下拨，进入专用账户管理。在经地方政府批准后，财政部门将补助额度下达给各地中小企业服务中心，中小企业服务中心严格按照主管机构批准的用款计划集中办理支付。在兑现之前，要将审核的结果公示一段时间，一般时间在一周左右，公示结束后，若没有异议由承办单位按程序兑付结算，将资金划拨到申请的兑现账户上。只有资金兑付完成，一个中小企业服务券的项目才基本走完购买和服务结算的完整流程。

（6）中小微企业服务券的管理与保障机制。各地对中小企业服务券的资金预算安排和管理体制安排有一定的差别。广东省的中小企业服务券资金从小微企业创业创新基地城市示范项目安排 6 项预算项目，总的项目预算安排资金 9000 万元。成都市经信委曾在 2012 年安排微型企业发展资金 5000 万元，主要用于“支持中小企业公共服务平台的建设发展，并支持小企业创业孵化和中小企业管理咨询服务、职工岗位培训和经营管理者培训，解决中小企业融资难等问题”①。昆明市的中小企业服务券资金来源于昆明市创业创新服务专项资金，从市财政预算“工业发展引导资金”中安排不低于 2000 万元预算来予以保障。从运转机制看，各地的差别较为明显。虽然中小企业服务券的主管部门大多为工信委，实际运作和承担单位为下属的中小企业服务中心。但也有部分城市的中小微企业服务券管理设立专门的办公室，杭州市“小微企业三年成长计划”推进领导小组办公室设在该市市场监管

---

① 韩利：《5000 万元资金支持微型企业，成都拟给中小企业发服务券》，《成都商报》2011 年 5 月 7 日。

局。[①] 南京市曾推出信息化专项服务券，“以500万元财政资金，拉动信息化消费总额2547.48万元，其中政府补贴占20%，服务商让利占66.7%，企业支付占13.3%”[②]。

3. 创新创业券混合运作模式

与创新券、中小微企业服务券独立运作模式不同的是，少数地区和城市推行创新创业券混合搭配模式。这种模式综合了两种类型购买服务支持创新创业的功能，但也增加了管理和协调的工作量和难度。

（1）创新创业券是创新券与服务券的混合类型。如济南市中小微企业创新券是整合各项经济和科技资源资助“双创”团队和科技型企业向相关服务主体购买服务的凭单，主要目的是加速产学研融合。“创新券分为普惠券和重点券，其中普惠券分为科技资源共享服务创新券、服务券、活动券三种。”[③] 济南的重点券分别针对高新企业推出高新企业培育券，针对具有良好发展前景的科技小型企业推出了科技企业培育券；针对高层次人才的引进推出了高端人才引进和培养券；针对鼓励科技企业研发设计推出了研发补助券和针对支持企业创新推出了创新引导券，至少有五类券种作为扶持政策工具。国内将创新券种类划分较细的是江苏宿迁，分为企业类、平台类和奖补类三种，每一种类型又划分为若干个细致的项目，包括对企业的奖励、对创客空间、孵化器、示范平台运营的补助和对科技型企业的研发设计的鼓励等20个项目。济南市的创新创业券分为普惠类和重点类，每一种类型又有若干种具体服务项目。宿迁在新一轮创新券改革后，实际上也是接近于混合券的类型。

---

① 杭州市两创示范领导小组办公室：《杭州市小微企业创业创新基地城市示范服务券和活动券管理办法》，2016年6月30日。

② 南京市经济和信息化委员会：《南京中小企业信息化服务券工作圆满结束》，2015－11－20，南京市政府官网（http：//www.nanjing.gov.cn/xxgk/bm/jxw/201512/t20151230_3726019.html）。

③ 济南市人民政府办公厅：《济南市中小微企业创新券实施管理办法（试行）》，2017年3月27日。

（2）混合券购买服务范围具有综合性。创新创业券综合了政府购买科技创新服务项目和中小企业服务项目。如济南市创新券使用范围分为普惠券和重点券两类。杭州将补贴分成两类，一类是“服务券”，主要是通过财政补贴的手段提供公益类服务，主推孵化平台内的企业成长服务，俗称“保姆式服务”，可用于购买财税记账、战略规划、管理咨询、市场开拓和人力资源培训等各项基础性服务，为企业初期运营发展提供公益性质服务包。另一类是创新“活动券”，主要为创新和创业活动提供后补贴，用于围绕创业和创新开展的各类活动，包含各种创业导师辅导和创业沙龙与沙盘推演，筹办各种讲座和开设论坛，“举办各类创新创业大赛均在扶持范围之内”①。其支持范围不仅包括创新行动，也包括引导创新创业的先导性活动。

（3）扶持对象具有重点性与普惠性兼顾的特点。济南市规定申请创新券的中小微企业需同时满足以下条件：一是符合工信部认证（工信部联企业〔2011〕300 号）有关规定的中小企业，且在济南市注册经营一定的时间，通常一年以上；二是尚未注册企业的创业团队和入驻众创空间的创客，可以通过特殊途径获得申请的资格。前提是近 2 年内，团队或者创客个人取得省级以上创新创业大赛奖励，可优先考虑成为扶持对象。深圳和北京等地也有类似的政策规定，对于入驻众创空间、孵化器中的创业者或创业团队可以凭借孵化器的入驻证明材料和相关部门的审核材料单独申报。但部分地区则规定其中创业者或创业团队领取的创新券，需要在创业企业注册成立后，才能申请兑现。这些综合券根据不同的分类，指向不同的用途。其中创新券类的补助，限用于向高校院所、科研机构购买技术研发、专利成果、检测监测、分析测试、科技咨询等科技创新相关服务。奖补券支持对象为获得企业研发项目、品牌创建、知识产权战略等服务项目而使用。

---

① 杭州市建设国家小微企业创业创新基地城市示范工作领导小组办公室：《小微企业创业创新基地城市示范服务券和活动券管理办法（试行）》，2016 年 1 月 19 日。

混合型创新创业券的服务供给主体具有多种类型。科技类服务，一般是在本地区产业创新关联度较高的高校院所、科研机构中，选择一批国内相应专业排名靠前的单位，每年通过创新券匹配购买技术、成果、专利、检测、科技咨询等科技创新相关服务清单，供本辖区企业选择并匹配购买项目。每年对服务清单内的高校院所、科研机构服务绩效进行评估，评估结果作为下一年度预购买服务的重要依据。济南市规定驻济各类技术平台、金融服务平台和类金融服务平台、外包服务平台和其他社会中介服务机构均可申报创新券服务机构，登录管理平台注册，提交资质证明材料。对于公益类服务的供给，通过竞争性谈判，纳入公共服务供给目录清单，供创客团队和中小企业选择。

（4）创新创业券的申请流程与规范。混合运作模式在流程和规范上跟单一模式基本上是一致的，只是各地的规定时间要求和资料要求有细微的不同。（见表2－10）

表2－10　地方政府创新创业券整体流程和步骤

一是申请并提交资料，企业或者创客团队提交申请并上传证明材料。
二是分部门审核发放，由不同的主管部门按照权限和资金来源来负责审核和管理。
三是分别使用和购买服务，创新券仅限于申领的科技型中小微企业、符合条件的创新创业团队使用，允许分次使用，但不得转让和买卖。中小微企业、创新创业团队和创客购买市辖区内服务机构提供的服务时使用服务券。
四是使用创新券进行结算，并由收取创新券的服务机构在管理平台申请兑付。在时间要求上，大多数地方规定创新券有效期为1年，申领者需在有效期内使用，逾期自动作废。

资料来源：2015—2017年地方政府官方网站公布的政策文件，经整理而来。

（5）政府购买服务的混合券实行分工管理与资金统筹安排机制。从实施混合券的地区看，设立高规格的领导小组或者管委会是一个基本的组织保障措施。通常由一名分管的市（县）领导作为负责人，甚至是市（县）主要领导亲自抓。高规格的领导机构往往可以发挥统筹资源和高效协调的作用。如济南市市政府设立创新券工作领导小组，负责研究确定创新券实施工作有关重大事项。但从实际的运作看，即使是综合类服务券，也会有一个牵头单位，牵头单位以购买服务项目的资金来源和责任部门来定。通常科技创新券以科技部门为主，如济南、宿迁都是科技局来负责普惠类的科技创新券的申报、审核、发放和后续的监督管理工作；而涉及中小企业服务类项目为主的，需要工信委来牵头组织，且工信部门大多下设中小企业服务中心，协助工信部门对中小企服务类券种的申报、审核，在市政府审批后监督实施和发放使用，以及负责后续的评估工作；地方政府的财政部门负责年度创新券资金的预算安排和拨付等工作。杭州市设立“小微企业三年成长计划”推进领导小组办公室，负责平台管理、服务对象选取、服务机构认定确定、服务项目审核，进行数据统计分析、兑现审核、绩效评估等工作。“成长活动券的日常管理机构是杭州市推进科技创新服务中心，其负责活动券管理平台的管理维护、第三方服务机构认定、服务（活动）审核、服务（活动）监测、数据统计分析，兑现审核、绩效评估等工作。”① 科技创新服务中心定期向两创示范办公室报告进度和情况。

（二）地方政府购买服务支持大众创新创业的模式比较

综合上述分析，对政府购买服务的不同路径和方式有一个基本的特征认知，其模式和结构特点见表2－11。

表2－11　　地方政府购买服务支持“双创”的主要模式和类型

购买途径和方式	科技创新券	中小微企业服务券	创新创业券	科技创新券＋小微企业服务券并行
主管机构	科技部门＋财政部门	工信部门＋财政部门	创新创业券管理委员会（办公室）	各部门分开管理

① 杭州市建设国家小微企业创业创新基地城市示范工作领导小组办公室：《小微企业创业创新基地城市示范服务券和活动券管理办法（试行）》，2016年1月19日。

续表

购买途径和方式	科技创新券	中小微企业服务券	创新创业券	科技创新券 + 小微企业服务券并行
运营平台	相关处室或下属科技网络平台	中小企业服务中心少数由市场管理与人社部门管理	科技部门、工信部门、人社部门协同平台	各自归不同的下属机构运营
服务项目与范围	科技类创新项目	公益服务类项目	科技类、公益类与活动类项目	科技类、公益类与活动类项目
受益对象	科技型中小企业和创客团队	中小微企业	小微企业、科技型企业创客团队	小微企业、科技型企业创客团队
服务提供者	高校与科研院所评估认定进入目录	主要是市场化第三方服务机构竞争评估签约进入目录	分类进入服务名单	分别进入各自系统目录
资金保障	科技预算资金	示范基地基金、产业转型基金、中小企业发展基金、产业引导基金	含科技与中小企业各类资金整合而来	不同的购买方式资金来源不同
典型省市	山西、贵州、山东、河北	云南、黑龙江、内蒙古	—	广东、浙江
	深圳、青岛、宁波、成都、沈阳、郑州等	昆明、襄阳、黄石、仙桃等	济南、杭州、宿迁、天津滨海新区等	武汉、厦门、温州

资料来源：2015—2017 年地方政府网站公布的官方文件，经整理。

从表 2-11 可以看出，政府购买服务的方式和类型主要分为三种，不同的政府购买服务方式提供的路径和模式不一样。广东、浙江等发达地区实行两种补贴券并行的政策，分别运作，独立管理。副省级城市和部分地市也实行创新券与中小企业服务券并行的管理体制，如武汉、广州、银川、温州等城市实行创新券与中小企业服务券分开运作的方式。这种并行方式实际上并不构成一种独立模式，而是前两种模式在一个城市的同时运作，只是购买的方式和途径多一个类型，各自还是按照既有的制度安排运作。各模式之间的联系和区别如下。

1. 扶持目的和形式有所不同

中小企业服务券购买服务的形式与扶持目的与科技创新券有较为明显的差别。其中，中小企业服务券的购买方式和途径为公益类服务项目为主，扶持的重点侧重于小微企业的公益类服务。创新券则是政府为鼓励和支持中小企业提升创新能力而发放的一种一次性支付、可兑现的“有价凭证”，主要用于支持中小企业特别是科技型中小企业充分利用创新载体的科技资源等进行科技创新活动，重在解决企业和创业团队科技创新中的问题，促进企业与科技服务机构的合作。而中小企业服务券的扶持目的是为充分发挥服务券汇聚优质服务资源、精准对接企业服务需求的作用，降低中小企业成本，提升企业活力。推行服务券主要是满足中小企业的运营需要，其服务品质佳、服务目标明确、服务结果清晰，在同类服务项目中综合评价居前或属于市场紧缺服务。混合券则综合了上述扶持目的，也在形式上综合了两种途径和政策工具，可以更好地统筹安排，综合管理，发挥整合效应。

2. 扶持的对象主体少量交叉重叠

从受益对象看，科技创新券不仅覆盖科技类中小企业，而且有的地区还覆盖创客空间和创客团队。而中小微企业服务券则主要是针对中小微企业，相对而言针对创客团队的服务项目较少。就是科技型中小企业在重叠的服务项目范围之内。创新创业券则是一种兼顾两者的特点，既可以避免重复交叉，又可以协调不同的部门和照顾到不同的创新创业主体。也就是说混合券的覆盖范围更广，且能通过政策的统筹安排，尽量避免重复申报和资助，提高整体的政策普惠面和资助对象的维度。

3. 服务提供者性质迥异

尽管所有类型的服务者都需要进入综合服务平台，并且在审核通过的服务者目录之内。但创新券的服务提供者一般专业要求很高，范围较窄，主要是高校实验室和科研院所，包括少量社会科技服务实体。而中小企业服务券的提供机构则是竞争性市场主体居多，提供的服务属于公益类、普惠类的项目居多。主要通过申请的方式进入服务平台，签约成为服务提供者。创新创业券提供主体则是重点和一般分开运行，不同的服务由不同性质和专业要求的机构进行分类选择。创新创业券的服务主体实行分类安排，通过综合平台统一管理，提供者的构成是按照两类不同的标准进行划分的。

4. 服务内容与项目侧重点不同

从服务项目范围看，科技创新券主要是科技创新类服务项目，中小企业服务券主要是公益类服务项目，同时也兼顾科技类项目，创新创业券则涵盖两者的范围，甚至还补贴科技创新活动和平台建设。三者之间都有一定的交叉，但整体而言，混合服务模式的项目内容更丰富和全面。科技创新券主要用于支持中小科技型企业，特别是充分利用创新载体的科技资源开展多种科技创新活动。而中小企业服务券主要是财税代理、市场拓展、战略咨询等相关公益服务，有的地区服务项目也有少量重叠交叉，如科研设计和研究开发也是中小企业服务券所包含的购买服务项目。混合券则较好地解决了重复交叉的问题，对服务项目进行了整合、分类提供、综合服务。

5. 使用、兑现和补助流程与规范基本近似

科技创新券申报、审批、使用和兑现同中小企业服务券一样也需要走近似的流程。只是分开管理，各自独立运作。企业或创业者申请创新券需要进行资格认定，提供机构代码、身份证扫描件等证明材料，由所在县（市、区）科技局进行初步审核。中小企业可以直接凭借服务券购买服务，进入签约的机构无正当理由拒收的话会被投诉甚至会取消资格，这样做可以约束服务提供者，便于中小微企业降低初期的运营成本，直接抵扣部分服务费用。部分城市科技、财政主管部门对承接服务的平台和机构的总额给予一定比例的补助，进行一定形式的奖励，从而提高科技服务机构接受服务券的积极性。而对中小企业服务券使用及结算，不少城市规定列入发放对象的企业，须指定专人负

责服务券的申领和使用，企业所在地的经信部门会同基层主管部门协助完成企业信息的确认。

6. 管理主体和资金来源各不相同

一是从管理主体来看，科技创新券的实际主管部门是科技部门，中小企业服务券的管理部门一般是工信部门，创新创业券的管理部门一般都是更高一级的管理委员会或者工作办公室，由本级政府成立综合协调机构来管理。因为，它不论是服务范围还是管理权限都超出了一个部门的职能边界。少数地区（一般是地市级及以下政府）的创业券和服务券服务项目管理职能划归人社部门管理，或者由市场管理局管理，而科技类项目由科技主管部门管理。二是从运营管理的平台看，科技创新券的运营管理平台一般设立在科技部门的下属单位，省级一般设立一个事业单位，市级管理平台一般设立在相关处室；浙江省、广东都建立了省一级科技服务网络平台。中小企业服务券则一般设立在中小企业服务中心，不少地区都建立了省一级的服务平台，中心的运作模式各层级不一样，有的省级为事业单位，市县级中小企业服务中心有的是社团性质，有的则是企业化、市场化运作模式。三是从资金来源看，科技创新券的资金一般从科技资金预算中列支，经费相当有限。中小微企业服务券来源渠道众多，各地都有不同的安排。而创新创业券的资金则是整合各类资金，进行统筹安排。从各地的实际运作看，科技创新券和中小企业服务券明显属于不同的资金来源。科技创新券大多来源于科技资金，而中小企业服务券来自中小企业发展扶持资金或其他产业发展资金。如武汉市科技局每年安排2000万元资金组织实施科技创新券，所需资金在市科技研发经费中列支，专款专用。广州市则进一步确定了资金预算与分配问题。广州市科技创新委统计当年度市财政兑现经费总额，根据各区兑现情况按现行财政管理体制的分担比例与区财政局进行结算。温州市中小企业服务券资金在国家、省、市级各类扶持企业发展财政资金中统筹安排。混合券的资金安排则是从各类资金整合而来，路径更宽，但整合运作的难度也相对较大，持续性还有待观察。

从地方政府购买服务支持大众创新创业的三种模式比较看，虽然各种模式之间的差异明显，具有独立的或者综合的功能，但仍然具有十分重要的政策意义。一是政府购买服务支持创新创业的模式是从本地区产业发展和科技创新战略出发的重要举措，不同的途径适用不同的地区条件，是对经济社会和科技发展的综合权衡的决策。模式本身并没有优劣之分，而在于执行的绩效。二是政府购买服务支持创新创业受到城市之间政策竞争的影响，但也受到地方政府决策者的重视程度的影响，领导的重视程度既影响扶持的力度，也影响扶持的资金规模和来源路径，同时影响到资源整合的力度，也必然会受到地方政府领导的政策偏好变动的干扰风险，出现政策方向的偏离。三是政府购买服务的途径和模式是在学习发达国家经验的基础上进行吸收和创新的，有明显的中国地方政府的地域特色和政策偏好。四是政策探索模式并没有实现制度化，还存在可持续性的现实困境，其后续的发展还有待进一步考验。

第三章

政府购买服务支持“双创”政策执行情况评价

合理评价政府购买服务支持“双创”的政策落地情况，是进一步分析问题，进而完善机制、解决问题的基本依据。这里的政策执行情况，主要对国务院提出政府购买服务支持创新创业的政策清单落地情况进行统计性描述，重点评估地方政府将政策清单落实为政策执行方案和政策工具的情况。国务院对于政府购买服务支持大众创新创业的清单是一个不断丰富和完善的过程，它是基于地方科技创新券和中小企业服务券实践基础上发展出来的。

在2015年年初的国务院支持众创空间发展政策中提出的基本服务清单有九项：其中知识产权服务、检验与检测、技术成果转移属于科技服务类，财税代理、管理咨询属于公益服务类，大多属于中小微企业服务券项目；房租、公共软件、宽带接入和使用、公共工具开发属于众创平台运营类服务项目。随后，中小企业服务券的政策在国务院的众创支撑平台建设的政策中得到进一步的确认和明确，如国务院办公厅下发的发展众创空间的《意见》第2条第2款提出：“综合运用政府购买服务、无偿资助、业务奖励等方式，支持中小企业公共服务平台和服务机构建设。”① 这里面的政策具有明确的服务清单，而且服

---

① 《国务院办公厅关于发展众创空间 推进大众创新创业的指导意见》，2015年3月2日。

务对象也十分明确，就是为中小微企业提供法律咨询、财务税务代理、知识产权代办、检验检测和标准认证、技术成果转让和研发设计等具体的资助项目。这其中，绝大部分项目都是已有的中小微企业服务券的政策工具和项目，在这里作为一项普遍的要求来提出。目的是："为创新创业搭建高效便利的服务平台，提高小微企业市场竞争力。"①该文件第2条第4款提出："有条件的地方政府可对众创空间等新型孵化机构的房租、宽带接入费用和用于创业服务的公共软件、开发工具给予适当财政补贴。"② 互联网接入服务也是众创平台中一项基本的公益服务，被写入国务院政府购买服务支持众创平台建设的政策工具清单。

2015年6月，国务院紧接着出台了加快实施"双创"的《意见》，该《意见》提出服务的目录和清单，相对于3月份提出的清单多出来就业培训、科技开发与技术设计、软件系统与技术开发等服务项目，在运营类增加了用水、用电和用能的补贴服务项目。而且对于第三方服务机构的发展提出了明确的要求，积极引导第三方提供专业化服务，形成专业化、系统化的服务支撑体系。其中最为重要的是明确了政府购买服务的主要方式和载体："探索创业券、创新券等公共服务新模式。鼓励有条件的地方继续探索通过创业券、创新券等方式对创业者和创新企业提供社会培训、管理咨询、检验检测、软件开发、研发设计等服务。"更进一步，对政府购买服务的途径和方式进行了制度设计，并明确提出："建立和规范相关管理制度和运行机制，逐步形成可复制、可推广的经验。"在"双创"基地运营方面，进一步提出："在确保公平竞争前提下，鼓励对众创空间等孵化机构的办公用房、用水、用能、网络等软硬件设施给予适当优惠，减轻创业者负担。"③ 这里的政策不仅强化了对科技类的众创

① 《国务院办公厅关于发展众创空间 推进大众创新创业的指导意见》，2015年3月2日。

② 同上。

③ 国务院：《关于大力推进大众创业万众创新若干政策措施的意见》（国发〔2015〕32号），2015年6月11日。

空间的创客补贴，实际上也通过补贴众创服务平台的运营成本，间接补贴创客，降低创业成本。

在随后，国务院下发“双创”四众支撑平台指导意见，要求：“加大政府购买服务力度，为采用四众模式的小微企业免费提供管理指导、技能培训、市场开拓、标准咨询、检验检测等服务。”① 其中市场开拓和标准咨询则是进一步增加的服务清单。从购买服务的政策工具看，工信部和科技部是最重要的执行部门，这里并没有列举人社部，但实际上清单上的项目必然涉及人社部门。从地市级开始，基层承担购买服务和众创空间管理和支持的主管单位大多是人社部门。与此同时，国务院对发展众创空间的设立和运转的场地和租金等问题一并解决，不仅重申有条件的地方可对众创空间的房租、宽带网络、公共软件等给予适当补贴，而且还提出“通过盘活商业用房、闲置厂房等资源提供成本较低的场所”②。

在2016年年初，国务院继续跟进“双创”政策，出台文件引导众创空间专业化发展，服务实体经济转型升级。实行奖励和补助政策来推动工作，引导“有条件的地方要综合运用无偿资助、业务奖励等方式，对众创空间的办公用房、用水、用能、网络等软硬件设施给予补助”③。同时，为“双创”提供服务的主体范围不仅包括第三方服务机构，而且进一步明确：“支持国家科技基础平台为符合条件的众创空间提供服务。”这一政策，正是原来各地高新技术开发区对中小科技型企业购买科技服务项目的补贴政策的延续，该政策在国内主要城市通过科技创新券的形式已经实施若干年。

由此可见，“双创”政策本身是国务院作为一系列行政指令性文件推行，其中关于政府购买服务支持“双创”在各项支持创新

---

① 国务院：《关于加快构建大众创业万众创新支撑平台的指导意见》（国发〔2015〕53号），2015年9月23日。

② 国务院：《关于进一步做好新形势下就业创业工作的意见》（国发〔2015〕23号），2015年4月27日。

③ 国务院办公厅：《关于加快众创空间发展　服务实体经济转型升级的指导意见》（国办发〔2016〕7号），2016年2月14日。

创业的政策中予以明确，而且要求各级政府运用政策手段予以保障。

一 地方政府购买服务类型与政策清单落地情况评价

当前，政府购买服务支持大众创新创业主要是通过三种途径：一种以科技创新券为方式，支持科技型企业和创客空间的创客创新创业，其中综合类科技创新券的使用针对创客空间又分为科技服务类、公益服务类、运营补贴类，每一类又可以分为若干子项目。目前全国各地的创新券服务项目多达30余种，但每个地区和城市采用的项目类型各有差别，数量有3—20项不等。科技创新券的申请对象包括各地的创新创业孵化器和创客空间，但不局限于众创空间和创客，其他科技型小微企业通常是重点扶持的对象。

政府购买服务支持创新创业的第二种途径是中小微企业服务券。中小微企业服务券主要针对工业类小微企业，属于工信部门扶持的工业类众创平台和产业成长型企业。中小微企业服务券显然主要是扶持初创的中小微企业，购买服务内容主要是用于公益类服务，跟众创空间使用的科技创新券的公益服务类内容基本相似。因此，有的地区推出中小微企业服务券，就没有推出科技创新券，其中原因之一也是考虑到彼此的交叉和重复问题。

第三种购买服务支持创新创业的途径是政府直接通过财政奖励手段对创客空间进行补贴，也就是对众创空间的孵化和运营业务按照有关规定和程序实行直接补贴。这种政策工具在地方政府，尤其是主要城市的政策工具中大量采用，专门用于众创空间和各类孵化器的建设、改造以及初期运营的补贴和资助。具体服务清单详见表3－1。

表3－1 地方政府政府购买服务支持创新创业服务清单

类别	序号	服务清单	服务内容	购买方式	承接主体
科技服务类	1	大型仪器、资源共享	大型仪器、设备、平台资源开放共享服务	创新券、后补助、重复购买	具备资格的科研院所、实验室
	2	检验检测	新产品、新工艺产品检验、检测服务	创新券、后补助、重复购买	具备资格的科研院所检验检测机构
	3	委托、合作研发	委托技术设计、产品研发、合作开发技术、产品、工艺	创新券、后补助、重复购买	具有资格的科研机构
	4	科技信息、咨询	科技信息咨询、科技查新服务	创新券、后补助、重复购买	具有资格的科研中介服务机构
	5	技术、产品开发	向高校科研购买技术开发、产品开发服务	创新券、后补助、重复购买	具备资格的科研院所、实验室
	6	技术转让	对中小企业创客技术转让补贴	创新券、后补助、重复购买	符合申请资格的中小企业
	7	科研设备	添置科研设备、设施	创新券、后补助、重复购买	具有资格的供应商
	8	孵化服务	孵化器、创客空间购买孵化和科技服务	创新券、后补助、重复购买	具有资格的第三方服务机构
	9	技术改造升级	对中小企业技术改造升级补助	创新券、后补助、重复购买	符合申请资格的中小科技型企业
	10	人才引进	对引进科技人才进行奖励	创新券、后补助、重复购买	符合申请资格的科技型中小企业
	11	科技金融	对科技型中小企业和创客提供融资服务、信用评估	创新券、后补助、重复购买	具有资格的第三方服务机构
	12	科技普及	对组织科学普及宣传活动	创新券、后补助、重复购买	科技服务中介机构
	13	科技评估	对创新创业活动、资金使用进行评估	创新券、后补助、重复购买	科技服务中介机构
	14	创新创业大赛	对举办创新创业大赛和其他活动进行补助	创新券、后补助、重复购买	孵化器、创客空间等各类机构

续表

类别	序号	服务清单	服务内容	购买方式	承接主体
公益服务类	15	知识产权服务	对知识产权的申请代办及其保护	创新券后补助、重复购买	科技服务中介机构
	16	登记注册	为小微企业代办工商登记、注册服务	创新创业服务后补助、一次购买	第三方专业服务机构专业化服务
	17	财税代理	为小微企业财务、税务代理服务	创新创业服务后补助、限次限期购买	第三方专业服务机构专业化服务
	18	创业培训、辅导	为小微企业提供创业培训、辅导、导师服务	创新创业服务券后补助、限次购买	第三方专业服务机构专业化服务
	19	法律维权	为小微企业提供法律咨询、维权服务	创新创业服务券后补助、限次购买	第三方专业服务机构专业化服务
	20	管理咨询	为小微企业提供战略管理、质量管理咨询	创业服务券后补助、限次购买	第三方专业服务机构专业化服务
	21	市场拓展	电商服务、品牌设计服务	创新创业服务券后补助、限次购买	第三方专业服务机构专业化服务
	22	会展服务	为中小企业参加会展提供服务	创新创业服务券后补助、限次购买	第三方专业服务机构专业化服务
运营服务类	23	人力资源	提供人才、用工招聘、培训服务	创新创业服务券后补助、限次购买	第三方专业服务机构专业化服务

续表

类别	序号	服务清单	服务内容	购买方式	承接主体
运营服务类	24	场地租用	对众创空间、孵化器构建、装修补贴	后补助限期限额一次性补贴	孵化器、重创空间等创新创业平台
	25	宽带接入	对孵化器、众创空间宽带接入、使用补贴	后补助限期限额补贴	孵化器、重创空间等创新创业平台
	26	公共软件开发	对众创空间、孵化器公共软件开发补贴	后补助限额一次性补贴	孵化器、重创空间等创新创业平台
	27	线上服务开发	对孵化器、空间开发线上四众平台补贴	后补助限额一次性补贴	孵化器、重创空间等创新创业平台
	28	专用设备仪器购置	购买孵化器、众创空间专用设备仪器	后补助限额一次性补贴	孵化器、重创空间等创新创业平台
	29	开发专用工具	开发专业自备工具、设施	后补助限额一次性补贴	孵化器、重创空间等创新创业平台
	30	公共空间运转	对公共空间使用进行补贴	后补助限额限期补贴	孵化器、重创空间等创新创业平台
	31	孵化补助	对孵化器、空间企业提供服务、免费或优惠工位	后补助限额限期补贴	孵化器、重创空间等创新创业平台
	32	加速服务	对孵化器、空间企业发展壮大提供服务	后补助限额限期补贴	孵化器、重创空间等创新创业平台

资料来源：地方政府官方网站2015—2017年发布的政策文件，经课题组整理。

（一）地方各级政府政府购买服务的科技创新券政策落地情况

1. 各省市区一级政府科技创新券政策工具的政策落地情况

从表3－2可以看出，截至2018年12月底，推出科技创新券的省市区有16个，4个直辖市均推出创新券，其中上海的服务类型较天津有很大差别，上海的服务偏向于“科技战略研究、竞争情报分析、管理咨询、工程技术咨询等类型”①。而天津则是创新通券，覆盖几乎所

① 上海市科委：《企业有福利！上海试点发放技术转移、科技咨询创新券》，2016－04－08，上海市科委官方网站（http：//www. stcsm. gov. cn/xwpt/kjdt/344193. htm）。

有领域。东部地区有8个省份省本级推出科技创新券，主要是广东、浙江、河北、江苏、山东、福建、海南，东北地区省本级推出科技创新券的省份有黑龙江省和辽宁省。中部地区推出科技创新券的省份有山西和河南两个省份，山西省本级推出科技创新券，而河南省则推出的创业券在全省选择若干省辖市、国家级高新区、郑州航空港实验区管委会开展“创业券”用于支付相关创业活动支出。“省财政根据市县财政实际投入给予一定比例的奖补。”① 而西部地区则有贵州和甘肃省本级推出科技创新券，云南则在部分地区推行中小企业服务券。除科技创新券外，各地中有的在本级推出中小微企业服务券，支持众创空间内的创客企业发展。其中浙江和广东两省在省本级推出了中小微企业服务券，主要针对本省的中小微企业购买公益类服务提供支持，部分内容涵盖各类众创空间及孵化器内的小微企业。

表3-2　各省市区政府购买服务清单落地情况一览

	科技创新券	中小微企业服务券	创业券	众创空间孵化器补贴	众创空间专项资金	中小微企业发展基金、引导资金	创新创业专项资金
北京	1	0	0	0	0	1	0
上海	1	0	0	0	0	1	0
天津	1	0	0	0	1	1	0
重庆	1	0	0	0	0	1	0
广东	1	1	0	1	0	1	0
海南	1	0	0	1	0	1	0
福建	1	0	0	1	0	1	0
浙江	1	1	0	0	0	1	0
江苏	1	0	0	0	0	1	0
山东	1	0	0	0	0	1	0
河北	1	0	0	1	0	1	0

① 河南省科学技术厅、河南省财政厅：《关于组织申报支持发展众创空间专项资金的通知》，2015年6月16日。

续表

	科技创新券	中小微企业服务券	创业券	众创空间孵化器补贴	众创空间专项资金	中小微企业发展基金、引导资金	创新创业专项资金
辽宁	1	0	0	1	0	1	0
吉林	0	0	0	0	0	1	0
黑龙江	1	0	0	0	0	1	0
湖南	0	0	0	1	1	1	1
湖北	0	0	0	0	0	1	0
安徽	0	0	0	0	0	1	0
河南	0	0	1	1	0	1	0
江西	0	0	0	1	0	1	0
山西	1	0	0	0	1	1	0
四川	0	0	0	1	0	1	0
陕西	1	0	0	1	0	1	0
广西	0	0	0	0	0	1	0
云南	0	1	0	1	0	1	0
贵州	1	0	0	0	0	1	0
甘肃	1	0	0	1	0	1	0
新疆	0	0	0	0	0	1	0
内蒙古	0	1	0	1	0	1	0
青海	0	0	0	1	0	1	0
宁夏	0	1	0	1	0	1	0
西藏	0	0	0	0	0	1	0

资料来源：各地政府官方网站 2015—2018 年资料检索，经整理，统计不完整。其中 1 表示该地区有此服务项目，而 0 表示没有此服务项目。

东部地区广东、海南、福建均具体明确了对众创空间的建设改造的配套奖励标准和方法。中部地区河北省、河南省、湖南省、山西省、江西省四省份均明确规定了对众创空间的奖励补贴方法和标准，但省本级没有推出创新券和创业券这种具有针对性的政府购买服务的专门政策工具。西部地区有四川、云南、甘肃、宁夏、青海、内蒙古明确的众创空间的补贴标准和方法。设立众创空间的专项发展扶持资金的省份，只有天津、湖南和山西三个省份。其中山西是在省本级设立众创空间专项资金的第一个省份，其已经纳入每年的年度预算。湖南省不仅设立本级众创空间的扶持资金，而且同时设立了“双创”专项资金。前者是后者的重要构成部分，其扶持的力度和范围更广。尽管有些地方并没有专项资金支持众创空间发展，但各地按照中央政府的要求，落实了中小微企业发展资金与科技发展引导资金，通过项目和示范建设的途径来对众创空间发展和创新创业进行扶持。但这种扶持具有一定的阶段性，不具有可持续性。

2. 各副省级城市创新券政策清单落地情况

地方政府购买服务支持“双创”的主要生力军就是各直辖市和副省级城市。少数发达地区地级市和中部省份的省会城市也推行了购买服务支持“双创”的政策工具。从政策扩散转移的类型来说，直辖市之间、副省级城市之间在不同的程度上存在着竞争，除极少数城市之外，绝大多数副省级城市在政府购买服务方面是不遗余力的，这种竞争策略不仅是提升创新能力的需要，也是获得政治声誉的需要。这样的竞争性策略不仅带来政策的工具性转移，而且也会带来观念性转移，如北京、天津、上海、重庆、广州、深圳、济南、厦门、武汉均在推进创新创业，发展高新产业上全力以赴。但也不是所有的副省级城市均加入到竞争格局中，因为竞争实力有一定的层次梯队之分，正因为如此，竞争性的策略也可能导致工具性的转移和象征性的转移。（见表 3－3）

表 3－3　各副省级城市科技创新券购买服务的落地情况

城市	科技创新券服务项目													
服务项目	研究开发	产品设计	知识产权	科技咨询	检验检测	技术转让	高性能计算	培训普及	技术服务	认证验证	创业孵化	文献查新	仪器设备	科技金融
广州	1	1	1	1	1	0	1	0	0	1	0	1	0	0
杭州	0	0	0	0	1	0	0	1	1	1	0	0	0	0

续表

城市	科技创新券服务项目													
服务项目	研究开发	产品设计	知识产权	科技咨询	检验检测	技术转让	高性能计算	培训普及	技术服务	认证验证	创业孵化	文献查新	仪器设备	科技金融
武汉	1	0	1	1	1	1	0	0	1	1	1	0	0	0
南京	1	1	1	0	1	1	0	0	0	1	0	0	0	0
成都	0	0	1	0	1	0	0	0	0	0	0	0	0	0
西安	0	0	0	0	0	0	0	0	0	0	0	0	0	0
深圳	1	0	1	1	1	1	0	0	1	0	1	0	0	0
厦门	1	0	1	1	1	0	0	1	0	1	0	0	0	0
宁波	1	1	0	0	1	0	0	0	0	0	0	0	0	0
青岛	1	0	1	0	1	0	0	0	0	0	0	0	0	0
大连	1	0	0	0	0	0	0	1	0	0	0	1	1	0
济南	1	1	1	1	1	1	0	0	0	1	1	0	0	1
沈阳	1	1		1	1	0	0	0	0	1	0	0	0	0
长春	0	0	0	0	0	0	0	0	0	0	0	0	0	0
哈尔滨	0	0	0	0	0	0	0	0	0	0	0	0	0	0

资料来源：各地政府官方网站 2015—2018 年资料检索，经整理，统计不完整。其中 1 表示该城市有此服务项目，而 0 表示没有此服务项目。

截至 2018 年 12 月 31 日，各副省级城市中，尚有西安、长春和哈尔滨本级尚未在官方网站上发布本级出台科技创新券的相关办法和文件。其他副省级城市均出台了科技创新券管理办法或类似的政策文件，其中武汉、成都等地创新券政策出台的时间较早，已经开始试行 4 年以上。从政策工具的数量看，各副省级城市的创新券购买的服务项目和种类数量不尽相同，广州、武汉的服务项目达 8 项，而济南则高达 9 项，青岛、宁波和大连分别只有 3 项、3 项和 4 项，而成都的服务项目只有知识产权服务和检验检测服务两项。从副省级城市层面看，研发设计、检验检测和知识产权、认证验证是科技创新券最为通用的服务项目。比较特殊的深圳、广州提供了高性能计算服务，主要是帮助科技型中小企业购买并行算法、软件开发、研究开发高性能计算机的技术。

副省级城市政策工具的落地既有竞争的因素，也有政策模仿和相互学习的因素。但政策学习本身的动机不同，会导致各种政策转移不同的传播类型。从现实的情况看，先行先试的地区购买服务本身也是学习国外经验的结果。而其他地区政府对政策进行学习因动机不同而导致政策选项和组合不同。这种学习如果与强制性的政策指令结合到一起，则会产生工具性的转移，也就是从形式上采用政策工具。而与竞争性的动力机制相结合则容易产生观念性的转移，也就是从真正的内心和动机上认同政府购买服务工具，并身体力行结合实际进行执行。通常在自主选择的放任机制里，政策学习会结合实际催生象征性的转移。也就是说政策工具主要是以象征性为主，工具较少，或者没有工具，或者只是在其他政策体系里予以象征性的表示。

3. 其他省会城市创新券政策工具落地情况

其他省会城市推出科技创新券的服务不多，其中：中部地区长沙、郑州、太原三个城市，本级政府推出了科技创新券支持科技型小微企业，郑州市的创新券服务包括技术研发、产品设计、科技咨询、科普服务、认证验证等10项服务，而太原市则只有科技咨询、检验检测、文献查新3项服务。长沙市的科技创新券则有5项服务，项目数量处于中间层次。西部地区的银川市则推出了6项服务项目，包括研究开发、产品设计、知识产权、科技咨询、检验检测、文献查新。其他非副省级的省会城市截至2018年12月31日，尚没有查阅到创新券的相关规定和管理办法。但这不能说明，该城市区域内并没有创新券的出台和使用，而是有的城市在市辖区县，特别是高新区会单独出台创新券的政策和服务。(见表3-4)

表3-4　　其他省会城市科技创新券购买服务的落地情况

城市	科技创新券													
服务项目	研究开发	产品设计	知识产权	科技咨询	检验检测	技术转让	高性能计算	培训普及	技术维护服务	认证验证	创业孵化	文献查新	仪器设备	科技金融
太原	0	0	0	1	1	0	0	0	0	0	0	1	0	0
郑州	1	1	0	1	1	1	0	1	1	1	1	0	0	1
长沙	1	0	0	1	0	0	0	1	1	0	0	0	0	1
合肥	0	0	0	0	0	0	0	0	0	0	0	0	0	0
石家庄	0	0	0	0	0	0	0	0	0	0	0	0	0	0
南昌	0	0	0	0	0	0	0	0	0	0	0	0	0	0
郑州	0	0	0	0	0	0	0	0	0	0	0	0	0	0
海口	0	0	0	0	0	0	0	0	0	0	0	0	0	0
昆明	0	0	0	0	0	0	0	0	0	0	0	0	0	0
贵阳	0	0	0	0	0	0	0	0	0	0	0	0	0	0
南宁	0	0	0	0	0	0	0	0	0	0	0	0	0	0
西宁	0	0	0	0	0	0	0	0	0	0	0	0	0	0
兰州	0	0	0	0	0	0	0	0	0	0	0	0	0	0
乌鲁木齐	0	0	0	0	0	0	0	0	0	0	0	0	0	0
呼和浩特	0	0	0	0	0	0	0	0	0	0	0	0	0	0
银川	1	1	1	1	1	0	0	0	0	0	0	1	0	0
拉萨	0	0	0	0	0	0	0	0	0	0	0	0	0	0

资料来源：各地政府官方网站2015—2018年资料检索，经整理，统计不完整。其中1表示该城市有此服务项目，而0表示没有此服务项目。

4. 其他市县科技创新券购买服务的政策工具与方式落地情况（见表3-5）

从其他城市出台的科技创新券的政策看，以东部地区居多，中部地区只有少部分城市在市本级出台创新券的政策，而西部地区则更少。目前四川遂宁市、河南洛阳市本级出台了创新券管理办法，焦作市辖县级市孟州市出台科技创新券管理办法，湖北孝感市、安徽马鞍山市，辽宁辽阳市是其他城市中少数出台创新券管理办法的城市之一。西部地区目前则只有四川的攀枝花市和遂宁市在官方网站公布创新券管理办法。东部地区则以广东、浙江和江苏居多，浙江有温州市、丽水市，嘉兴市、绍兴市及其嵊州市，金华的县级市东阳也推出了创新券政策。江苏有宿迁、泰州市及其兴化市、盐城、南通市、连云港市。广东则有东莞市、佛山、汕头、清远市，福建省三明市和山东省威海市也推出科技创新券项目，总体而言地市级及以下的情况不是很乐观，比例远远低于副省级城市。

表 3－5　其他市县科技创新券购买服务的政策工具与方式落地情况

城市	科技创新券												
服务项目	研究开发	产品设计	知识产权	科技信息咨询	检验检测	技术转让	高性能计算	培训普及	技术服务	认证验证	创业孵化	科技查新	仪器设备	科技金融
宿迁	1	1	0	0	0	0	0	0	1	0	0	0	1	0
温州	0	0	0	0	1	0	0	0	1	0	0	0	0	0
东阳	1	0	1	1	1	1	0	0	0	0	0	1	1	0
盐城	0	0	0	1	0	0	0	0	0	1	0	1	0	0
威海	1	0	0	1	1	1	0	0	0	0	0	0	0	0
嘉兴	1	1	1	0	1	0	0	0	1	0	0	0	1	0
焦作	1	1	0	1	1	1	0	0	1	0	0	0	1	0
清远	1	1	1	1	0	1	0	1	1	0	0	0	0	0
绍兴	1	1	0	1	1	0	0	0	1	0	0	1	0	0
嵊州	0	0	0	1	1	0	0	0	0	0	0	1	0	0
连云港	0	0	0	1	0	0	0	0	0	1	0	1	0	0
丽水	0	0	1	1	1	0	0	0	1	0	0	1	0	0
辽阳	1	1	1	1	1	1	0	0	0	1	1	1	1	0
泰州	0	0	0	0	0	1	0	0	1	0	0	0	1	0
洛阳	1	1	0	1	1	1	0	0	0	0	0	0	1	0
遂宁	1	1	1	1	1	1	0	0	0	1	0	0	0	0
惠州	0	0	1	0	0	0	0	0	1	0	0		1	0
马鞍山	0	0	1	1	0	0	0	0	1	0	0	1	1	1
孝感	0	0	0	1	0	0	0	0	1	0	0	0	1	0
汕头	1	1	0	0	1	1	0	0	0	0	0	0	0	0

续表

城市	科技创新券													
服务项目	研究开发	产品设计	知识产权	科技信息咨询	检验检测	技术转让	高性能计算	培训普及	技术服务	认证验证	创业孵化	科技查新	仪器设备	科技金融
攀枝花	0	0	0	0	1	0	0	0	1	0	0	0	0	0
兴化	1	1	1	1	0	0	0	1	0	1	0	1	1	0
南通	1	1	1	1	1	0	0	0	0	0	0	0	0	0
孟州	0	0	0	0	0	0	0	0	1	0	0	0	1	0
三明	0	0	1	1	0	0	0	0	1	0	0	1	0	1
佛山	1	1	1	1	1	0	0	0	0	0	0	0	0	1
东莞	1	0	1	1	1	0	0	0	1	0	1	0	0	1

资料来源：各地政府官方网站 2015—2018 年资料检索，经整理，统计不完整。其中 1 表示该城市有此服务项目，而 0 表示没有此服务项目。

从服务项目的内容看，浙江和广东的服务项目内容较多，且含金量较高。中西部地区的项目较少，且扶持力度和含金量不高。广东省的东莞市、清远市、佛山市的服务项目包含七项，其中共同的支持项目包括研究开发、产品设计、检验检测、科技信息咨询等项目，而惠州只有 3 项，且集中于非研发与检测服务类项目。浙江丽水、温州服务项目集中在软服务类，而绍兴、嘉兴则服务项目较多，且包含研发、设计、检验检测、科技金融等高含金量的服务项目，江苏的地市购买的服务差异较大，如南通市的服务项目集中在科技研发与检验检测类，而连云港则在信息咨询与认证服务类。东北地区辽阳市则服务项目较为丰富，且含金量较高，而湖北孝感则主要是科技信息咨询与查新服务等传统低含金量的项目。有的地方如东阳市创新券又可以细分为若干类的券：“一是成果转化券；二是委托服务券；三是专利服务券。”①创新主体通过申请各项发明专利和专利相关的质押评估、产权贯标培训辅导获得抵扣和减免补贴。

① 东阳市科技局：《东阳市创新券使用管理办法》，2015 年 8 月 19 日。

（二）中小企业服务券的购买服务清单落地情况

除科技创新券可以购买服务支持创客创新创业之外，不少地方则根据实际出台中小微企业服务券，作为支持“双创”的重要政策工具。而实际上，在国内中小微企业服务券购买服务的政策实践早于科技创新券的政策实践，而且其扶持的对象和服务项目具有更加灵活的特点。

1. 省市区一级政府中小企业服务券服务清单落地情况

从全国的情况看，省自治区、直辖市一级对中小企业服务券项目作出整体规划的省份较少。尤其是直辖市一级，除了天津对中小企业的服务全部纳入创业创新通票中，其他直辖市对中小企业扶持没有服务券类项目。而在各省自治区中，作出政策安排的不多，系统性安排的只有广东、浙江、宁夏、内蒙古等省份，其中云南推开是在2018年，相对较晚。

从表3－6可以看出，地方政府出台中小微企业服务券的情况整体而言比例较低，2018年云南等省份在昆明等城市的试点的基础上也在全省范围内推开了中小微企业服务券。但整体而言，主要集中在东部和西部地区。中部地区反而推出中小企业服务券的省份较少，主要是部分地市的探索，省级层面整体部署和推进的相对更少。

表3－6　部分省市区中小企业服务券的政策工具

地区	类型	涉及城市	服务内容	标准和额度
宁夏	购买服务补贴券	银川	信息化服务、技术创新和质量服务、管理咨询服务、法律服务、知识产权服务、信用服务	单个服务项目可使用的服务券金额不超过服务合同金额的50%，最高不超过3000元。单个企业年度申领和使用服务券总额不超过5000元

续表

地区	类型	涉及城市	服务内容	标准和额度
内蒙古	创业创新电子服务券		1. 创业服培训等服务；2. 管理服务；3. 咨询服务；4. 创新服务；5. 公共服务	每个中小微企业补贴额度限定在1万—20万元（含）（按申请表从1至5累计核算）。申领服务券按照合同金额60%核定补贴
广东	中小微企业服务券	广州 佛山 肇庆 等市	1. 培训服务；2. 市场服务；3. 创业创新服务化、展示提供的各类服务；4. 管理咨询服务；5. 信息化服务；6. 法律服务；7. 财税服务；8. 融资服务；9. 技术服务；10. 中小微企业所需要的其他服务	中小微企业在一年内申请领取服务券总额度不得超过2万元。每个服务合同可使用服务券的金额按不超过合同（发票）金额的50%核定补贴
浙江省	中小企业服务券	杭州 台州 温州 舟山 嘉兴	重点补助小微企业开展生产经营情况统计、信息咨询、企业诊断和辅导、人才招聘和员工培训、融资担保、财务顾问、法律维权、技术服务和知识产权保护、质量管理和品牌建设、检验检测与认证、信息化应用、市场开拓等方面的服务项目	三年示范期内，单家小微企业可一次性领取服务券额度3000元。服务券在"杭州市小微企业专业化服务平台"流转使用单次创业创新活动资助的活动券数量原则上不超过60张。单次创业创新活动使用的活动券达到200张以上的，活动券可补贴100张

续表

地区	类型	涉及城市	服务内容	标准和额度
湖北	中小企业服务券	武汉、黄石、仙桃	（1）财税服务；（2）融资服务；（3）法律顾问服务；（4）管理咨询服务；（5）人才培训服务；（6）电子信息、电子商务服务；（7）技术创新服务；（8）企业生产性服务。围绕企业产业链配套协作，产品、原材料供需、闲置设备厂房、生产资料调剂等开展的服务	服务补贴券票面额度分3000元、1000元两种券面。单个企业年度领取总额不超过5000元，本办法第六条规定的每个项目可使用的服务补贴券金额不超过当年企业与签约服务机构服务合同金额的50%
四川		德阳 自贡 广元 乐山		该服务补贴券是以电子券方式发放，每个服务品种的补贴金额为合同额的50%。每户企业可自主选择1个或者多个服务品种，每户企业购买的服务品种累计合同金额不超过6万元

资料来源：2015—2018年地方政府官方网站，经整理。其中湖北和四川省本级未推出中小微企业服务券，但有部分地市推出了该服务类型和项目。

2. 部分副省级城市推出中小微企业服务券政策落地情况

副省级城市中，接近一半城市推出了中小微企业服务券项目，但整体而言服务项目基本近似，少数地方有服务内容的拓展，有少量的高端项目，其中较为重视中小融资服务项目的推行，用于缓解中小企业融资难融资贵的问题。（见表3－7）

表3－7　　部分副省级城市中小企业服务券的政策情况

城市	类型	预算	服务内容	标准与额度
厦门	小微企业服务券		1. 财税服务；2. 法律服务；3. 质量服务；4. 知识产权服务；5. 信用服务；6. 人才服务	每个服务合同可申请使用的服务补贴券金额不超过5000元，每个企业年度申领六类服务中单一类别服务补贴券总额不超过5000元，每个企业年度申领服务补贴券总额不超过20000元
沈阳	小微企业补贴券		企业用补贴券购买财税、法律、管理、检验检测、认证、人力资源等方面的约定服务	最高可享受服务合同额60%的政府补贴
宁波	创新创业服务券	不少于1亿	人力资源服务、技术创新服务、财务指导、法律服务、市场拓展、管理咨询、检验检测、知识产权服务、创业服务和信息化服务10大类60个小类服务产品	按半价抵用服务券平台商家的10大类700余项服务产品
杭州	中小微企业服务券		服务范围包括但不限于人才培训、创业辅导、法律维权、管理咨询、财务指导、代理记账、检验检测认证、知识产权保护、会展服务和期货融资等方面	三年示范期内，单家小微企业可一次性领取服务券额度3000元
武汉	中小微企业服务券		1. 财税服务；2. 信用评级服务；3. 电子商务服务；4. 管理诊断服务	服务补贴券票面额度分3000元、1000元、500元三种券面。单个企业年度领取总额不超过3000元，每个项目可使用的服务补贴券金额不超过当年企业与签约服务机构签约服务合同金额的60%

续表

城市	类型	预算	服务内容	标准与额度
广州	中小微企业服务券		1. 培训服务；2. 市场服务；3. 创业创新服务化、展示提供的各类服务；4. 管理咨询服务；5. 信息化服务；6. 法律服务；7. 财税服务；8. 融资服务；9. 技术服务；10. 中小微企业所需要的其他服务	中小微企业在一年内申请领取服务券总额度不得超过2万元。每个服务合同可使用服务券的金额按不超过合同（发票）金额的50%核定补贴
哈尔滨	中小微企业服务券		1. 信息服务；2. 技术服务；3. 创业服务；4. 培训服务；5. 融资服务	单个企业在一年内一次性申请领取，领取总额不超过5000元，使用额度最高5000元。每个服务项目或多个服务项目可使用（抵扣）的“两创示范”服务券金额不超过当年企业与服务机构签约服务合同总额的60%

资料来源：地方政府官方网站2016—2018年发布的政策文件，经整理。

3. 其他地市中小微企业服务券政策落地情况

从表3-8可以看出，出台中小微企业服务券的省份主要为东部地区和部分中、西部地区，中部地区主要是地市一级，省本级较少推出。西部地区中宁夏、内蒙古作为省级政府本级出台中小微企业服务券，云南在昆明试点的基础上计划2018年在全省推广。内蒙古依据自治区扶持中小企业发展政策八条措施中，其中一条设立电子化服务券：“对符合条件的全区247家企业、295个项目通过创业创新电子服务券补贴资金1283.1万元。”① 宁夏回族自治区每年预算为200万元。广东

① 李永桃：《内蒙古多项降成本福利让企业“轻装上阵”》，《内蒙古日报》2017年1月17日。

省在广州、肇庆、汕头、佛山市南海区、珠海高新区、梅州市兴宁市6个省级小微“双创”城市试点中小微企业服务券。此外，作为国家级小微“双创”城市示范城市的江门市，则以自筹资金的形式同步开展试点，跟上全省的试点节奏。广东省明确中小微企业在一年内申请领取服务券总额度可达2万元，每个服务合同可使用服务券的金额按不超过合同（发票）金额的50%的标准核定补贴比例。根据广东《关于开展中小微企业服务券试点工作的通知》，2017年4月10日前各试点城市拿出试点方案，在当年的6月30日前组织实施，并在规定的范围内完成服务券的发放。目前，该政策正计划已经在全省推开，政策的实施面覆盖率将进一步提升。

表3-8　　部分地区城市中小企业服务券的政策情况

地区	城市	服务类型	预算	服务内容	标准与额度
东部地区	日照			补贴服务内容有代理服务、融资服务、法律顾问服务、培训服务、电子商务服务五大类	补贴时按照企业与签约服务机构业务合同额的50%，每家企业可申请两次，累计补贴额不超过1万元的标准执行
	威海	小微企业补贴券	200万—300万元	受财税代理、法律顾问、电子商务三大类服务项目	服务券票面额度分1000元、500元两种，每个项目可使用的服务券金额不超过当年与服务机构签订服务合同金额的60%，单个企业年度领取总额不超过5000元

续表

地区	城市	服务类型	预算	服务内容	标准与额度
东部地区	台州		380万元	购买技术创新、质量管理、品牌建设、管理提升、信息化应用等类别的服务项目	企业首次申请服务券额度不得超过2500元。服务券已经使用完的企业，可以再领取2500元，单个企业年度领取的最高额为5000元
	温州	企业服务补贴券	100万元	法律、人才、财务、技术等多个领域达数十项	
	舟山市	中小微企业服务补贴券	800万元	购买人才素质教育服务、法律咨询服务、工业云服务、信息系统维护及网络安全保障服务、检验检测服务、工业设计服务、知识产权代理服务、融资担保服务等类别服务项目	按服务券面值抵扣等额合同款；签约服务机构则凭收取的服务券、服务合同及收费凭证，按月向市平台申请补贴资金
	汕头	中小微企业服务补贴券		包括但不限于：1. 培训服务；2. 市场服务；3. 创业创新服务；4. 管理咨询服务；5. 信息化服务；6. 法律服务；7. 财税服务；8. 融资服务；9. 技术服务；10. 中小微企业所需要的其他服务	小微企业在一年内申请领取服务券总额度可达2万元。此外，每个服务合同可使用服务券的金额按不超过合同（发票）金额的50%核定补贴

续表

地区	城市	服务类型	预算	服务内容	标准与额度
东部地区	肇庆	中小微企业服务补贴券		包括但不限于：1. 培训服务；2. 市场服务；3. 创业创新服务；4. 管理咨询服务；5. 信息化服务；6. 法律服务；7. 财税服务；8. 融资服务；9. 技术服务；10. 中小微企业所需要的其他服务	小微企业在一年内申请领取服务券总额度可达 2 万元。此外，每个服务合同可使用服务券的金额按不超过合同（发票）金额的 50% 核定补贴
	佛山	中小微企业服务补贴券		包括但不限于：1. 培训服务；2. 市场服务；3. 创业创新服务；4. 管理咨询服务；5. 信息化服务；6. 法律服务；7. 财税服务；8. 融资服务；9. 技术服务；10. 中小微企业所需要的其他服务	小微企业在一年内申请领取服务券总额度可达 2 万元。此外，每个服务合同可使用服务券的金额按不超过合同（发票）金额的 50% 核定补贴
	江门	中小微企业服务补贴券		包括但不限于：（1）财税服务；（2）信用评级；（3）法律服务；（4）电子商务；（5）管理咨询；（6）融资服务；（7）培训服务；（8）技术创新；（9）质量管理；（10）市场开拓；（11）政府服务；（12）其他服务	服务券票面额度统一为 1000 元。单个企业在一年内一次性申请领取，领取总额不得超过 5000 元，有效使用期半年（以补贴券印制时间为准）。根据财政资金预算额度，选择企业发放，额满即止

续表

地区	城市	服务类型	预算	服务内容	标准与额度
东部地区	珠海高新区	中小微企业服务补贴券		包括但不限于：1. 培训服务；2. 市场服务；3. 创业创新服务；4. 管理咨询服务；5. 信息化服务；6. 法律服务；7. 财税服务；8. 融资服务；9. 技术服务；10. 中小微企业所需要的其他服务	小微企业在一年内申请领取服务券总额度可达2万元。此外，每个服务合同可使用服务券的金额按不超过合同（发票）金额的50%核定补贴
	扬州	小微企业服务券	7500万元	（1）财税服务；（2）法律服务；（3）检验检测服务；（4）创业创新培训服务；（5）管理咨询认证服务；（6）信息化服务；（7）征信服务；（8）其他扶持小微企业发展所需要的服务	服务券面值为1万元，当年有效，过期作废。本办法第五条使用范围中，企业可选择1个或多个服务项目，每个服务项目可使用的服务券金额不超过企业与签约服务机构合同金额的70%，且累计不超过服务券面值
西部地区	昆明市	中小微企业服务补贴券	2000万元	培训、创业辅导、法律维权、管理咨询、财税代理、检验检测、网站建设、电商服务、研发设计、技术服务、信用评价、会展服务、知识产权保护、融资服务等第三方服务，券面金额可抵扣相应的第三方服务费用	每个小微企业年度补助金额按当年销售收入的5%给予补助，最高不超过30000元

续表

地区	城市	服务类型	预算	服务内容	标准与额度
西部地区	银川	工业中小企业服务券	不详	（1）财税代理服务；（2）法律顾问服务；（3）信息化建设：为中小微企业提供信息化建设等服务；（4）专利服务：为中小微企业提供专利申请等相关服务；（5）招聘服务：为中小微企业提供网上招聘信息；（6）企业宣传服务；（7）其他设定的服务事项	单个中小微企业年度领取总额不超过20000元，每个项目可使用的服务券金额不超过当年中小微企业与签约服务机构签约服务合同金额的50%。财税代理服务、法律顾问服务以年度服务为补贴计算单位
	德阳	中小企业服务券		（1）信息服务；（2）融资咨询服务；（3）创业服务；（4）人才与培训服务；（5）技术创新和质量提升服务；（6）管理咨询服务；（7）市场开拓服务；（8）法律服务	不超过当年企业与签约服务机构签订服务合同金额的50%。单户企业每年补助金额最低不少于0.3万元、最高不超过3万元
	广元	小微企业服务券	100万元	首批服务券将补贴于项目服务、融资服务、创业服务、人才与培训服务、技术创新和质量服务、管理咨询服务、市场开拓服务及法律服务八大块	重点支持升规培育企业、成长型中小企业、专精特新企业可自主申请服务券，每家企业申领1张

续表

地区	城市	服务类型	预算	服务内容	标准与额度
西部地区	乐山	小微企业服务券		信息服务、创业辅导、管理咨询、人员培训、技术支持等专业服务给予资金补助	据了解，该服务补贴券是以电子券方式发放，每个服务品种的补贴金额为合同额的50%。每户企业可自主选择1个或者多个服务品种，每户企业购买的服务品种累计合同金额不超过6万元
	自贡	小微企业服务券	100万元	信息服务、创业辅导、管理咨询、人员培训、技术支持等专业服务给予资金补助	单个企业年度领取额为1万元，补贴金额不超过当年企业与签约服务机构签约服务合同金额的50%
中部地区	黄石	小微企业服务券		1. 企业生产、技术和管理中的管理、财税、信息、评估、融资、上市、认证、培训、代理等方面的各种需求服务；2. 信用评级服务；3. 法律服务；4. "互联网+"及电子商务服务	单个中小微企业每年度只能享受一次一般性补贴，按50%补贴（不足100元部分按四舍五入计），补贴金额10000元封顶

续表

地区	城市	服务类型	预算	服务内容	标准与额度
中部地区	仙桃	小微企业服务券		为企业提供政策咨询、法律援助、融资担保、电商技术、人力资源等全方位的服务和支持	
	宜昌	中小企业创新券		主要用于购买技术创新、成长及创业、财税、法律、电子商务等方面服务	创新券额度分为2000元、5000元、10000元、10万元、20万元共五种面额，企业和个人原则上一年只能申请一次，额度原则上不超过20万元

资料来源：各地方政府官方网站2015—2018年发布的政策，经整理，不完全统计。

副省级城市中沈阳、哈尔滨、武汉、厦门、杭州、广州等城市相继设立了中小微企业服务券，其中包含的内容较为丰富，包含五大类基本项目：一是创业服务：主要是为中小微企业提供各类具有引导性质和鼓励性质的基础类服务，如提供创业就业信息服务、创业培训服务和创业导师指导、培训创业服务人才等项目，主要起到营造政策氛围和发挥政策导向的作用。二是运营公益类服务：如财税代理和法律咨询、企业管理咨询和治理结构诊断等服务，以及合同风险的防范和评估、知识产权保护、信用评级和用工管理等跟运营和管理相关的服务项目，具有降低日常运营成本，提升中小企业信息化和规范化运营水平的作用。三是咨询和管理服务：鼓励和支持为中小微企业提供管理评测、管理顾问、组织管理诊断、编撰商业计划书或者策划方案、网络营销推广、在线交易等应用服务。四是创新服务：类似于科技创新券，主要是服务科技类型的项目，如研发设计与工业设计、产品检验与检测、技术开发与成果转让、质量管理和控制、信息化管理和应用、品牌建设与运营服务等。此部分服务项目与科技创新券的服务项目有交叉和重复之处。五是公共平台服务：主要是针对众创平台与创客空间的公共领域的服务项目，包括共享软件系统开发与维护、设备设施共享平台的投资与建设、资源和数据包更新与服务系统升级，甚至包括场地的改造和租用的补贴，带有对众创平台的扶持与奖励性质，有助于降低中小微企业的运营成本。

西部地区的四川自贡市、广元市、德阳，云南昆明、宁夏银川，中部地区的湖北黄石市、襄阳市、仙桃市，东部地区的浙江台州、江苏扬州等城市也推出了中小微企业服务券。从服务内容看，中西部这些地区的服务券一般不包含科技创新服务的项目，且也大多没有推出科技创新券购买服务支持地方中小微企业。如云南省除昆明市推出中小微企业服务券之外，从 2017 年起，大理白族自治州每年安排 1000 万元作为中小微企业发展专项资金，尽管尚没有推出中小微企业服务券形式，但在州、市、县政务服务中心入驻中小企业服务中心或单独运营，仍然推出为中小微企业提供信息查询、管理咨询、市场开拓、人员培训等公益服务项目。这些服务项目虽不以中小企业服务券的形式出现，但实际上承担了政府购买服务支持中小微企业的职能。

（三）地方政府对于创客服务支撑平台运营补贴工具落地情况

地方政府对于创客服务支撑平台的补贴是一个通行的政策，绝大多数省市区都出台了相关的政策措施，只是不同的地区和不同的政府层级扶持的重点和工具组合不同而已。从广义的政府购买服务而言，对于众创平台的补贴从财政资金列支也属于政府购买服务支持大众创新创业的范畴。

1. 各省市区对“双创”平台的补贴工具落地情况（见表 3－9）

直辖市之中，北京市主要是对众创平台和孵化器提供一定的运营补贴，其市场化运作的机制更完善，财政资金补贴政策力度不如其他直辖市强。北京市采用的政策工具主要是对办公场地、水电、能热和网络设施以及硬件使用提供适当的补贴，以期减轻入驻创客的负担。天津对经过主管的科技部门认证和认定的不同级别和类型的众创空间，按照场地面积分档给予100万—500万元的一次性奖励。面积越大，规格越高，奖励越多，以此类推。“其中：1000至2000平方米的创客空间经评估合格后给予一次性补贴和奖励100万元。”[①] 重庆市则出台类似的规定，对众创平台的运营进行建设、改造和运营提供奖励，并对房租、宽带、水电等费用予以补贴，除此之外还对公共软件的购买、开发和公共工具和科技服务项目予以补助，其扶持政策力度高于北京的补贴力度，但低于天津的补贴力度。而且，重庆市对于众创扶持的资金预算试行结果导向，其中市本级财政每年将整合不少于2个亿的专项资金，实行按照实际绩效进行后补助。直辖市上海市的政策则相应比较模糊，对扶持的标准和金额以及力度都存在一定的不确定性。“协会对众创空间开展的科技服务活动提供帮助、指导和宣传，对开展科技创新创业服务活动的情况进行年度评估并给予后补贴支持。”[②] 也就是说，上海对于众创的补贴和资助政策不是来自权威的政府部门，也不是来自市本级科技经费的财政预算，而是来自一个行业组织的经费筹集和补贴措施来进行激励和推动。其运作市场程度甚至要高于北京市，但扶持力度明显不如其他直辖市政府。

表3－9　各省市区对“双创”平台的补贴工具落地情况一览

地区	一次性奖励和补助	众创空间省级改造补贴	租金补贴	创业孵化补贴	众创空间运营补贴
北京	0	0	0	0	1
上海	0	0	0	0	0
天津	0	0	1	0	1
重庆	0	0	0	1	1

① 天津市科委：《关于印发天津市发展众创空间补助资金管理暂行办法的通知》，2015年12月21日。

② 上海科技企业孵化协会：《上海众创空间培育支持试行办法》，2015年3月16日。

续表

地区	一次性奖励和补助	众创空间省级改造补贴	租金补贴	创业孵化补贴	众创空间运营补贴
广东	0	0	1	1	0
海南	1	0	0	0	0
福建	1	1	1	1	1
浙江	0	0	0	0	1
江苏	0	0	1	1	0
山东	0	0	0	1	1
河北	1	0	0	1	0
辽宁	0	0	0	1	0
吉林	1	0	0	0	1
黑龙江	0	0	0	0	0
湖南	0	0	0	1	0
湖北	0	0	0	1	1
安徽	0	0	0	0	0
河南	0	0	0	0	0
江西	1	1	0	0	0
山西	1	0	0	1	0
四川	1	0	1	0	0
陕西	1	0	0	1	0
广西	0	0	0	1	0
云南	0	0	0	1	0
贵州	0	0	0	1	0
甘肃	0	0	0	0	1
新疆	0	0	0	0	0
内蒙古	0	0	0	1	0
青海	1	1	0	0	1
宁夏	1	0	0	1	0
西藏	0	0	0	0	0

资料来源：各省市县区官方网站文件，经整理。其中 0 表示未公布相关政策工具与项目，1 代表有相关政策工具和项目。

东部地区：广东省政府主管部门出台明确的政策，对进入众创空间等孵化器的初创企业和创客，按照一定的标准分三年进行租金补贴，其中第一年比例不低于80%，第二年不低于50%，第三年不低于20%，其补贴标准随着企业成长而降低。广东规定经省本级认定的创客空间和其他类孵化基地，按照孵化每户企业3000元的标准的绩效奖励，作为鼓励众创平台提供孵化服务的补贴。海南省也出台类似的绩效奖励政策，规定对吸纳20户以上进入众创空间和孵化平台提供100万元的补贴和奖励，其资金预算从就业专项资金中予以列支。福建省规定，经省级主管部门认定的“福建示范创业创新中心”，省本级财政可给予500万元的一次性奖励，同时提供运营补贴和绩效奖励。其中：“符合条件的创业大本营，吸纳创业主体超过20户以上的，省就业专项资金给予每个不超过100万元的资金补助。”① 对政府投资建设的众创平台和孵化器，可以为创客提供两年至五年的房租减免，属于非政府机构投资的，给予孵化器每月每平方米30元的房租运营补贴。这一政策较为灵活，对政府投资的创客平台和民间投资的众创空间进行了区分，从而做到政策的公平性和灵活性相统一。浙江省、江苏省也出台类似的政策，对场地租金、宽带接入和公共软件开发和公共工具开发、购置给予政策补贴，补贴比例20%—50%不等，因各地财力和重视程度而异。江苏省采用结果导向的政策工具，基本上按照孵化绩效进行奖励，每户创客团队的补助标准为3000元，以孵化成功的企业数为计算补贴的依据。浙江省通过竞争性评估来实施对众创平台的补贴，每年进行综合排位，评价结果前20位的孵化器可得到50万元以上的奖励，此项资金从科技型企业的专项扶持资金中列支预算。同时要求：“当地政府可对众创空间等新型孵化机构的房租、宽带接入费用和用于创业服务的公共软件、开发工具给予适当财政补贴。”② 也就是说，对于下一层级的政府的政策奖励和补贴是提倡和鼓励的，但限于本级的财力有限，需要各级政府共同加大投入和保障力度。

---

① 福建省人民政府：《关于大力推进大众创业万众创新十条措施的通知》（闽政〔2015〕37号），2015年7月24日。

② 浙江省科技厅：《浙江省众创空间管理与评价试行办法》，2016年2月1日。

但山东省政策则是比较迂回的，并不是直接落实兑现，而是在省科技重大专项和重点研发计划中，按不高于市级财政支持总额50%的比例予以补贴，补贴总额每个孵化器每年最高不超过100万元，可部分用于补助众创平台的运营成本。这一政策类似于配套奖励和补助，也就是地市一级如果积极投入，省本级就给予奖励和扶持。地市级如果没有政策工具，省本级则不予支持，具有一种竞争激励的政策执行机制。河北省的政策也相对模糊一些，政策标准和力度均没有明确，只是规定对新认定的省级众创空间，分类给予一定的财政补助。“根据年度服务绩效，省、市对众创空间等新型孵化机构的房租、宽带接入费、公共软件、开发工具、创业培训、中介服务等给予适当补贴。”①

东北地区：整个东北地区，对众创空间扶持和各类孵化器的补贴工具有一定的政策安排，但扶持重点在于平台运营费用和服务维持方面，奖励性工具和支撑平台的建设补贴政策较少。如辽宁省对众创空间的房租、宽带接入费用、用于创业服务购置的公共软件、开发专用工具，以及举办各类创客活动支出费用给予适当补贴。由于标准和力度都比较含糊，政策的可操作性需要进一步的明确。吉林省则围绕新的业态发展和战略新兴产业的孵化器来进行科技专项资金的倾斜，主要扶持以六新（新服务、新生态、新潮流、新概念、新模式、新文化）为特征的孵化器。并落实措施减轻众创空间等孵化机构运营负担，要求相关部门对分管的孵化机构用于创业服务公共软件、开发工具的支出给予适当补贴。显然，东北地区与东部地区的经济背景不同，现实社会诉求不同，甚至与中部地区的部分省份政策重点都有较明显的差距。其政策扶持侧重于财政负担较小，又能发挥一定激励作用的项目上。

中部地区：中部地区的众创支撑平台扶持政策呈现两种情况，一种是补贴明确且力度大，另一种是政策模糊但政策工具均有列出，只

---

① 河北省人民政府：《关于发展众创空间 推进大众创新创业的实施意见》，2015年6月23日。

是标准和力度不明确。所以政策的含金量高低不一样。整体而言，多数省份的政策力度不够理想。湖南省科技厅提出对省级众创空间给予一定额度的资金补助，主要是补贴场地建设、场地租金，同时还对科研仪器设备和软件的购置进行奖励，其项目相对而言比较丰富，虽没有科技创新券的种类，但补贴项目类似于科技创新券的对应项目。湖北的众创补贴政策并不明确。“支持各类新型创业创新服务平台建设，对优秀创业项目、科技创新项目给予适当补助，对房租、水电、宽带网络、公共软件等给予适当补贴。”[①] 江西的政策相对明确，支持力度较大。江西省规定对省级众创空间，经考核后以“后补助”或奖励的方式给予一定的经费支持，所需资金从省企业技术创新基地（平台和载体）建设工程专项资金中统筹安排。“省直有关单位每年评估10个左右省级创业创新带动就业示范基地，每个给予100万元的一次性奖补；对达到国家级示范性基地建设标准的，每个给予200万元的一次性奖补，所需资金由就业资金统筹安排。”[②] 山西对经认定的众创空间，给予一次性财政补助，并设立众创空间扶持专项基金。相对而言，陕西的政策补贴政策主要集中在免费的众创工位补贴和免费的宽带接入，支持免费的开发工具和公共软件的开发和共享，实现众创平台的良性运营，具体的补贴额度和补贴工具并不十分明确。

西部地区：四川省对众创空间给予分级补贴政策，其中国家级和省级认定的，省财政分别给予100万元和50万元的现金奖励，资金专门用于创业孵化平台建设改造的一次性奖励；同时对孵化器空间按照每平方米500元每年的标准连续予以三年的支持。陕西积极引导社会资本投资建设“众创空间”和孵化基地，对其相关硬件建设给予不超过30万元的补贴，并根据运行情况，对新入驻企业的数量等绩效进行实际考核，根据年度考核结果，择优给予优秀的众创空间和孵化器不

① 湖北省政府办公厅：《关于发展众创空间　推进大众创新创业的实施意见》，2015年8月26日。

② 江西省人民政府：《关于大力推进大众创业万众创新若干政策措施的实施意见》，2016年5月11日。

超过20万元的奖励。广西的政策明确在2016—2017年两年间，对经认定为创业孵化基地的众创空间，从就业资金中列支预算，补贴2年的房租和宽带接入费用，对省、市、区三级的众创平台要求分别予以政策奖励和补贴。云南则要求各级财政要对众创空间等新型孵化机构的房租、宽带接入费用和用于创业服务的公共软件、开发工具给予适当补贴，政策措施相对比较模糊。贵州对优秀创业项目采取以奖代补、贷款贴息等方式给予不高于3万元的支持。虽然资金额度不高，但显示政策的导向和政策的象征意义。甘肃鼓励各级财政对符合一定条件众创空间等孵化机构的办公用房、用水、用能、网络等软硬件设施给予适当补贴。内蒙古鼓励各地区对创业基地、众创空间等孵化机构在办公用房、用水、用能、网络接入等软硬件设施给予优惠或补贴，减轻创业者负担。青海省："对于为大学生提供技术、检验检测、知识产权、财务、法律、金融等服务，业绩较突出的众创空间给予100万元以内的奖励支持。"[①] 宁夏按照后补助的方式，根据孵化基地科技研发成果、技术成果转化、实际应用效益等给予一定奖补，鼓励各地各部门因地制宜，整合资源扶持创客创新创业，切实减轻创业者负担。

从各省市区本级出台的"双创"政策中，我们可以看到不同的地区对于众创空间等创新创业支撑平台的建设的扶持力度差别较大。同样是西部地区不同的省份也有不同的政策措施和力度。直辖市之中，北京、上海尚无对众创空间进行政策奖励和补贴的明确标准，相关政策扶持措施由市辖区内配套和落地。而天津市则出台明确的政策扶持措施，且力度较大，标准明确，可操作性强。北京和上海则十分注重对众创空间和创客的金融扶持，重点解决融资服务和创投衔接工作。

东部地区省份，包括福建、海南、河北则有扶持众创空间建设改造升级政策的具体补贴标准和措施，而广东、浙江、江苏、山东则没有出台相关的具体扶持标准。这些地区的政策一般由各地市级以上政

---

① 江西省人民政府：《关于大力推进大众创业万众创新若干政策措施的实施意见》，2016年9月16日。

府来进行具体安排，省本级一般都没有此类明确的政策。而且政策扶持的重点在于众创空间的孵化服务和运营补贴方面进行明确。

东北地区三省对众创空间和其他“双创”基地的建设和发展扶持政策并没有明确奖励标准和补贴标准，对众创空间的发展的孵化和运营补助和租金补贴也没有具体的政策安排。

中部地区山西省和江西省本级对众创空间的创建和发展有一定的补贴政策，而河南省、安徽省则没有明确的支持措施。湖南、湖北两省则主要对众创空间的孵化服务和运营费用进行补贴的政策进行了明确。

西南地区四川省专门明确了众创空间建设的奖励扶持政策，广西、贵州、云南则只明确了众创空间的运营补贴政策。西北地区中，宁夏、青海、陕西对众创空间和孵化器的建设和改造升级有补贴的政策具体要求，但无具体的补贴标准。而新疆、内蒙古、西藏、甘肃则没有具体的政策要求，也无具体的补助标准。甘肃、内蒙古的政策主要集中在众创空间的孵化服务补贴和运营补贴方面。从西部地区的实际操作看，大多数省份的政策扶持标准比较含糊，力度和强度都不及东部地区。

2. 副省级城市对众创空间等孵化器的补贴政策落地情况（见表3－10）

表3－10　　副省级城市对众创支撑平台的补贴工具落地情况

城市	对众创空间的补贴与补助							
服务项目	孵化器一次性奖励	众创空间配套建设补助	众创场地租金补贴	创业孵化补贴	众创空间运营补助	创客项目支持	融资服务奖励	小计
广州	1	1	1	1	1	1	1	7
杭州	0	0	0	1	1	1	1	4
武汉	0	0	0	1	0	1	0	2
南京	0	0	0	0	0	0	0	0
成都	0	1	0	0	1	1	0	3

续表

城市	对众创空间的补贴与补助							
服务项目	孵化器一次性奖励	众创空间配套建设补助	众创场地租金补贴	创业孵化补贴	众创空间运营补助	创客项目支持	融资服务奖励	小计
西安	1	1	1	1	1	0	0	5
深圳	1	1	1	1	1	1	0	6
厦门	1	1	1	1	1	1	0	6
宁波	0	1	1	0	0	1	0	3
青岛	1	1	0	0	1	0	0	3
大连	0	0	0	0	0	0	0	0
济南	1	1	1	0	1	0	0	4
沈阳	1	1	0	0	1	1	0	4
长春	1	0	0	0	1	0	1	3
哈尔滨	1	1	1	0	1	1	0	5

资料来源：2015—2018 年各副省级城市官方网站文件，经整理。其中 0 表示未公布相关政策工具与项目，1 代表有相关政策工具和项目。

副省级城市中，深圳和厦门市本级对众创空间的建设和运营有 6 项基本的扶持政策，哈尔滨、西安对众创空间的发展和运营有 5 项扶持政策。长春、青岛、宁波、成都有 3 项基本扶持政策。沈阳、济南、杭州则有 4 项政策，其中广州、西安、厦门、哈尔滨对众创空间的建设、改造升级和场地租金均有补贴政策，长春、青岛、沈阳三市则只有创客空间认定后的奖励补贴或者改造升级补贴，有的则只有一定的租金补贴。中部地区武汉、东北地区的大连、东部地区南京市本级目前没有公布支持众创空间建设、发展、运营的官方扶持政策标准和奖励措施出台。从实地调研的情况看，其扶持政策在市辖区一级则相对明确。杭州市的众创空间注重运营和孵化服务项目，主要是按照绩效考核结果进行奖励和补贴，长春和杭州将众创空间的融资服务作为补贴和奖励的重要项目，此政策跟直辖市上海和北京的情况类似。

3. 其他省会城市对创客支撑平台的扶持政策一览（见表 3－11）

表 3－11　　其他省会城市对创客支撑平台的扶持政策

城市	对众创空间的补贴与补助							
服务项目	孵化器一次性奖励	众创空间建设补助	众创场地租金补贴	创业孵化补贴	众创空间运营补助	创客项目支持	融资服务奖励	小计
太原	1	0	1	0	0	0	1	3
长沙	1	0	1	0	1	0	1	4
合肥	1	1	0	1	0	0	0	3
石家庄	1	1	1	0	1	1	1	6
南昌	0	0	0	0	0	1	0	1
郑州	1	1	1	0	1	0	0	4
福州	1	1	1	1	1	1	1	7
海口	0	0	0	0	0	1	1	2
昆明	1	1	0	0	1	0	0	3
贵阳	1	0	0	0	0	0	0	1
南宁	0	0	1	1	0	0	1	3
西宁	0	0	0	0	0	0	0	0
兰州	1	1	1	1	1	1	0	6
乌鲁木齐	0	0	0	0	0	0	0	0
呼和浩特	0	0	0	0	0	0	0	0
拉萨	1	1	1	0	0	1	0	4

资料来源：2015—2018 年各省会级城市官方网站公布的扶持"双创"的政策文件，经整理。

在其他省会城市中，福州、石家庄、兰州、长沙、郑州对众创空间发展和扶持政策项目较多，种类较全。其中福州市有 7 项扶持和奖励政策，兰州和石家庄有 6 项扶持政策。这三个城市的扶持政策基本涵盖了众创空间认定奖励、改造升级奖励、租金补贴、孵化补助、营运成本补贴、项目和创客团队奖励、融资补贴等方面。南宁、昆明、长沙、合肥等则有3—4项奖励补贴政策，侧重点各有不同。贵阳市只对众创空间的认定进行一定的奖励，海口则只对创客孵化服务和创客项目有一定的补贴。而拉萨市则出台政策对高新区的众创空间发展进行扶持和奖励，包括众创空间的建设、改造，租金补贴和运营补贴等4个项目。

其他省会城市的补贴和扶持政策大体分为三个类别。

一是对众创空间的建设和改造补贴。中部地区的省会城市大多对众创平台的扶持力度较大。太原市对经过市级以上认定的众创支撑平台50%的建设成本补贴，对盘活资源利用旧厂房和旧的校区建设孵化器的给予50元/平方米的一次性补助，但总补贴额不超过200万元。而同处于中部的长沙市对首批5个示范性的创客空间建设给予每家200万元的一次性财政补贴，用于场地装修及设施设备购置费用。合肥对新认定的国家级、省级众创空间（孵化器）分别给予100万元、50万元一次性奖补。合肥同时对市级认定的创客空间以及孵化器则按照考核的情况给予奖励和补贴，规定其总额不超过50万元。南昌对认定的“洪城众创”按级别给予金额不等的认定补助。其中：“洪城众创1.0”经认定之后可以给予一次性20万元的奖励；“洪城众创2.0”经认定后可以给予一次性30万元的奖励；“洪城众创3.0”经过认定的给予一次性50万元的奖励；南昌市政府对于众创平台纳入洪城4.0版本的则实行一事一议，视情况给予相应的补助。同时要求所在县区包括红谷滩新区和昌北经济技术开发区等实施政策配套，予以资助和补贴。郑州市则对盘活老校区、老厂房等闲置资源改扩建众创平台和其他孵化器的，规定县区财政给予配套，市县区两级对于认定通过的创客空间给予每平方米50元的一次性奖励，但总额不超过200万元。对经认定的符合产业发展导向和创新示范功能的支撑平台，可以给予市场投资主体和示范主体50%的成本补贴，力度比普通的创客平台要高出很多。当然不同地区的补贴政策力度有所差异。

从表3-12的情况看，非副省级的省会城市对于众创空间的建设和改造投入力度相对而言很大。不仅东部地区，而且中部地区的政策也比较给力。只是少数城市对于众创空间和孵化器的运营方面的补贴政策不够明确，存在较为模糊的空间，但整体而言中部地区和西部地区部分城市的力度不低于东部地区。

表 3－12　　部分省会城市对众创空间建设与改造补贴

城市	建设奖励与改造补贴	服务平台建设补助项目
福州	对符合条件的国家级、省级和市级孵化器，市科技局分别给予一次性 100 万元、50 万元、10 万元奖励	鼓励小微企业创业基地完善服务功能、提高服务质量、提升孵化水平，对符合条件的省级小微企业创业基地，市经信委给予一次性 15 万元补助
石家庄	对新认定的国家级、省级、市级孵化器分别给予 500 万元、100 万元、20 万元的一次性奖励	对绩效评价为优秀的专业管理团队，给予 20 万元的奖励。对新认定（建成）的国家级、省级、市级企业技术中心、工程研究中心、工程实验室及工程技术研究中心、重点实验室分别给予 500 万元、100 万元、10 万元的一次性奖励。其他地区也有类似的规定，但补贴力度则不如上述城市大
昆明	2015—2016 年统筹安排 1000 万元，支持青年创业园和创业孵化器建设，认定为省级创业示范园给予 100 万元的基础上，昆明市本级给予 20 万元奖励，新建改建孵化器给予 10 万元补贴	政策不明确
贵阳	对新认定的市级创新型孵化器（众创空间），用市科技专项资金一次性补助管理服务机构 20 万元；对获得省级认定支持的众创空间给予一次性 30 万元匹配支持	在此基础上，获得国家级认定的众创空间再给予 20 万元的补助支持

续表

城市	建设奖励与改造补贴	服务平台建设补助项目
兰州	每年投入4450万元，对众创空间的基础设施建设、服务平台建设以及开展的交流培训活动进行奖补。基础建设补贴最高不超过200万元	根据年度考核结果，分三年按第一年50%、第二年30%、第三年20%的比例进行补贴
拉萨	对经认定的众创空间业主最高给予一定比例的奖励，最高不超过200万元	所有众创空间及孵化器自入驻并产生效益五年内按一定比例奖励财政贡献的收益
太原	支持面向产业创新的公共技术服务平台建设（包括以企业主体建设），经评审认定，可给予不超过50%的建设成本（不包含基建）资助	政策不明确
郑州	支持面向产业创新的公共技术服务平台建设（包括以企业主体建设），经评审认定，可给予不超过50%的建设成本（不包含基建）资助。各开发区、县（市、区）对年度输送5家以上科技型企业并经备案的市级众创空间，每输出一家给予5万元奖励	备案之日起，由所在县（市、区）连续三年给予50%的房租补贴，单个众创空间补贴面积不超过1000平方米，对使用自有房产的，参考市场价格给予补贴

资料来源：地方政府官方网站2015—2017年发布政策文件，经整理。

表3-13　　部分省会城市对众创空间运营与孵化补贴

城市	运营补贴	孵化补助
长沙	对首批5个示范创客空间的场地租金连续3年给予50%补贴（租金标准上限为每平方米60元/月，补贴面积上限为1万平方米实际使用面积），市、区财政按照4：6比例承担	市、区财政根据活动实际支出，每年给予公共服务项目一定的费用补贴。创客空间运营费用补贴。市财政对首批5个示范创客空间的服务人员、水电、网络等运营费用，连续3年每家每年给予30万元补贴

续表

城市	运营补贴	孵化补助
合肥	合肥县（市）区、开发区小微企业网络服务平台建设面积在1000平方米以上、服务功能完善且与市核心枢纽平台互联互通的，按其信息化投资额度的50%，由市财政给予不超过200万元一次性奖补	众创空间（孵化器）每孵化一户国家级高新技术企业奖励10万元
南昌	市本级政策不明确	对每年年度绩效考核合格的“洪城众创”，按级别给予金额不等的运行奖励。其中：“洪城众创1.0”“洪城众创2.0”“洪城众创3.0”，分别给予10万元的奖励；“洪城众创4.0”给予25万元的奖励
郑州	经认定的创新型孵化器，自认定之日起由所在县、市、区连续三年给予50%的房租补贴，单个孵化器补贴面积不超过1000平方米，对使用自有房产的参照市场价格给予补贴	被认定为省级、国家级技术转移示范机构的，分别一次性给予50万元、100万元的资金支持
福州	支持完善网络宽带设施，对众创空间投资建设、供创业企业使用、带宽达到100兆以上的，可按照其年宽带资费的50%标准给予补贴	设立不少于2000平方米的公益性大学生创业创新场所，符合条件的创业大本营，吸纳创业主体超过20户以上的，由省就业专项资金给予每个不超过100万元的资金补助；设立不少于1000平方米的公益性大中专生创业创新场所，吸纳创业主体超过10户以上的，由市就业专项资金给予每个不超过50万元的资金补助
海口	市本级政策不明确	在确保公平竞争的前提下，对各类创新创业服务平台使用的办公用房、水电、宽带网络等软硬件设施给予适当补贴

续表

城市	运营补贴	孵化补助
石家庄	每年设立3000万元补贴资金，对经评审认定为市级以上的众创空间，每年给予30万元至50万元的补贴	石家庄对入驻市级以上众创空间的个人或单位，经评审认定在入驻的第一年给予50%的租房费用补贴，最高不超过2万元
南宁	对于经认定为创业孵化基地的众创空间，自授牌之日起，即可享受上年度房租和宽带接入费补助；授牌后运营满一年可再申报，享受期限最长两年。补贴标准按照每个基地每年实际缴纳的房租和宽带接入费的70%给予补助	房租和宽带接入费最高不得超过每个基地每年55万元。入驻创业孵化基地的企业，与基地签订了场地租用合同的，可按季度申报场地水电补贴，补贴标准最高不超过1300元/户/月（两项合计）；入孵企业入驻创业孵化基地正常纳税经营满1年并依法足额缴纳社会保险费的，给予2000元/户的一次性补贴
兰州	对经市级众创空间（孵化）联盟评审符合扶持条件的众创空间，三年内的水费、电费、暖气费、网租费和房租费给予每年总额不超过100万元的补贴，其中房租费第一年按80%、第二年按50%、第三年按20%予以补贴	非公企业、个人投资建设的众创空间等创业孵化平台的公共服务平台建设项目，经验收合格后按照投资总额的20%给予后补助，后补助金额最高不超过50万元，根据年度考核结果，分三年按第一年50%、第二年30%、第三年20%的比例进行补助
拉萨	对进驻到高新区孵化器的标准厂房的科技企业一年免租，2—3年减半租金	对众创空间内的创客三年免租，高新区设立平台服务专项资金，对提供公共服务经费予以一定比例的补贴

资料来源：2016—2018年地方政府官方网站发布的“双创”政策文件，经整理。

其他省会城市对创客空间的运营补贴和创客租金补助大体相似。其对众创空间的场地租金补贴、运营补贴和孵化补助的政策大多数有较明确的规定。

4. 其他市、县（区）对众创支撑平台的扶持政策落地情况

其他城市也有出台众创空间的奖励和补贴政策的，主要集中在东

部地区，以浙江、广东、江苏等地为主，中西部地区也不乏重点扶持的市、县。有的通过引进众创空间运营的品牌机构和投资公司来创办，如浙江嘉兴鼓励招引国内知名众创空间运行机构在建设众创空间，市政府按照一事一议的方式对引进的孵化机构给予50万元以上的财政补助作为启动资金，经考核符合优秀标准的则另外给予一定的补助和奖励，从财政专项经费中列支。其中：“对于众创空间获得省和国家资金奖励的，给予1∶1地方配套支持。由所在地财政给予适当补助。”① 温州也有类似的政策，对经认定的市级众创空间给予一次性奖励现金20万元，而层次越高，奖励标准也越高，对列入国家级和省级众创孵化平台分别一次性给予奖励50万元、30万元的专项奖励和补贴。“四个市级功能区，区级政府辖区内的众创平台和创客社区，认定后达到标准的一次性奖励400万元，县级政府辖区内的创客社区和众创支撑平台，经认定后，给予200万元的一次性奖励。除此之外，对于平时的众创平台的运营按照绩效进行补贴，对众创空间联盟按照其实际运作效果，经评估合格后给予不超过50万元的资助。”②

与此不同，中西部地区许多地市的众创空间是官办和民办相结合的方式。补贴政策和工具有明显的不同，发达地区市场化的工具较多，而中西部地区则政府的扶持政策更直接。如江西抚州市的抚创空间的场地是科技局的原有办公场地改造而来，建设成本由官方承担，装修和改造费用由第三方投资，运营费用由财政予以补贴，实行二年免租，三年减半的政策对创客开放。而在广西防城港市，众创空间的投资大多是利用原来孵化器载体和就业基地的载体承担，由科技、工信部门、就业部门的项目对接，形成一个具有多方实验项目的民营众创空间，尽管是民办，但是却很大程度依赖地方政府的政策和项目支持。在南昌市的北大科技园创客空间，也是经开区管委会下属机构官方主办，场地免费提供给大学生进行创新创业活动。其发生的费用由所在地的

---

① 嘉兴市人民政府办公室：《关于加快发展众创空间的若干意见》，2015年12月1日。

② 温州市人民政府办公室：《关于发展众创空间　推进大众创新创业的实施意见》，2016年12月9日。

区县一级政府负责补贴和奖励。

从上述资料的分析可以看出，政府购买服务支持大众创新创业的主要形式在于科技创新券、中小微企业服务券和对众创空间和创客进行政府补贴与奖励工具的采用。采用创新券的省市区比例为67.8%，采用中小微企业服务券的省市区一级比例为21.3%，采用对众创空间和创客进行补贴的比例为93.3%。其中采用和奖励补贴的政策工具的采用率最高，而且许多地区的补贴和奖励在相关的众创空间扶持政策中直接明确，并在财政支出中通过相关科技和就业资金中预算列支。同时采用创新券和中小微企业服务券的地区有2个，占比为6%。从服务项目的落实看，省市区的项目平均为4.7项，副省级城市中服务项目达到10项以上（含小微企业服务券）的有2个，占比为13.4%；服务型项目6—9个的有5个，占比为33.3%，3—5项的有5个，占比为33.3%，未出台创新券和中小企业服务券的3个，占比为20%。

省级政府中政府购买服务支持大众创新创业的落地情况整体上相对来说呈现出区域性特点，东部地区政府购买服务支持创新创业的省份，含创新券和中小企业服务券的服务项目，要优于中部地区，中部地区要高于西部地区和东北地区，西北地区则好于西南地区。省本级至少出台含创新创业券和中小企业服务券其中一种政策的省份，东部占比为85%，中部占比为不足35%，西部地区占比为20%。直辖市的比例高于各省，各省好于各自治区。从各副省级城市看，其落实政府购买服务的比例高于各省市区，尤其是五个计划单列市全部出台创新券政策，副省级城市出台创新券的比例为80%，出台众创空间扶持政策的比例为100%。地市级政府中，省会城市和国务院重点城市的占比较高，占已经出台创新券的地市级政府的比例的85%；县级政府含市辖区出台创新券的总共不超过100个，基本都集中在东部地区。乡镇一级极少有出台创新券政策的安排，目前已知的3个，且全部集中于发达地区。

二　政府购买服务支持“双创”的资金保障政策执行情况

政府购买服务支持大众创新创业显然最基本要素就是资金预算安排，没有资金预算的政策落实就是一句空话。各地从实际出发对相关的资金进行了政策安排，整体政策执行呈现出参差不齐的状况。

（一）各省市区创新创业资金预算与资金保障政策落地情况（见表3－14）

表3－14　各省市区创新创业资金预算与资金保障政策落地情况

地区	众创空间扶持专项资金预算	中小微企业扶持资金	产业引导扶持成果转化资金	创新创业就业专项资金	创新示范基地建设专项资金	创业投资引导基金	风险投资资金与风险担保资金
北京	0	0	0	1	0	0	0
上海	0	0	0	0	0	1	1
天津	1	0	0	0	0	1	1
重庆	1	1	0	0	0	1	0
广东	0	1	0	0	0	1	0
海南	0	0	0	0	0	1	0
福建	0	0	0	1	0	1	0
浙江	0	1	0	0	0	1	1
江苏	0	0	0	0	0	1	1
山东	0	0	1	0	0	1	0
河北	1	0	1	0	0	1	1
辽宁	0	0	1	0	0	1	0
吉林	0	0	1	1	0	1	0
黑龙江	0	1	1	0	0	0	0
湖南	0	0	1	1	0	1	0
湖北	0	0	1	0	0	1	0

续表

地区	众创空间扶持专项资金预算	中小微企业扶持资金	产业引导扶持成果转化资金	创新创业就业专项资金	创新示范基地建设专项资金	创业投资引导基金	风险投资资金与风险担保资金
安徽	0	0	0	0	0	0	0
河南	1	0	0	1	0	0	0
江西	0	1	0	1	0	0	0
山西	1	0	0	0	0	0	0
四川	0	0	0	1	0	1	1
陕西	0	0	1	0	0	1	1
广西	0	1	0	0	0	0	1
云南	1	0	0	0	0	1	0
贵州	0	0	0	1	0	1	0
甘肃	0	0	1	0	1	0	0
新疆	0	0	0	0	0	1	0
内蒙古	0	1	1	0	0	1	0
青海	0	1	0	1	0	1	0
宁夏	0	0	1	0	0	1	0
西藏	0	1	0	1	0	0	0

资料来源：2016—2018 年各省市县区官方网站文件，经整理。

从政府扶持“双创”资金的安排看，各地的政策措施差别较大。其中出台众创空间专项扶持资金的省市区有山西、天津和新疆，新疆的资金从天山众创资金中列支，河南和广东则明确设立创新创业专项资金，其中广东是在创业就业资金预算中列支。直辖市中天津设立了发展众创空间补助资金，由市和区县财政预算共同安排用于支持众创空间建设运营的专项资金。其中：“高校和职业院校众创空间补助资金由市财政负担，区县众创空间补助资金由市和区县财政按照 7∶3 的比例负担。”上海市本级没有设立“双创”基金，但闵行区设立闵行区科技创业公益基金，与上海市大学生科技创业基金会（简称大创基金）合作成立闵行分基金会。“闵行区作为发起者，首期投入 500 万元，并要求大创基金予以 1∶1 比例配套，重点用于对本区域内的创业团队和创新企业提供必要的扶持。”① 该政策对大学生创业的扶持，参照天使资金出资的余额进行动态调整，当基金的余额小于 300 万元的时候，闵行区政府就会再次追加 500 万元，同时大创基金再进行 500 万元配套。当闵行区政府部门出资的 1000 万元资金补贴和执行完毕，区政府将组织相关部门开展财政专项资金的使用情况绩效评价，根据评估结果再决定后续出资额度，保证基金能够持续运转。从这种意义上看，上海部分区县的投入预算还是相当充足，且投入的资金持续性也较好。

在其他省市区中，山西第一个设立扶持众创空间发展资金，山西省财政厅、省科技厅出台《扶持众创空间发展专项资金管理办法（暂行）》，明确由省财政预算安排专项资金用于支持众创空间的发展，支持对象为经省科技厅认定的省级众创空间运营机构及入驻其内的小微企业。更为重要的是，山西强化对创新创业股权投资的支持：“对众创空间运营机构设立 300 万元以上种子基金的，按照最高不超过 30% 的比例参股种子基金。”② 同是中部地区的河南省则印发《河南省产业集聚区科技研发服务平台以奖代补资金管理办法》下达 2015 年度支持发展众创空间专项资金项目经费预算，收入列入 2015 年政府收入科目“1100202 – 均衡性转移支付收入”，支出列入 2015 年支出功能分类科目“2060499 – 其他技术研究与开发支出”。该科目明确主要用于奖补创新载体，如创客空间等孵化器的孵化服务、创业培训以及相关的平台服务活动，实行统一管理、专款专用：“奖补资金应纳入单位财务统一管理，并实行单独核算，确保专款专用。”同时，明确创新创业扶持的资金来源属于科研专项经费，需要按照《河南省财政科技计划项目经费管理办法》（豫财教〔2012〕434 号）的相关规定，在既定

---

① 闵行区科学技术委员会：《关于印发闵行区关于发展众创空间　推进大众创新创业政策意见的操作细则的通知》，2016 年 5 月 27 日。

② 山西省财政厅、山西省科技厅：《关于下达 2015 年度支持发展众创空间专项资金预算的通知》，2015 年 6 月 13 日。

的范围和要求内合法合规使用资金，扶持小微企业的研发和创新发展。

（二）副省级城市“双创”资金保障政策落地情况

从表3－15可以看出，副省级城市中只有深圳和济南设立了众创空间和创客发展专项扶持资金，单独编制预算和管理。而且济南市还设立了中小微企业扶持专项资金作为本级政府的专项预算，哈尔滨市则只有中小微企业专项扶持资金的预算，而没有众创空间专项扶持资金。深圳和沈阳还设立了创新创业或就业创业专项资金预算来扶持众创工作，这些资金大体与国家的相关资金来源是“对号入座”的，起到承上启下的对接作用。副省级城市中全部设立了创业投资引导基金，及其鼓励股权投资的天使投资和风险投资基金。不少城市将产业引导投资基金和科技成果转化资金作为扶持众创空间发展和推进大众创新创业的资金重要来源。成都、厦门、青岛、大连、济南、沈阳、长春均在相关政策文件中，明确这两项资金预算整合用于创新创业投资或者创业投资基金的股权投资。各地资金预算的来源途径不尽相同，沈阳市则从振兴发展基金当中安排“双创”扶持资金，对于创投资金采取入股的方式进行投资。广州、武汉、成都、青岛、长春均明确一定量的资金来作为创新创业贷款和风险投资的保证基金，或者明确设立此项基金和服务项目。成都、厦门和宁波则专门设立了高层次人才创新创业奖励扶持基金，单独作为扶持众创的措施。杭州的股权投资从蒲公英种子基金投资中进行预算安排，而南京则从紫金科创专项资金中进行统筹。

表3－15　副省级城市众创资金保障落地情况

地区	众创空间扶持专项资金预算	中小微企业扶持资金	产业引导扶持成果转化资金	创业就业专项资金	创新示范基地建设专项资金	创业投资引导基金	风险投资基金	创新人才基金
广州	0	0	0	0	0	1	1	0
杭州	0	0	0	0	0	1	0	0

续表

地区	众创空间扶持专项资金预算	中小微企业扶持资金	产业引导扶持成果转化资金	创业就业专项资金	创新示范基地建设专项资金	创业投资引导基金	风险投资基金	创新人才基金
武汉	0	0	0	0	0	1	1	0
南京	0	0	0	0	0	1	0	0
成都	0	0	1	0	0	1	1	1
西安	0	0	0	0	0	1	0	0
深圳	1	0	0	1	0	0	0	0
厦门	0	0	1	0	0	1	0	1
宁波	0	0	0	0	0	1	0	1
青岛	0	0	1	0	0	1	1	0
大连	0	0	1	0	0	1	0	0
济南	1	1	1	0	0	1	0	0
沈阳	0	0	1	1	0	1	0	0
长春	0	0	1	0	0	1	1	0
哈尔滨	0	1	0	0	1	1	0	0

资料来源：2015—2017 年各省市县区官方网站文件，经整理。

（三）其他城市支持创新创业资金扶持预算情况

其他城市的政策资金保障力度参差不齐，且部分城市主要是省会城市和较大的城市从本地出发，有不少将创新创业的资金安排从各种资金预算中整合的。

从表 3－16 可以看出，其他省会城市对于众创空间的资金扶持和保障情况差别较大。其中，只有石家庄和兰州明确设立众创空间发展的专项扶持资金，其他城市虽然没有明确专项扶持资金，但大多出台了较为明确的资金支持标准和项目。太原、石家庄、南昌、郑州、呼和浩特、银川等城市明确整合市级中小企业扶持资金，扶持大众创新创业，郑州、西宁、乌鲁木齐则设立产业引导资金和科技成果转化资金，作为扶持大众创新创业的资金来源和保障。由此，有 6 家省会城市明确了创新创业专项资金安排，郑州还同时设立了创新创业示范基地建设资金，有8个城市通过结合当地实际，因地制宜出台了创业投资引导基金，促进天使投资和风险投资资金的扩大和发展，各地的叫法不一致，如合肥称为大湖名城创投基金。另有3个城市郑州、合肥、兰州建立了众创贷款风险资金池，为创新创业融资提供风险保障，促进创业资金融资规模的扩大。

表3-16　其他省会城市城市众创资金保障落地情况

地区	众创空间扶持专项资金	中小微企业扶持资金	产业引导、科技转化资金	创业就业专项资金	示范基地建设专项资金	创业投资引导基金	风险池基金	创新人才奖励基金	小计
太原	0	1	0	1	0	1	0	0	3
长沙	0	0	0	1	0	0	0	0	1
合肥	0	0	0	0	0	1	1	0	2
石家庄	1	1	0	0	0	1	0	0	3
南昌	0	1	0	1	0	0	0	0	2
福州	0	0	0	1	0	1	0	0	2
郑州	0	1	1	0	1	1	1	0	5
海口	0	1	0	0	0	0	0	0	1
昆明	0	0	0	1	0	0	0	0	1
贵阳	0	0	0	0	0	1	0	0	1
南宁	0	0	0	0	0	1	0	0	1
西宁	0	0	1	0	0	0	0	0	1
兰州	1	0	0	1	0	1	1	0	4
乌鲁木齐	0	0	1	1	0	1	0	0	3
呼和浩特	0	1	0	0	0	0	0	0	1
银川	0	1	0	0	0	0	0	0	1
拉萨	0	0	0	0	0	0	0	0	0

资料来源：各省市县区官方网站文件，截至2017年12月底，经整理。

（四）其他地市支持创新创业资金落地情况

其他地市中极少部分明确对众创发展进行资金安排，但对于“双创”投资和发展的扶持资金项目则相对较多，整体而言，地市及以下对于众创发展和“双创”投资的资金安排和政策工具的落地情况不甚理想。

表3－17　　部分地市对“双创”政策资金预算与扶持安排

城市	众创空间扶持专项资金	中小微企业扶持资金	产业引导、科技转化资金	创新创业专项引导资金	示范基地建设专项资金	创新创业股权投资基金	贷款风险补偿资金	创新人才奖励基金
烟台	0	1	0	0	0	1	0	0
沧州	1	0	0	0	0	0	1	0
洛阳	0	0	0	0	1	1	0	0
邯郸	0	0	1	0	0	0	0	0
丽水	0	1	1	0	0	1	1	0
嘉兴	0	0	0	0	0	0	0	0
绍兴	0	0	0	0	0	1	0	0
温州	0	0	1	0	0	1	0	0
湖州	0	0	0	0	0	1	1	0
厦门市海沧区	0	0	0	1	0	0	0	0
重庆市渝北区	0	0	0	0	0	1	1	0
上海市闵行区	0	0	0	0	0	1	1	0
武汉市东湖区	1	0	0	0	0	1	0	0
新乡	0	0	0	0	0	1	0	0
安阳	0	0	0	1	0	1	0	0
赣州	1	0	0	1	0	1	0	1
巴中	0	1	0		0	1	0	0
渭南	0	0	0	1	0	1	1	0
襄阳	0	0	1	1	0	1	1	0
株洲	0	0	1	0	0	1	0	0
安庆	0	0	1	0	0	1	0	0
淮南	0	0	1	0	0	1	0	0

续表

城市	众创空间扶持专项资金	中小微企业扶持资金	产业引导、科技转化资金	创新创业专项引导资金	示范基地建设专项资金	创新创业股权投资基金	贷款风险补偿资金	创新人才奖励基金
徐州	0	0	0	0	0	1	1	0
芜湖	0	0	0	1	0	1	0	0
北海	0	1	1	0	0	0	0	1
格尔木	1	0	0	0	0	1	0	0
鄂尔多斯	1	0	0	0	0	0	0	0
天水	0	0	1	0	0	0	0	0

资料来源：各省市县区官方网站 2016—2018 年公开资料，经整理。

其他城市包含市辖区的资金保障情况总体不如副省级城市，设立专项扶持众创空间资金的较少，目前有沧州市、赣州市、格尔木市、鄂尔多斯市，武汉市东湖高新区设立专项资金扶持众创空间发展工作；通过中小微企业扶持资金和科技扶贫资金来支持众创发展的有丽水市、烟台市、巴中市、北海市，通过产业引导资金和成果转化资金来扶持众创空间发展的有邯郸、襄阳、烟台、温州、株洲、安庆、淮南、北海和天水，天水市则是在其中设立"双创"子基金，丽水市则从生态产业基金中列支预算。以上城市中 6 个城市是专门设立了专项扶持基金，只占上述有资金扶持措施城市的 21% 左右，比例较低。而从全国来看比例则更低。而设立创业投资股权投资基金的有 21 个，但每个城市的设立规模和财政出资比例不一样，因此含金量也有高低。赣州、北海两市还设立了创新人才奖励基金，此举在其他地级城市中较为少见。

综合分析来看，各省市区专门设立创客空间扶持资金或创新创业专项资金，明确管理办法的有 16 个，占比为 53%；其中明确设立创新创业专项扶持资金的省市区有 13 个，占比为 42%；明确设立创业贷款担保风险资金的有 8 个，占比为 26%。明确整合科技引导资金和产业转型发展资金扶持众创空间和创新创业的有 11 个，占比为 33%；

明确设立创业股权投资基金，或参股投资创业投入天使基金、风险投资基金的有22个，占比为71%左右。副省级城市中有14个城市出台创业风险投资项目，占比达到94%左右，设立众创发展扶持基金和创业专项资金的分别有1个城市，大部分都是从其他产业引导资金、科技引导资金、就业资金中整合而来，其比例占85%以上。

三　地方政府购买服务支持“双创”的长效制度落地情况

对于地方政府购买服务支持“双创”的政策而言，除基本的“双创”实施《意见》之外，地方政府可供选择的制度安排包括《众创空间发展实施意见》《众创空间管理办法》《众创空间扶持资金办法》《创新创业资金预算办法》《科技创新券管理办法》和《中小企业服务券管理办法》等多项长效制度安排。

（一）各省市区政府购买服务支持“双创”长效机制构建（见表3-18）

表3-18　各省市区政府购买服务支持“双创”长效机制构建

地区	发展众创空间专项政策	创客空间认定管理办法	创客空间专项资金管理办法	创新创业专项资金预算	科技创新券管理办法	中小企业服务券管理办法	小计
北京	0	1	0	0	1	0	2
上海	1	1	0	0	1	0	3
天津	1	1	1	0	1	0	4
重庆	1	1	0	0	1	0	3
广东	0	1	0	1	1	1	4
海南	0	1	0	0	1	0	2
福建	0	1	0	0	1	0	2
浙江	1	1	0	0	1	1	4

续表

地区	发展众创空间专项政策	创客空间认定管理办法	创客空间专项资金管理办法	创新创业专项资金预算	科技创新券管理办法	中小企业服务券管理办法	小计
江苏	0	1	0	0	1	0	2
山东	1	1	0	0	1	0	3
河北	1	1	0	0	1	0	3
辽宁	1	1	0	0	1	0	3
吉林	1	1	0	0	0	0	2
黑龙江	0	1	0	0	1	0	2
湖南	1	1	0	0	0	0	2
湖北	1	1	0	0	0	0	2
安徽	1	1	0	0	0	0	2
河南	1	1	0	1	0	0	3
江西	0	1	0	0	0	0	1
山西	1	1	1	0	1	0	4
四川	0	1	0	0	0	0	1
陕西	0	1	0	0	1	0	2
广西	0	1	0	0	0	0	1
云南	0	1	0	0	0	0	1
贵州	0	1	0	0	1	0	2
甘肃	0	1	0	0	1	0	2
新疆	1	1	1	0	0	0	3
内蒙古	1	1	0	0	0	1	3
青海	1	0	0	0	0	0	1
宁夏	1	1	0	0	0	1	3
西藏	0	0	0	0	0	0	0

资料来源：2016—2018 年各省市县区官方网站文件，经整理。

由于大众创新创业是一项涉及面广、阶段性特征明显的政策，需要许多制度和机制跟进来确保政策的可持续性和稳定性。这其中，包括众创空间扶持的政策方案、众创空间认定管理办法、众创空间发展的专项资金与预算、“双创”示范基地建设方案与专项资金预算、科技创新券制度、中小企业服务券制度的出台等相关制度和机制来做保障。从各省市区的情况来看，有17个省区市出台专项扶持众创空间发展政策，另有14个省区市没有出台专项政策。众创空间的认定和管理法办法则有29个省市区出台，只有西藏和青海没有公布相关规定。在省级政府中，本级出台科技创新券的省份有17个，出台中小企业服务券的省份只有广东、浙江、内蒙古和云南、宁夏，而广东和浙江则是既有科技创新券，又有中小微企业服务券。西部省份四川、山西、贵州、甘肃虽没有发展众创空间的专项政策，但在“双创”工作方案中明确出台了科技创新券政策。湖南、湖北、河南虽然有发展众创空间的具体政策，但省一级没有创新券的制度安排。但作为西部地区的宁夏则是两者兼有的制度安排。

（二）各副省级城市支持创客创新创业相关制度落地情况（见表3－19）

表3－19　　各副省级城市推动大众创新创业主要长效制度安排

地区	发展众创空间专项政策	创客空间认定管理办法	创客空间专项资金管理办法	创新创业专项资金管理办法	科技创新券管理办法	中小企业服务券管理办法	小计
广州	1	1	0	1	1	0	4
杭州	1	1	0	0	1	1	4
武汉	1	1	0	1	1	1	5
南京	1	1	0	0	1	1	4
成都	1	1	0	0	1	0	3
西安	1	1	0	0	0	0	2
深圳	1	1	1	0	1	0	4
厦门	1	1	0	0	1	1	4
宁波	1	1	0	0	1	0	3
青岛	1	1	0	0	1	0	3
大连	1	1	0	0	1	0	3
济南	1	1	0	0	1	0	3

续表

地区	发展众创空间专项政策	创客空间认定管理办法	创客空间专项资金管理办法	创新创业专项资金管理办法	科技创新券管理办法	中小企业服务券管理办法	小计
沈阳	1	1	0	0	1	1	4
长春	1	0	0	0	0	0	1
哈尔滨	0	0	0	0	0	0	0

资料来源：2015—2018 年各省市县区官方网站文件，经整理。

各副省级城市是推动众创工作政策最为积极和全面的政府层次，15 个副省级城市有 14 个出台了扶持众创空间发展的专门政策方案，13 个城市出台了众创空间认定和管理办法。其中，深圳出台了创客扶持专项资金管理办法，广州和武汉出台了类似的《创新创业专项资金管理办法》等规范性文件。杭州、南京、武汉、厦门和沈阳还专门出台了中小微企业服务券政策，用于补充科技创新券购买服务没有覆盖到的服务项目，且这些项目明确向众创空间和其他孵化期内的企业倾斜。

（三）其他省会城市的长效机制落地情况（见表 3－20）

表 3－20　其他省会城市推动大众创新创业主要制度安排

地区	发展众创空间实施方案	创客空间认定管理办法	创客空间专项资金管理办法	创新创业专项资金管理办法	科技创新券管理办法	中小企业服务券管理办法	小计
太原	0	1	0	1	1	0	3
郑州	1	1	0	0	1	0	3
长沙	1	1	0	1	1	0	4
合肥	1	1	0	0	0	0	2
石家庄	1	1	1	0	0	0	3
南昌	1	1	0	1	0	0	3
福州	0	1	0	0	0	0	1
海口	0	1	0	0	0	0	1

续表

地区	发展众创空间实施方案	创客空间认定管理办法	创客空间专项资金管理办法	创新创业专项资金管理办法	科技创新券管理办法	中小企业服务券管理办法	小计
昆明	0	1	0	0	0	1	2
贵阳	0	1	0	0	0	0	1
南宁	0	1	0	0	0	0	1
西宁	0	0	0	0	0	0	0
兰州	1	1	0	1	0	0	3
乌鲁木齐	1	1	0	1	0	0	3
呼和浩特	0	0	0	0	0	0	0
银川	0	1	0	1	1	0	3
拉萨	0	0	0	0	0	0	0

资料来源：2015—2018 年各省市县区官方网站文件，经整理。

从表 3 – 20 可以看出，其他省会城市中，有 7 个城市出台众创空间方案，2 个城市以高新区名义出台扶持政策，还有 7 个城市没有公布专门的方案，没有公布方案的城市中有的在“双创”工作实施意见的政策措施中笼统予以明确，但个别城市没有明确的政策安排。出台众创空间认定和管理办法的有 12 个城市，石家庄市还同时有众创空间专项资金管理办法。长沙、南昌、乌鲁木齐有“双创”示范基地的“双创”资金安排和预算，太原、兰州、银川则明确专门设立创新创业专项资金并出台相关文件。其他省会城市中，只有太原、郑州、长沙、银川本级出台了《科技创新券管理办法》，列支了科技创新券专项资金预算。昆明市没有出台创新券管理办法，但出台了《中小微企业服务券管理办法》。拉萨、西宁、呼和浩特四个西部城市，本级没有出台相关的制度和安排，而是选择高新区或者开发区等重点区域来重点保障。

（四）其他地（市）、县（区）“双创”扶持长效机制落地情况

其他地市和市县有不少重视创新创业的政策制度的设计，出台较

为有针对性和系统性的政策文件，其中包括政府购买服务支持创新创业的创新券、服务券和补贴补助政策。（见表3－21）

表3－21 其他地市县区扶持创新创业的主要制度安排

地区	发展众创空间实施方案	创客空间认定管理办法	创客空间专项资金管理办法	创新创业专项资金管理办法	科技创新券管理办法	中小企业服务券管理办法
洛阳	0	1	0	1	1	0
嘉兴	0	0	0	0	1	0
温州	1	1	0	0	1	0
台州	1	1	0	0	1	1
泰州	0	0	1	0	1	0
苏州	1	1	0	0	1	0
徐州	0	1	1	0	0	0
襄阳	1	1	0	0	0	0
芜湖	1	1	1	0	1	0
潍坊	0	1	0	0	1	0
舟山	1	1	0	0	1	0
菏泽	1	0	0	0	0	0
宁波高新区	1	1	0	0	1	0
杭州经济开发区	0	0	0	0	1	0
武汉东湖高新区	1	0	1	0	1	0
张掖	0	0	0	0	0	1

资料来源：2015—2018年各省市县区官方网站文件不完全统计，经整理。

其他市、县中，出台相关政策和规范扶持众创空间，助力创新创业的政策安排较为零散，且大多集中在东部地区。浙江台州、温州、嘉兴、舟山、宁波高新区、杭州经济开发区均出台了创新券管理办法，江苏苏州、泰州出台科技创新券管理办法，但泰州和徐州没有众创空间扶持方案，徐州没有设立科技创新券的具体政策。中部地区的襄阳市、芜湖市、洛阳市、东湖高新区本级出台众创空间扶持办法，但襄阳市没有设立科技创新券，而是设立了中小企业服务券。以上城市中只有洛阳市明确设立创新创业专项资金。

不仅地市一级政府建立长效制度和机制，不少发达地区的县级政府也同样出台相关政策，促进政策的落地生根。温州市永嘉县出台了《永嘉县众创空间认定管理办法（试行）》，县政府颁发“永嘉县县级众创空间”牌匾。“对新认定的县级众创空间平台给予15万元资金扶持，每年还将组织一次众创空间绩效考评，连续两年不合格的取消资格。”① 济南市平阴县出台了《平阴县科技创新券管理使用办法（试行）》（平政办发〔2016〕7号）和《平阴县科技创新券实施细则（试行）》（平科券办〔2016〕1号），该县共为15家创新创业主体发放了68万元科技创新券。

四 地方政府购买服务政策完善与政策动态调整情况

部分地方政府，尤其是副省级政府对购买服务支持“双创”政策进行了不止一轮的政策设计，而是根据实际需要及时调整政策方案，强化政府购买服务的力度，推动政府购买服务的政策优化。（见表3－22）

表3－22 副省级城市政府购买服务支持“双创”的政策回应性情况

政策／时间／地区	发展众创空间专项政策		创客空间认定管理办法		创客空间专项资金管理办法		创新创业专项资金管理办法		科技创新券管理办法		中小企业服务券管理办法	
	出台时间	调整频次	出台时间	调整频次	出台时间	调整频次	出台时间	调整频次	出台时间	调整频次	出台时间	调整频次
广州	2015	1	2015	1	0	0	2016	1	2015	2	2016	1

① 永嘉县科技局：《永嘉县众创空间认定管理办法（试行）》，2016年5月12日。

续表

政策 / 时间 / 地区	发展众创空间专项政策		创客空间认定管理办法		创客空间专项资金管理办法		创新创业专项资金管理办法		科技创新券管理办法		中小企业服务券管理办法	
	出台时间	调整频次	出台时间	调整频次	出台时间	调整频次	出台时间	调整频次	出台时间	调整频次	出台时间	调整频次
杭州	2015	1	2015	1	0	0	0	0	2015	1	2012	2
武汉	2015	1	2015	1	0	0	2016	1	2013	3	2014	1
南京	2015	1	2015	1	0	0	0	0	2015	1	2015	1
成都	2015	1	2015	1	0	0	0	0	2014	3	0	0
西安	2015	1	2015	1	0	0	0	0	2015	0	0	0
深圳	2015	1	2015	1	2015	1	0	0	2015	2	0	0
厦门	2015	1	2015	1	0	0	0	0	2016	1	2016	1
宁波	2015	1	2015	1	0	0	0	0	2015	1	0	0
青岛	2015	1	2015	1	0	0	0	0	2015	1	0	0
大连	2015	1	2015	1	0	0	0	0	2015	1	0	0
济南	2015	1	2015	1	0	0	0	0	2015	1	0	0
沈阳	2015	1	2015	1	0	0	0	0	2015	1	2016	1
长春	2015	1	0	0	0	0	0	0	0	0	0	0
哈尔滨	0	0	0	0	0	0	0	0	0	0	0	0

注：政策资料以对外正式公布的官方文件的时间节点为准，没有出台的标注为0，已经出台的标注为1。调整频次，出台政策为基数1标注，调整一次在加1标注。

从各地的情况看，对于众创空间的构建和发展大多是采用一次性的补贴和奖励政策。既制定众创空间发展意见，又制定众创空间管理办法，同时出台众创空间专项资金预算、大众创新创业专项资金预算和科技创新券管理方法（或中小微企业服务券），因此，构成了一个扶持大众创业万众创新的高度完善的扶持政策体系。具备这种体系的省市区0个，占比为0.0%；其中出台4项政策的有3个，占比为10%左右，3项政策的6个，占比为20%左右，其他2项及以下占比为70%左右。副省级城市出台5项政策有1个，占比为6.6%，出台4项制度的有7个城市，占比为46%左右，其他3项及以下政策的占比47.4%。从实际看，如果没有众创空间扶持办法，也没有众创空间和“双创”资金预算，更没有科技创新券和中小微企业服务券的一种，而只有众创认定管理办法，这只能是一种象征性的政策执行，其政府购买服务支持大众创新创业只是一种政策宣示，并不具有可持续性和实际效用。

五　基于AHP方法的地方政府购买服务政策执行评价

（一）政府购买服务支持大众创新创业的政策落地估价的基本维度

政府购买服务支持大众创新创业政策的落地属于政府科技政策的执行的事中评价，应当从政策执行主体的维度展开分析和评价。（见图3－1）

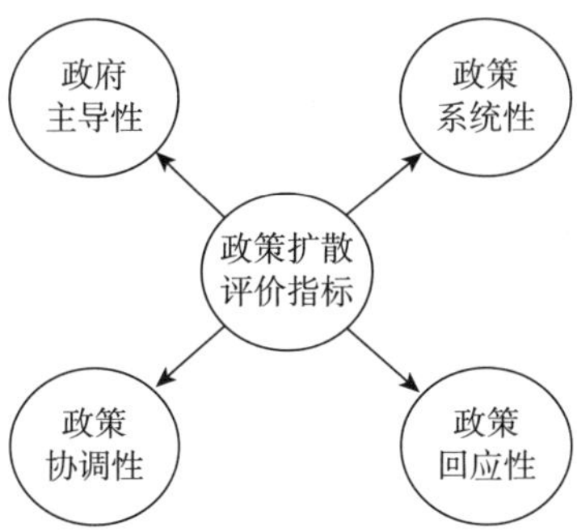

图3－1　科技创新政策执行的事中评价指标体系框架

表 3－23　　政策执行三阶段不同评价维度与指标一览

政策过程	评估标准		备注
	共性标准	个性标准	
政策制定	科学性 公平公正性 可操作性	适当性（合理性）	政策目标设置是否合理
		可行性	政策内容可行性（与其他相关政策是否冲突，与国情、政策目标是否相协调） 政策实施的可行性（包括技术可行性；政治可行性；经济和财政可行性；行政可操作性）
政策执行		投入工作量	为保障政策执行投入的财力、物力、人力等
		执行力	考察执行机构、人员、执行工作机制等
		回应度	考察政策目标群体对政策执行的反映和反馈
		充足性	考察政策是否得以充分执行
		影响力	考察社会公众对政策的认知程度，以及政策对社会造成的影响
政策效果		效果（绩效）	考察政策目标的实现程度；政策目标群体的满意度；政策带来的其他影响等
		效率	对政策投入与产出比进行分析和评价

1. 政策执行事中评估指标的构建

我们通过研究分析后认为，根据以上创新政策的特点来设立的评估指标体系既符合整体科技政策的全过程评价，也符合阶段性的政策评价。但作为四个维度的评价指标，其中间的指标维度有多维交叉的问题，尤其是政策的协调度和系统性之间不可避免地有交叉。政府的主导性中的信息及时利用与政策效率指标中也存在交叉重复。

同时，我们认为在实际的评估过程中，很多指标的获取是具有相当难度的，也就是二级指标选取只能以最主要的核心指标为主，这样一来既可以避免重复交叉，也可以增加指标的独立性和可获取度，从而能够符合研究的实际需要，避免研究陷入困境。

2. 指标权重的赋值方法与整体分类评价标准

（1）评价指标的选取。本研究基于数据的可得性和定量分析的可行性，选择政策执行事中评价的阶段性评价方法，按照政策的协调性、政府主导性、政策系统性、政策动态回应性四个一级指标作为关键指标。同时，由于指标的含义和范围根据实际需要进一步显化，避免模糊不清和无法统计分析，因此，将上述指标根据实际调研中触及的问题和数据进行合理匹配，形成一个较为清晰的可衡量的指标体系。（见表3－24）

表3－24　　评价指标的显化和可操作化处理方法

原评价指标	显化后的指标	可计量的方法
政策协调性	政策工具组合	工具种类、数量指标
政府主导性	政府资源投入	人财物与技术投入指标
政策系统性	政策安排的系统性	政策数量、政策维度
政策回应性	政策调整及时性	政策更新、政策加码

需要说明的是，本研究指标的设置虽然是基于专家和相关利益主体的德尔菲法调查和视觉模糊评价，但仍然不能避免指标的设计具有一定的主观性，其指标的显化处理仍然有一定的缺陷和简单化，但总体而言，对于政策执行的落地评价仍然是有效的，其基本信息是真实的，由此得出的结论具有一定的可靠性，只能作为一种参考。

（2）基于德尔菲法的指标赋值方法。在调研的信息获取和政策执行事中评价理论方法匹配的基础上，我们设置了专家评价问卷，对政府购买服务支持“双创”的政策执行事中评价的指标进行了调查。其中，共发出电子问卷11份，回收10份，问卷就指标的权重赋值问题和模糊评价问题进行了四项主要指标的调查，并设置了一项开放式题目。

一是政府的主导性指标——地方政府的资金投入和资源保障。此指标采取专家主观赋值法与分层分析方法赋值相结合。主观赋值作为参照，在此指标中给出建议权重20%，并以此为基础征求专家的建议权重。分层分析，则实行两两比较，通过分层分析计算每个专家对四个一级指标的赋值。二级指标权重获得后，三级指标则是采取综合加权计算的方法。设立三级资金保障指标包括设立科技创新券资金、中小企业服务券资金、创新创业券资金、众创空间扶持资金、创新创业扶持资金。依据政策落地与否的评估，因此以有无标准来计算分值，并以此为基础。根据德尔菲法，综合专家的意见，每一个三级指标的权重建议科技创新券、中小企业服务券、创新创业券、众创空间扶持资金各占比重20%，其他扶持资金占20%。按照得分情况的高低，进行综合权重的计算，并进行从高到低百分制处理，形成上一级指标计算的基础数据依据。每一个层级的政府的投入和资源保障得分采用数据包络的方法，以最高得分为标杆，取值为一百分，其他按权重递减。

二是政策的协调性指标——政策工具的配套完整。首先，基于专家主观赋值法进行参照。由于政府购买服务支持“双创”最终的落地体现在政策工具的实现上，我们为突出该重点指标，给出建议权重为50%，并请专家参照给出自己独立的权重。其次，基于专家分层分析方法，通过四个一级指标的两两对比计算政策协调性指标的权重。而三级指标子项目基于专家的建议，其中政策类型分为创新券、中小企业服务券、综合类创新和创业券、专项扶持券、对众创平台运营补贴项目等类型。其中，省级以创新券、服务券为标准只要有一项组合得分为50分，两项以上采取加权评价得分的方法。副省级每种类型又分为若干政策工具，其中科技扶持类有15种，公益服务类有9种，运营补贴类有9种。综合专家的意见，每种类型的权重由政策工具子项而来，因此以本层级政府政策工具为总数，每种政策工具按照加权平均的方法计算分值。按照重要程度予以加权赋值，然后进行综合百分制处理，形成二级指标计算的数据依据。按照得分情况的高低，进行综合权重的计算，并进行从高到低百分制处理，形成下一级指标计算的基础数据依据。每一个层级的政府的政策工具组合得分采用数据包络的方法，以最高得分为标杆，取值为一百分，其他按权重递减。

三是政策的系统性指标——地方政策长效机制的配套。鉴于此项政策对于政府购买服务具有长效保障作用，在专家主观赋值法中，我们最初建议权重 20%，并请专家以此为参照，结合实际情况独立提出应有的权重赋值。与此同时，通过专家分层分析方法，对四个二级指标进行两两比较，得出政策系统性指标的基本权重。该指标的三级指标主要体现在政府推动“双创”政策的若干政策意见，涉及政府扶持“双创”和政府购买服务的 10 项主要政策文件。其中政府购买服务支持“双创”的政策文件为核心评价标准，其他相关文件为补充标准。对于二级指标的综合处理方法，给出两种处理方法，一种是加权评价处理，另一种是实现缺项一票否决的方法。从问卷调查的情况看，90% 的受访专家都认为实行加权平均的方法更为科学。最后综合大多数专家的意见，采取其中第一种方法，按照出台科技创新券、创新创业券、中小企业服务券、其他服务券管理办法的比重为 80%，其他各项制度占比 20%，其他各项制度比重采取平均计算的方法。按照得分情况的高低，进行综合权重的计算，并进行从高到低百分制处理，形成下一级指标计算的基础数据依据。每一个层级的政府的投入和资源保障得分采用数据包络的方法，以最高得分为标杆，取值为一百分，其他按权重递减。

四是政策动态回应性指标——政策的及时性与回应性。专家主观赋值方法中，此项指标在政策执行中具有一定的政策力度加码作用和相互竞争促进作用，但整体作用相对于其他指标较弱。因此建议权重为 10%，在调查中邀请专家从实际出发进行权重赋值。而在分层分析方法中，专家对四个二级指标两两比较，根据比较的数据得出政策动态回应性指标的权重。而三级指标主要是创客和相关利益主体对政策落地的评价和政策更新和加码的政策评价。综合专家的意见，主要以政策出台的时间窗口和时间跨度为及时性指标、政府购买服务的类型、工具的增减为回应性指标。按照得分情况的高低，进行综合权重的计算，及时性以2016年年底为界限，政策工具的增加和政策调整，以有无为判断标准。两者均按照25%的比例进行增减。并进行从高到低百分制处理，形成下一级级指标计算的基础数据依据。每一个层级的政府的投入和资源保障得分采用数据包络的方法，以最高得分为标杆，取值为100分，其他按权重递减。

表3-25 专家对指标的主管赋值平均数值一览

专家序号	指标一	指标二	指标三	指标四
1001	25	40	30	15
1002	35	45	15	5
1003	20	50	20	10
1010	40	30	10	10
1005	20	30	30	20
1011	30	40	20	10
1004	20	30	30	20
1006	20	50	20	10
1007	15	40	20	25
1008	30	45	20	5
平均	25.5	40	21.5	13

（3）基于分层分析方法的指标权重计算与得分情况。通过专家打分的分值采取1—9的分值两两比对法，也就是10名专家的打分情况，构建判断矩阵，进行整体的分层分析处理矩阵数据。

通过Excel计算矩阵，求出每一位专家四项指标的权重向量与检验值（见表3-26）。

表 3－26　　每一位专家四项指标的权重向量与检验值

专家 A 判断矩阵					专家 B 判断矩阵					专家 C 判断矩阵					专家 D 判断矩阵					专家 E 判断矩阵				
	A	B	C	B		A	B	C	B		A	B	C	B		A	B	C	B		A	B	C	B
A	1.00	0.48	0.29	3.50	A	1.00	0.29	0.80	2.00	A	1.00	0.29	0.80	2.00	A	1.00	0.13	0.29	1.25	A	1.00	0.50	1.25	1.00
B	2.10	1.00	2.21	3.50	B	3.50	1.00	3.50	8.00	B	3.50	1.00	2.00	8.00	B	3.50	1.00	3.50	3.50	B	3.50	1.00	3.50	2.00
C	1.81	0.45	1.00	2.91	C	0.80	0.13	1.00	2.00	C	1.25	0.50	1.00	3.50	C	3.50	0.29	1.00	3.50	C	0.80	0.29	1.00	0.50
D	0.23	0.29	0.34	1.00	D	0.50	0.13	0.50	1.00	D	0.50	0.13	0.20	1.00	D	0.50	0.29	0.29	1.00	D	1.00	0.50	2.00	1.00
专家 F 判断矩阵					专家 G 判断矩阵					专家 H 判断矩阵					专家 I 判断矩阵					专家 J 判断矩阵				
	A	B	C	D		A	B	C	B		A	B	C	B		A	B	C	B		A	B	C	B
A	1.00	0.29	1.00	2.00	A	1.00	0.29	0.80	2.00	A	1.00	0.13	0.50	1.00	A	1.00	0.29	0.80	3.50	A	1.00	0.13	0.50	0.50
B	3.50	1.00	3.50	9.00	B	3.50	1.00	2.00	3.50	B	4.00	1.00	2.00	4.00	B	3.50	1.00	2.00	3.50	B	8.00	1.00	9.00	2.00
C	1.00	0.29	1.00	2.00	C	1.25	0.29	1.00	1.25	C	2.00	0.29	1.00	0.80	C	1.25	0.50	1.25	2.00	C	0.50	0.11	0.29	0.80
D	0.50	0.11	0.50	1.00	D	0.80	0.29	0.80	1.00	D	1.00	0.13	1.25	1.00	D	0.29	0.29	0.29	1.00	D	2.00	0.50	1.25	1.00

续表

指标	专家 A	专家 B	专家 C	专家 D	专家 E	专家 F	专家 G	专家 H	专家 I	专家 J
	权重 W	权重 W	权重 W	权重 W	权重 W	权重 W	权重 W	权重 W	权重 W	权重 W
政府主导性	0. 219099476	0. 211723765	0. 206777818	0. 153342013	0. 220125099	0. 209945239	0. 21569035	0. 169219369	0. 230892072	0. 144702609
政策协调性	0. 363038274	0. 455821162	0. 410969038	0. 409002302	0. 371776436	0. 444293953	0. 380122258	0. 412561444	0. 375648696	0. 482875628
政策系统性	0. 275858322	0. 188139835	0. 258602051	0. 285941861	0. 172685942	0. 209945239	0. 214960811	0. 225334103	0. 253523466	0. 127322461
政策回应性	0. 142003927	0. 144315238	0. 123651093	0. 151713824	0. 235412523	0. 135815569	0. 189226581	0. 192885084	0. 139935766	0. 245099302
λmax	4. 256732404	4. 20246757	4. 332089141	4. 282157663	4. 341815118	4. 444916178	4. 298237005	4. 009055474	4. 322977371	4. 0300491
CI	0. 085577468	0. 06748919	0. 11069638	0. 094052554	0. 113938373	0. 148305393	0. 099412335	0. 003018491	0. 107659124	0. 010016367
RI	0. 072740848	0. 057365812	0. 094091923	0. 079944671	0. 096847617	0. 126059584	0. 084500485	0. 002565717	0. 091510255	0. 008513912

利用 SPSS21.0 统计软件包对 10 位专家的 B 层次总排序向量进行聚类分析，结果如图 3－2 所示.

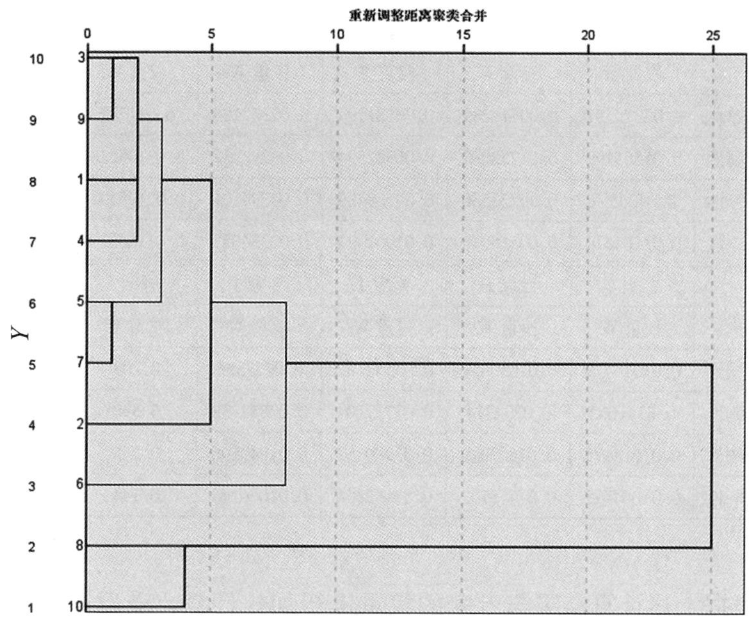

图 3－2　使用平均连接（组间）的树状图

从聚类分析图看，可以将专家分为五组较为合适，其中 A、C、D、I 为一组；B、F 彼此之间独立，每个人各为一组较为合适；D、E、J 为一组；H、J 为一组。按照计算公式（3－1）进行权重的分配计算如下：

$$\lambda_i = \frac{\varphi_p}{\sum_{q=1}^{t} \phi_q^2} \qquad (3-1)$$

$$\lambda_1 = 0.153846$$

同理，可以计算其他专家的权重：

$\lambda_1 = 0.15846$　$\lambda_2 = 0.03846$　$\lambda_3 = 0.153846$　$\lambda_4 = 0.153846$

$\lambda_5 = 0.0769$　$\lambda_6 = 0.03846$　$\lambda_7 = 0.0769$　$\lambda_8 = 0.0769$

$\lambda_9 = 0.153846$　$\lambda_{10} = 0.0769$

按照此计算出来的权重形成总体的评价计算公式：

表3－27　　专家对不同指标的权重赋值综合计算表

指标	专家A	专家B	专家C	专家D	专家E	专家F
	权重W	权重W	权重W	权重W	权重W	权重W
政府主导性	0.03370757	0.00814289	0.03181194	0.02359105	0.011792	0.00807449
政策协调性	0.05585199	0.01753088	0.06322594	0.06292337	0.03145228	0.01708755
政策系统性	0.0424397	0.00723586	0.03978489	0.04399101	0.02198893	0.00807449
政策回应性	0.02184674	0.00555036	0.01902323	0.02334057	0.01166679	0.00522347

指标	专家G	专家H	专家I	专家J	小计	
	权重W	权重W	权重W	权重W	权重W	
政府主导性	0.01614479	0.01658659	0.03552182	0.0177556	0.203	
政策协调性	0.0341662	0.0292314	0.05779204	0.02888738	0.398	
政策系统性	0.01614479	0.01653049	0.03900357	0.01949596	0.255	
政策回应性	0.01044422	0.01455152	0.02152856	0.01076106	0.144	

根据上述计算结果与专家的权重进行加权计算，最后得出各个二级评价指标的总权重如下：

$$F = a_1x_1 + a_2x_2 + a_3x_3 + a_4x_4$$
$$= 0.203x_1 + 0.398x_2 + 0.2556x_3 + 0.144x_4 \qquad (3-2)$$

（二）基于分层分析方法的部分省市政策落地情况的综合评价

基于上述计算原则、方法和公式，按照可比性和可行性的原则，分为省市区、副省级城市、其他省会城市三个层面进行政府购买服务支持“双创”的落地情况进行综合评价。（见表3－28）

1.. 各省市区政策落地综合评价得分情况

表3－28　　各省市区政策落地综合评价得分情况

地区	政府主导作用	政策协调性	政策系统性	政策及时性	综合得分
北京	33.33	50.00	50.00	100.00	53.85

续表

地区	政府主导作用	政策协调性	政策系统性	政策及时性	综合得分
上海	66.67	50.00	75.00	66.67	62.20
天津	66.67	50.00	100.00	100.00	73.39
重庆	66.67	50.00	75.00	100.00	67.00
广东	66.67	100.00	100.00	100.00	93.29
海南	33.33	66.67	50.00	66.67	55.68
福建	66.67	66.67	50.00	66.67	62.45
浙江	100.00	66.67	100.00	100.00	86.79
江苏	66.67	66.67	50.00	100.00	67.25
山东	66.67	33.33	75.00	66.67	55.57
河北	100.00	66.67	75.00	66.67	75.60
辽宁	66.67	66.67	75.00	66.67	68.84
吉林	100.00	0.00	50.00	66.67	42.68
黑龙江	66.67	33.33	50.00	66.67	49.18
湖南	100.00	33.33	50.00	66.67	55.95
湖北	66.67	0.00	50.00	33.33	31.11
安徽	66.67	0.00	50.00	33.33	31.11
河南	33.33	66.67	75.00	66.67	62.07
江西	66.67	33.33	25.00	66.67	42.79
山西	33.33	50.00	100.00	100.00	66.63
四川	100.00	33.33	25.00	66.67	49.56
陕西	100.00	66.67	50.00	66.67	69.21
广西	66.67	0.00	25.00	66.67	29.52
云南	33.33	66.67	25.00	33.33	44.49
贵州	66.67	50.00	50.00	66.67	55.81
甘肃	66.67	66.67	50.00	66.67	62.45
新疆	33.33	33.33	50.00	33.33	37.61
内蒙古	100.00	66.67	50.00	66.67	69.21
青海	100.00	33.33	25.00	66.67	49.56
宁夏	66.67	66.67	75.00	66.67	68.84
西藏	66.67	0.00	0.00	0.00	13.53

上述分值计算方法只是该省市区本级的实际情况，也就是只针对本级出台相关政策具体情况进行综合计算。其计算方法在一级和二级指标的构建中进行了说明。

2. 副省级城市政策落地情况综合评价得分情况

表 3 – 29　　副省级城市政策落地情况综合评价得分情况

地区	政府主导性	政策协调性	政策系统性	政策及时性	综合评价得分
广州	50.00	100.00	80.00	66.67	80.00
杭州	50.00	66.67	80.00	100.00	71.53
武汉	50.00	76.19	100.00	100.00	80.43
南京	50.00	28.57	80.00	100.00	56.37
成都	100.00	23.81	60.00	100.00	59.51
西安	25.00	23.81	40.00	66.67	34.38
深圳	50.00	61.90	80.00	100.00	69.64
厦门	75.00	85.71	80.00	66.67	79.39
宁波	50.00	57.14	60.00	66.67	57.83
青岛	75.00	28.57	60.00	66.67	51.53
大连	50.00	19.05	60.00	66.67	42.67
济南	50.00	61.90	80.00	66.67	64.84
沈阳	75.00	42.86	80.00	66.67	62.33
长春	75.00	42.86	20.00	66.67	46.99
哈尔滨	50.00	52.38	20.00	66.67	45.71

3. 其他省会城市政策落地综合评价得分情况

表 3 – 30　　其他省会城市政策落地情况综合评价得分情况

城市	政府主导性	政策协调性	政策系统性	政策及时性	综合评价得分
太原	60.00	46.15	75.00	66.67	59.32
郑州	20.00	100.00	75.00	66.67	72.63
长沙	40.00	69.23	100.00	100.00	75.63
合肥	60.00	23.08	50.00	66.67	43.74

续表

城市	政府主导性	政策协调性	政策系统性	政策及时性	综合评价得分
石家庄	40.00	38.46	75.00	66.67	52.20
南昌	40.00	23.08	75.00	66.67	46.07
福州	100.00	38.46	25.00	66.67	51.60
海口	20.00	53.85	50.00	66.67	47.87
昆明	20.00	61.54	50.00	66.67	50.93
贵阳	20.00	23.08	25.00	66.67	29.23
南宁	20.00	23.08	25.00	66.67	29.23
西宁	20.00	23.08	0.00	66.67	22.84
兰州	80.00	23.08	75.00	66.67	54.19
乌鲁木齐	60.00	46.15	75.00	33.33	54.52
呼和浩特	20.00	0.00	25.00	33.33	15.25
银川	20.00	100.00	75.00	66.67	72.63
拉萨	0.00	30.77	0.00	33.33	17.05

市、县、区及以下政府购买服务支持“双创”的政策落地情况整体而言差距悬殊，情况千差万别，且数量庞大，其相互比较既没有可比性，也没有可行性。因此，这里并没有进一步展开分析和计算。

从上述综合评价的情况看，各地的得分情况差别较大，不同层级政府之间的差别也较明显。如何看待政策采纳的得分情况，将其进行较为合理的分类从而更加直观而类型化？斯屈贝尔（Strebel）和威德默（Widmer）也提出了一个政策采纳的更细致的视角。他们认为，政策采纳会依据可见性和事实性进行变化。可见性是指在立法中采纳能被清晰地识别，事实性是指真实的、能被证明的事实，对于真实性，政策潜在的原理是否被采纳是重要的。基于可见性和事实性，政策转移（采纳）可被划分为四种类型，即工具性转移（采纳）——既具有可见性，又具有事实性；观念性转移（采纳）——不具有可见性，但具有事实性；象征性转移（采纳）——具有可见性，但不具有事实性；消极转移（采纳）——既不具有可见性，也不具有事实性。

本课题组则按照分层分析方法得出的结果按照一定的标准进行分

类，则可以对此转移类型作出一个粗略的划分：按照 76 分以上为观念性转移兼工具性转移为标准，60—75 分为工具性转移，31—59 分象征性转移，30 分及以下为被动消极性政策转移。从上述的研究可以看出，地方政府层级对于政府购买服务的转移情况是不同的。从省、市、区一级看，广东、浙江处于第一个层次的政策转移，观念性和工具性转移并行；其他如河北、山西、河南、宁夏、陕西、甘肃、内蒙古、江苏、重庆、上海、天津、福建、辽宁 13 个省份则属于工具性转移，北京、海南、吉林、黑龙江、云南、贵州、四川等省、市、区则属于象征性转移，湖北、安徽、广西、新疆则属于介于象征性转移与消极性转移之间的省份，而西藏则基本属于消极性转移。

从副省级城市的情况看，武汉、广州、厦门三个城市的情况优于其他副省级城市，属于政府购买服务的观念性转移和工具性转移相融合的层次，这三个城市同时推出科技创新券和中小企业服务券。深圳、济南、杭州、沈阳、成都等城市政府购买服务的形式和工具综合且较为多样，后者政策推出的及时性较强，属于工具性转移的层次。宁波、青岛、南京虽然低于60 分的分值，但实际上处于接近工具性的转移类型的水平。而大连、哈尔滨、西安、长春等城市则属于象征性转移。而在副省级城市中没有消极转移的类型的存在。

从其他省会城市的情况看，整体不如副省级城市的政策投入强，政策工具多样化，且制度体系和政策及时性稍微滞后。但由于计算的标准和参数是在同一层级内进行，因此从整体上看，分化较为严重：长沙、郑州、银川、太原由于政策工具的落实或者政策及时性而处于政策转移的工具性转移类型的上端，而石家庄、福州、乌鲁木齐则因推出创新券或者中小企业服务券等项目而介于政策工具性转移与象征性转移之间。南宁、西宁、拉萨、呼和浩特则属于消极性转移的类型。其余省会城市则是在象征性转移与消极性转移的区间之内。

为何不同层级的政府之间产生如此大的悬殊呢？显然除了经济资源条件之外，跟政策的竞争环境和重视程度有很大的关系。在公共政策扩散机制和发生原因方面，政策扩散研究专家明特姆（M. Mintrom）

指出，公共政策扩散有四种机制：“从早期政策采纳者中学习；邻近城市之间的经济竞争；大城市之间的模仿；州政府的强力推进。”[①]大卫（Marsh，David）等认为，公共政策扩散主要有四种机制：“学习、竞争、强制和模仿。”[②] 在传统的政策扩散的机制和扩散的类型之间，缺乏一个桥梁和纽带来展示不同扩散类型与政策扩散机制之间的联系，而且由于不同政府层级之间的扩散机制就存在不同的选择和配置，由于不同的扩散机制选择也导致政策扩散的类型有所不同。“一般来说，行政指令机制能够迅速推动政策扩散活动的广泛开展，但是难以调动地方政府积极性，容易造成政策‘一刀切’。”[③] 相关研究者指出，行政主导型的政策推行适用于强制性的法令推行和政策扩散，但对于导向性的政策，更适合激励和竞争性的政策扩散路径，引导政策执行者主动学习，积极参与竞争，模仿和创新，从而更能符合政策预期，产生所期望的结果。从省市区的政策执行类型看，行政命令机制对于政府购买服务支持“双创”的政策，实际上会导致象征性转移或者工具性转移，而这两种转移类型取决于地方政府的财力和重视程度，而竞争机制和学习机制的作用则导致观念性转移和工具性转移。相反，模仿机制一般会导致工具性转移，而放任的政策扩散机制，往往导致消极的政策转移类型。从副省级城市的转移类型看，政策竞争则可能导致观念性转移和工具性转移，取决于竞争参与者的实力和资源的调配能力。从其他省会城市的执行类型结构分析，而自主放任的选择机制则可以导致以上任何一种或者几种扩散类型，但通常情况下，对于大多数不具备竞争动力和真实政策需求的地方而言，其结果是消极性的政策转移类型。

---

① Charles R. Shipan and Craig Volden，“The mechanisms of policy diffusion”，*American Journal of Political Science*，Vol. 52，No. 4，2008，pp. 57 – 84.

② Marsh D.，Sharman J. C.，“Policy diffusion and policy transfer”，*Policy Studies*，Vol. 30，No. 3，2009，pp. 88 – 269.

③ 王浦劬、赖先进：《中国公共政策扩散的模式与机制分析》，《北京大学学报》（哲学社会科学版）2013 年第 6 期。

第四章

政府购买服务支持创新创业政策执行的主要障碍

政府购买服务支持大众创新创业政策落地阻碍因素分析，主要基于政策执行情况的基本估价，分析现有的政策执行中面临的主要问题，剖析政策难以落地的原因。结合问卷调查的情况，对存在的障碍因素进行统计性描述，并结合模糊评价的方法，对不同障碍因素的影响进行分析，以确定各障碍因素的权重，并指出其内在的政策含义。

从2016年7月开始至2018年12月，按照课题实施进度的要求，课题组按预定的调研方案的安排，进行了大量的基础调研工作。调研分为实地调研和网络调研两种形式为主，并补充电话与其他社交媒体调研。其中，实地调研，原计划中、东、西部各选择一个省份，每个省份选择3个城市，3个县作为调研对象来进行课题调研工作。但在实际过程中发现，县级政府的创新创业政策，特别是政府购买服务支持创新创业的政策很少，后对众创空间等创客平台的调研方案进行调整，扩大了省份样本量，其中调研的省份有广东、浙江、江苏、山东、湖北、江西、河南、广西、云南9个省份，其中东部地区4个省份，中部地区3个省份，西部地区2个省份，课题组先后到广东深圳市、东莞市、珠海市，浙江省宁波市，江苏省南京市、镇江市，山东省青岛市，江西省抚州市、南昌市，湖北省武汉市、襄阳市、黄石市，云南昆明市、大理自治州，河南省郑州市，广西防城港市、南宁市、桂林市，湖北大冶市（县级市）等县（市）和深圳福田区、武汉高新区等市辖区的主管部门或众创空间调研。走访科技主管部门、中小微企业服务部门30多个，调研众创空间、孵化器等60多家，访谈与座谈人数170余人次。

其间，发放调查问卷500份，回收并确认有效调查问卷427份，其身份构成如图4－1所示。

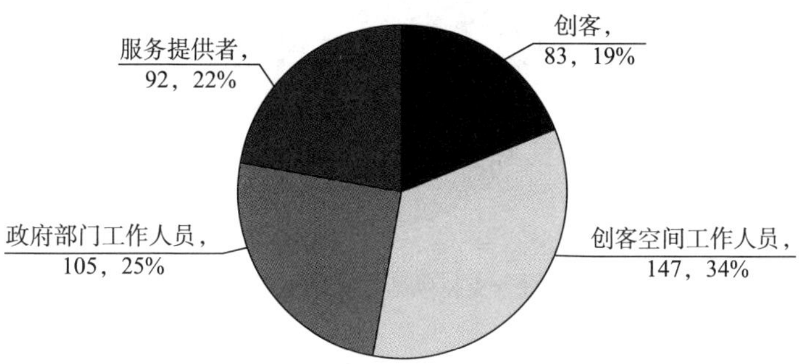

图4－1　政府购买服务支持创新创业问卷调查对象身份构成

接受问卷调查的对象构成，分为三个区域，见图4－2。

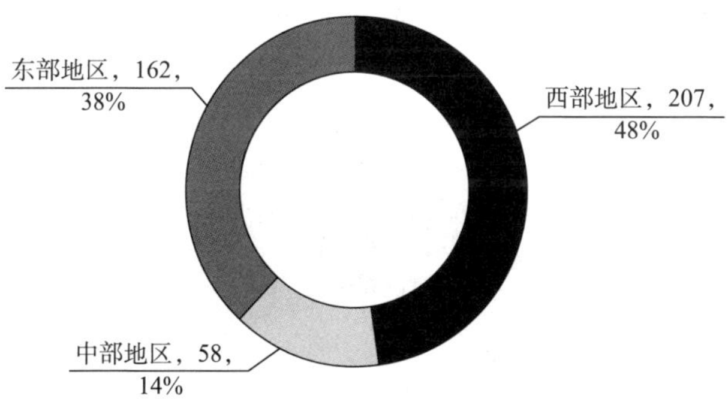

图4－2　问卷调查对象分地区构成情况

其中东部地区占比38%，西北地区占比48%，中部地区占比14%。东部地区和西部地区占比比较高，是由于课题组成员在工作所在地区具有调研的便利性和数据可得性的优势。

从学历构成情况看，大学本科及以上是受调查对象的主体，见图4－3。

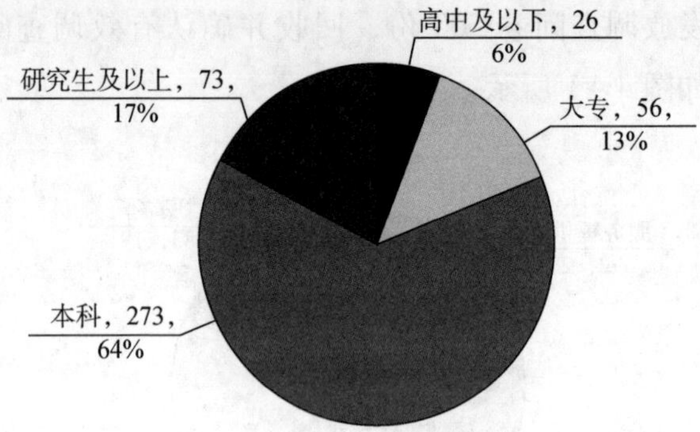

图4－3 政府购买服务支持创新创业问卷调查对象的学历构成

从图4－3可以看出，创客工作和相关管理工作人员，本科学历占比64%，而且研究生以上学历达到17%；整体而言学历层次平均在本科及以上。

由于众创工作是一项全新的业态，不论是创客，还是众创工作人员，其从事相关工作的时间都不长，见图4－4。

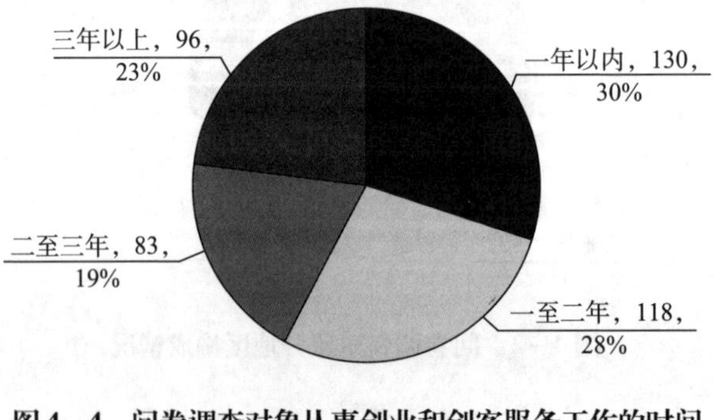

图4－4 问卷调查对象从事创业和创客服务工作的时间

从图4－4可以看出，1年以内的创客和创客服务工作人员占比达30%，3年以上的比例不足四分之一，1年至3年的占比接近50%，实际为 47%。

网络调研，主要是根据政府购买服务调研搜集到的信息和网络媒体公开的信息，从中央政府、地方政府官方网站、主管部门网站和科技型企业与孵化平台网站收集政策文件、实践案例、统计数据，从而对实地调研进行相互补充和相互交叉验证。此外，对于后续的调研，采取电话和微信、QQ 等形式，通过在实地调研建立的既有的联系方式，进行补充调研和再跟踪观察。调研结束后，对数据进行了整理和录入，在此基础上利用模型进行聚类分析（CA）和分层分析，将制约政策落地的若干要素假设纳入分析。

一　政府购买服务支持大众创新创业的管理主体协同障碍

主要是从管理主体和责任安排的角度，基于现有的政策文件和制度规范，对于政府购买服务支持创新创业的内容、购买主体的责任规定和分工衔接情况，从政策主体的联动与协同、政策系统性安排等主要层面分析政策落实的障碍因素。

在调查中，我们通过整理相关数据发现，创新创业的各部门政策协同与各部门的整体联动情况评价并不是很高。

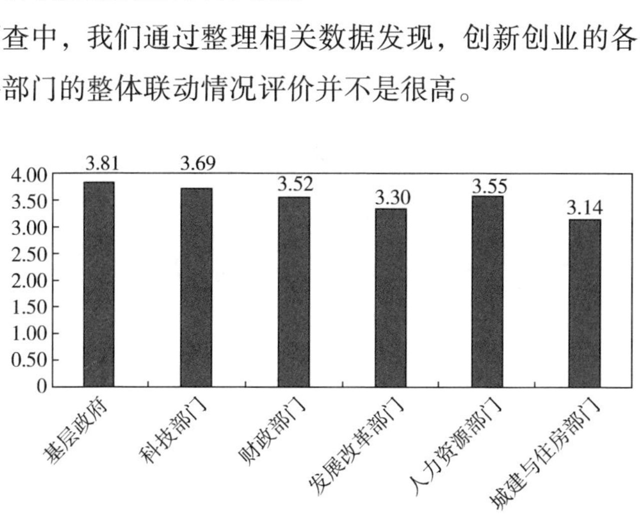

图 4－5　调查对象对政府购买服务相关部门协同情况评价

按照评价标准，其中5分为非常有效，4分为比较有效，3分为一般，2分为比较无效，1分表示完全无效。其中得分最高的基层政府，对于基层政府的评价为3.81分，其次是科技部门，得分为3.69分，人力资源部门为3.55分，财政部门为3.52分，以上前三个部门接近比较有效；而发改部门和住房保障部门则评价较低。从实际了解的情况看，部门得分的高低跟创客和创业者的接触的频度有关，也跟政策的直接执行者相关。创客和创客空间的工作人员主要对接的是基层人社部门、科技部门，因此，对政府购买服务和相关补贴政策对接较多，而财政部门和发改委部门则相对接触较少，对它们的政策协调和政策服务的评价整体偏低。而县区政府及其部门则由于直接落实相关政策，提供相应的政策工具，反而容易得到较高的评价。尽管有时候，区县一级政府本身不出台政府购买服务政策，但它们落实和协调政策的作用评价还是整体较高。

整体而言，受访对象对部门直接的政策协调和政策主体责任的落实与期望还是存在一定的落差。在调研走访和座谈中我们发现，从政策管理主体协调方面的障碍因素表现在以下几个方面。

（一）购买服务主体之间的联动存在脱节

政府购买服务支持大众创业万众创新的政策出台，除中央政府层级予以政策提倡和明确要求外，各地对于政策的组织实施和工作协调均有不同的政策安排，而不同层级政府的政策安排差别较大，中西部和东部地区的政策安排也差别较大。

在中西部地区调研中发现，同一地区同一层次之间的市、县政府的政策安排也有很大的差别。就连发达地区江苏、浙江不少地市一级政府没有建立政府购买服务支持和推动创业、创新与就业协调发展的普惠性政策措施，没有形成部门之间、部门与地方之间政策联动和政策合力，没有打通政策落实的“最后一公里”。

在省市区一级政府层面，凡是省级政府出台相关政策购买服务支持“双创”的地区，地市相应地出台配套政策，推出创新券政策的比例较高。如广东、浙江、山东等省份，科技创新券和中小企业服务券政策推出后，各地市中有不少进行跟进，甚至在广东少数乡镇一级政府也推出了该项政策。山西省在省本级推出科技创新券购买服务支持科技型中小企业，山西省太原、阳泉、晋中、临汾、长治5市正式启动发放“科技创新券”项目，作为中小微企业或创业团队购买科研机构创新服务的权益凭证。

政策主体之间缺乏联动的基本情况有三种。一是上动下不动，政策杠杆效应小。在部分省份推出科技创新券后，地市和县级并没有跟进，如黑龙江、山西、贵州等省份省本级在推出该项政策措施后，其他地、市、县跟进政策较少，只是在省级资金预算中切分蛋糕，进行政策运作，基本没有资金和项目配套。实际上，除了上述试点地市之外，其他地市并没有跟进。大多数情况下，中、西部地区的省本级推出创新券之后，地（市）县（区）两级跟进的较为少见，比例不足三分之一。贵州省也是类似的情况，省级政府推出创新券，地市级只是负责组织申报和发放工作，市县两级并不出台相关政策进行配套，削弱了政策的杠杆效应。如六盘水市只有少数企业能够享受创新券的扶持，其中：“贵州富民果业科技有限公司与贵州省山地资源研究所签订的技术服务合同获得贵州省科技厅创新券支持，可兑现18万元资金支持，这也是六盘水首次获得该项目的支持。”① 贵州的受惠对象较为有限，首期的科技创新券只有300万元的预算，受惠企业只有24家。2016年政策的受惠面才扩大到400家，但令人欣慰的是预算规模为4000万元，整体而言是在省本级进行政策推动，而地市级则是配合政策的执行，也就是作为上级的政策项目来执行，而不是作为当地的必选政策项目来执行。

二是下动上不动，只是少数甚至个别重点城市出台创新券和中小企业服务券政策。如湖北省省本级没有推出科技创新券政策来购买服务支持“双创”，而武汉市、武汉市东湖高新区两级分别推出科技创

---

① 韩宗玉：《六盘水获省科技创新券支持》，《贵州日报》2015年4月20日。

新券，其他地市只有孝感市出台了《孝感市科技创新券实施管理办法（试行）》（孝感政发〔2015〕9号），落实了政府购买服务支持众创的项目。在中小企业服务券的项目中，湖北省只有黄石市、仙桃市、襄阳市等少数地市推出了此项服务。其他地区，如宜昌、荆州等地在积极筹划，但政策跟进较为迟缓，政策落地“一直在路上”。从全国而言，在地级市中该项政策本级落地的比例不足30%，县区（含市辖区）本级推进并落地的比例为不足10%；作为中部的河南省、湖南省本级均没有推行科技创新券。而作为另一类的服务，中小微企业服务券的情况类似，湖北省黄石市、襄阳市、武汉市推行了中小微企业服务券，占地市的比例为接近三分之一。不少地方政府往往将其政策范围限定在高新区、新区、开发区的特定范围内。这样一来对于科技型小微企业的提供购买服务的受益范围就大大缩小了。如大连市本级并没有推出科技创新券，也没有中小微企业服务券，而是大连高新区科技创新局和财政局，在高新区管委会的领导下开展创新券的管理工作。这实际缩小了政策的惠及面。

三是上下都不动，也就是部分省级政府和地市级政府均没有实质性的政府购买服务支持“双创”的政策。在调研中，我们了解到部分地方出于多重因素考虑，只是利用国家政策和资金在有限的范围，以个别项目扶持的形式对大众创新创业给予补贴和资助。受惠面窄且扶持力度较弱。大部分地市以下没有出台相关政府购买服务支持创新创业的政策，也就是整体上不动的格局依然存在。如广西直到2018年柳州才出台中小企业服务券政策。而部分地区由于省级推行了创新券之后，地市及县级主管部门只负责初核和申报，进行业务上的指导和管理工作。在部分地市调研中发现，有的“双创”平台对此项政策甚至连基本情况都不知晓，各项政策对接相当被动。西部地区的部分省份，广西、四川、青海在相关政策中虽然已经做出了部署，但科技创新券政策却迟迟没有落地，而各地市和县区则不少仍然是政策空白的情况。西北地区的甘肃、宁夏情况则较好，省本级和少数关键城市两级都有推行科技创新券的情况。而西藏地区则根据实际情况，没有类似的政策安排。

（二）不同的服务项目运作主体之间缺乏资源整合与统筹安排

总体来看，“部门之间、部门与地方之间出台的政策缺乏有效衔接和协调联动”①。扶持“双创”的政策，涉及科技、工信、人社、工商、国土、金融等多个职能部门，尤其是政府购买服务的政策分属不同的部门，不同的主管系统，人、财、物、网等方面的横向沟通和协调存在一定的难度。缺乏有效的整合力度，没有同一衔接的服务平台，缺少政策宣传解读与项目对接的一站式服务，政策执行难以做到高效协调。从政府购买服务支持“双创”的制度安排看，不同类型的购买服务项目归属不同的管理部门，存在资源的多头管理和项目的多渠道运作问题。因为政府购买服务的类型和项目不同，谁来主管问题就牵涉到了部门的实际权力和利益。部门之间、处室之间必然存在工作协调量增大和程序冗余，信息之间流转不通畅。过细的分工反而不利于统筹工作安排。

从地方政府购买服务支持“双创”的实际情况看，一是不同层级政府之间也存在分工和衔接不足的问题。进而导致平台重复建设和运作效率不高的问题。在推出了创新券政策的地方政府其管理主体分工和运营机制并不顺畅。如广东省从省、市、区县三级之间管理运作机制整合度不高，运转并不十分顺畅。以深圳市为例，深圳市、深圳市南山区二级都有创新券。但两级各自建立自己的管理平台，按照独立的系统管理。且深圳作为计划单列市与广东省本级政策分离。同时，部分城市既有创新券又有中小企业服务券，如广州市、温州市、武汉市、银川市、佛山市等城市，他们设立的不同类型的服务券属于不同的管理部门，实行不同的运行机制。这样导致不同层级主体之间和不同管理部门主体之间的政策衔接不足。深圳的创新券由于计划单列市，

---

① 国家发展和改革委员会：《关于大力推进大众创业万众创新若干政策措施的意见》，2015年6月5日。

不纳入广东省的政策计划之内，实行单独管理，也就是深圳的企业能够得到省级的认定，但不能申报省级的创新券项目，实际上限制了创新券购买服务的范围和效率。其他地区，不同的层级之间的管理权限和管理流程不一致，导致分头管理、多级管理的问题。不同服务券的管理主体也不一致，彼此间相互独立，政策的协同和组织的协同尚待破题。一般而言，中小微企业服务券的管理主体为各地工信部门，具体承办在中小企业服务中心。广东试点中小企业服务券制度的同时，"清远、中山、佛山等地已率先启动实施科技创新券补制度"①。这两类服务之间相互独立，但是服务对象和项目之间存在交叉重复。虽然是不同的城市和地区，但彼此之间的主管部门不同，缺乏政策统筹。二是主管部门之间并没有很好地协同和联动。大部分地方中小微企业的服务券管理一般在工信部门，基本上跟科技部门之间没有工作上的联动和协同。工信部门下属单位中小企业服务中心是具体承担和执行机构，由于中小微企业服务券的项目有的跟创新券的服务项目交叉，但又明确已经享受过其他同类服务项目的小微企业不能在不同部门之间申报，导致彼此之间的信息流转负荷大，延长了审查时间和工作难度，或者部门之间就不存在相互的交叉审核。如武汉、温州等城市都是分别独立运作，彼此资金管理和项目审批都是相互分离，但服务的对象却重叠交叉，彼此之间的联动存在部门权限和利益的障碍。江苏泰州推出的创业券则是由人社部门负责管理，创业券又分为培训期、初创补贴券和贷款贴息券。这些服务显然与科技部门和中小企业服务项目交叉。三是在具体的管理上，内部协同成本加大。不少地方管理众创空间的业务主管部门与管理购买服务的部门分属不同的机构。而在广西防城港、桂林等地调研时，一个众创空间对接的政府部门补贴政策多达3—4个，每个部门从某个专项资金中挤出一部分来扶持众创空间的孵化服务和其他项目。其中，防城港市明华创客之间和榕华创

① 叶青:《广东首批科技创新券规模6500万现已正式发放，助力中小微企业创新创业》，《广州科技报》2015年7月3日。

客之间补贴项目的来源分别有人力资源与社会保障局的就业创业型创客空间的扶持资金、工信部门的工业型中小企业补贴项目以及科技部门的专项补贴项目。尽管广西等地区没有创新券和创业服务券的政策安排，但实际上有关资助和补贴政策类似于政府购买服务。如广西对省市两级经认定为创业孵化基地的众创空间，要求各地给予 2 年的房租、宽带接入等项目的全额补贴，所需资金从就业资金中安排。且明确了科技厅、人力资源社会保障厅、教育厅、财政厅等部门，各市县人民政府共同落实此项工作，但资金如何分担，责任如何划分，如何实现持续化并没有后续的安排。由此，地市的一些创新创业载体在持续性保障上存在困难，大多依赖于当地市、区一级的短期补贴。各政府职能部门出台的扶持政策发布在不同的平台上，政策的执行涉及多个部门，有时会出现不配套、不协调的情况，缺乏有效的政策资源整合。创业主体对不同职能部门归口管理的相关工作不够了解，行政审批手续繁杂。部分基层反映："申请创业扶持的手续繁多，审批周期长，效率低，条件严苛，有些虽有政策，但未执行到位，还有创业成功后一些该享受的优惠政策审批时限太长，大大降低了创客创业激情。"①

二　政府购买服务支持大众创新创业的责权利益障碍

政府购买服务支持"双创"的一个较为重要的障碍因素就是责任和权利的利益平衡问题，谁拥有管理权限，谁负责资金和投入，谁享有政策话语权和政策收益是较为关键的问题。但由于各地的重视程度不一样，导致利益分配和权利责任安排不一样，所以也就存在一定的阻滞因素导致政策不能够落地或者落地状况不理想。

① 石鼓区人社局：《当前基层存在三大问题恐影响大众创业万众创新相关政策在基层落地》，衡阳市工业信息化办公室，2016 年 12 月 30 日。

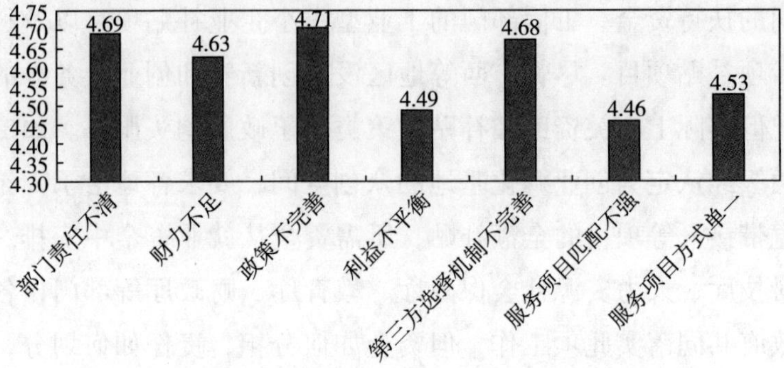

图4－6　调查对象对政府购买服务支持创新创业障碍因素评价

从问卷调查的情况看，责权不清和利益不平衡两个因素影响到政策执行主体的行为选择（见图4－6）。其中，责任不清，也就意味着一部分主体有权无责，可以享受政策的红利而不用付出成本，另一部分主体承担政策的成本，但实际上却没有享有相应的收益。而由此造成进一步的利益关系失衡，在政策的执行、配套和推介等方面产生比较消极的影响。部门责权和利益障碍因素虽然不是阻碍政策落地的最重要的因素，但仍然有着举足轻重的影响。这些因素统一采用七分量表进行测量，其测量值区间为1—7，其中1表示完全没影响，2表示没有什么影响，3表示有一些影响，4表示影响一般，5表示较有影响，6表示非常有影响，7表示完全有影响。其中，部门责任不清为4.69分，仅次于政策不完善的影响；利益不平衡对于政府购买方服务的政策落地的影响程度为4.49分，介于一般影响和较有影响之间。显然，它对于政策影响力仅仅高于服务项目匹配性不强的影响。其中，政策不完善，第三方机构选择机制不完善和财力不足具有较重要的影响。

从实际调研中我们发现，不同层级政府和不同政府部门之间存在着一些责任和权利不匹配，利益和成本不一致的问题。

（一）部门之间的责权利不平衡问题

部门利益问题主要是购买服务的资金与成本如何分担，项目如何设置，谁来负责牵头和落实，谁拥有资金分配和管理权力的问题。这些涉及在不同部门和不同层级之间的切割，这些利益相关要素必然影响政策的落地。政府购买服务支持大众创新创业涉及的部门很多，不论是科技部、工信部、人力资源部、农业部，甚至文化部门都涉及相关的项目和资金分配权利。由于国家层面并没有政府购买服务支持创新创业进行统一的政策安排，也没有明确各部委和地方政府购买服务支持“双创”的具体项目和资金预算。各部门一般从实际出发对此项政策的落实进行综合考虑。国家科技部出台了《众创空间认定操作指引》和其他相关政策，但科技部并没有安排相关的专项经费。只能从既有的项目中对地方政府的“双创”活动给予一定的倾斜，甚至是采取只给政策不给钱的策略。如国家科技部对国家级众创空间的备案和授牌，并不配套奖励，省、市两级给予奖励和补贴。也就是所谓的“只给资格不给钱，只给政策不给钱”。地方政府部门的情况显然对“双创”中补贴没有增量资金，则尽量整合现有的存量资金来进行奖励和补贴，这些资金最终来源于地方财政。谁出台政策首先要承担预算的支出，由此也带来谁出钱的项目谁来筹集资金，如何分配审批和管理权限的问题。正因为如此，中部地区和西部地区部分省市之间，部门之间都是一种较为理性的观察和等待策略，因为没有利益只有成本，或者只有少数收益，却要承担大部分成本的投资大家都不愿意第一个做。正因为如此，国家发改委成为“双创”政策的协调部门，而科技、财政、人力资源等部门则是相关政策的协同部门。但地方上，发改委虽然有牵头协调政策的名义，但实际上不具备真正的协调能力，且由于人力和精力等因素影响却不能很好承担此项工作，只是一个挂名协调机构。地方各级政府及部门则由于实际情况的不同，创新券的管理权实际上在科技部门的居多，创业服务券的管理权在人力资源部门，中小微企业服务券的管理和审批权限在工信部门，各个部门之间并没有良好的协调机制，各自按照自己的程序和权限分开运作，增加了信息共享和互相协调的成本，不利于资金的整合和管理的规范化运转。这种部门之间的利益问题，导致整合资源的难度大幅度增加，如果缺乏一个强有力的领导体制和机制，政府购买服务在不同部门之间整合资金和预算则十分困难。

由于在政府购买服务支持“双创”的执行中，一般是谁提出购买服务的政策，谁来承担经费预算。这牵涉到各个部门的切身利益和财力保障情况，导致财力不足的地方政府部门尽量规避推出服务项目。有的中西部地区由于财力有限，为避免造成不必要的负担，干脆不出台相关的政府购买服务政策，同时为象征性地推动工作，将原有的资金项目进行腾挪运作，用于短期补贴创客空间的建设和运转。不少较大的城市实际上将此项工作任务交给高新区或者新区政府来落实，这样一来，能够象征性响应中央政策，避免政治上的被动，又能避免扩大政策受益范围而加大财政负担。在同级政府的不同部门之间，财政部门对于政府购买服务支持创新创业存在两种情形：一种是在原有的经费预算中腾挪，不增加财政负担，这样的情况下财政部门只是负责资金监督管理，相关工作全部由承担的部门负责，政策工具推出的压力和阻力都较少。另一种情况是需要新增预算推出此项服务项目，在财力不足甚至捉襟见肘的情况下，科技、工信等部门的预算增加取决于地方党委政府的重视程度，财政部门不会主动在部门之间倾斜照顾，避免不必要的资金压力和工作矛盾。

（二）各层级政府之间的利益分配问题

地方政府之间的利益分配问题实际上涉及财权和事权两个方面：一是从事权上看，如果没有财权而只有事权，基层政府对购买服务的政策表现出的积极性显然不高，既不会主动承接政府购买服务的责任和任务，更不会主动进行资金配套和运作。由于支持“双创”是一项政策指令性行动，是自上而下的行政推动模式，地方政府高度重视，容易整合各种资源，进行阶段性资金投入和资源投入。但相对而言，政府购买服务支持创新创业需要投入大量的真金白银，会增加各级政府的长期财政资金负担，地方政府一般都较为谨慎。同时，由于一项计划和行动，会赋予承担此项政策的地方政府的权力和资源，因此各级政府之间对于谁能发挥自己的主导作用非常重视，工作的政绩就会由谁受益，投入就应该由谁背书。由此就产生了以下几种情况：一是上级政府重视，基层政府不愿意参与管理，也没有资金扶持与配套；二是有的地方政府愿意管理，但不愿意负担资金，但出于对当地企业争取政策优惠和利益，积极性较高；三是有的基层政府有资金扶持政策，但也要强化自己的管理权，力求以我为主推动工作，获得正面的政绩评价。从实地调研的情况看，有的基层政府既没有事权也没有财权，地市级政府直接主导实施并兑现政策，各区县政府主管部门，既不负责审核也不负责推荐，基层参与基本上流于形式，没有积极性和主动性。市辖区各区政府也没有相关的政府购买服务的政策项目，市级辖区企业符合条件的可以直接向市本级申报，在西南地区这种情况比较突出，如云南各地的中小企业服务券都是市级直接管理发放和兑现，县区一级几乎参与积极性不高。另外，没有财权却有事权的情况，也就是基层政府主管部门负责申报和管理审核，赋予一定的推荐权力，调动他们的积极性。但同时也增加了基层部门的工作量，也增加了县区科技主管、中小企业服务机构的责任，因此，在政策的宣传和推介方面仍然免不了滞后的现象，在广西、云南部分地市存在此类情况。中西部地区省会城市中，即使省本级出台了相关政策，地市级和县级政府主管部门只是分享管理权限，因为省本级并不直接发放创新券，地市级则是“看菜吃饭”，你给多少指标、多少经费，我就做多少事情，并不愿意进行资金的配套和服务项目的拓展。为了推动政府购买服务的项目落地，少数地区将各层级政府的利益捆绑到一起，宿迁市曾对创新券的资金负担进行了划分，其中辖区的比例补贴比例较高，而县域则自筹配套的经费比例较高，这样一来，县级政府的压力较大，也就是市级出台政策，县里主要负担资金，市级政府成为政策的主导者和施惠者，实际上基层政府是主要买单者。而另一种情况是，西部地区的云南省由于省本级负担资金，而地市级负责管理，县区基本没有什么事权和责任，积极性不高。

就地方政府而言，除非促进大众创新创业的迫切需要，大多地方政府层级，尤其是基层政府是不愿意出台相关购买服务的长效政策措施。有些省、市一级政府则连发展众创空间的扶持政策都没有明确，更谈不上政府购买服务的制度安排。县区政府对于这种短期收益不明显的净投入政策只是观望态度，并不愿意从财政预算中进行考虑。因为，中央政府并没有专门的政策资金配套支持购买服务，地方自身财力条件决定自己是否真正需要推动政策落地。许多扶持政策即使市级有政策安排，区县主管部门并不积极地进行推介和对接。在西部地区南宁市一家具有相当规模和水平的软件开发专业性创客平台，成立近一年，却不知道市政府和省政府对众创空间的扶持政策和奖补措施。原因就是地方政府财力不济，基层政府对政策落实的积极性不高，对政策推介力度不大，唯恐政策落地最终的补贴需要本级部门承担。

从表 4 – 1 可知，大多数创客对于政府购买服务的政策了解不多，不了解的比例就接近 21%；而了解一点点的比例达到 48.24%，两者之和接近 70%，达到 68.85%。而非常了解和完全了解的比例却低于 10%，只有 4.68%。这其中跟本地区的政策安排出台不及时有关，也很大程度上跟基层部门的推介积极性不高有关。

表 4 – 1　　受调查对象对政府购买服务政策了解情况

整体认知	不了解	了解一点	基本了解	非常了解	完全了解
各类人数	88	206	113	19	1
总体样本	427	427	427	427	427
所占比例	0.2061	0.4824	0.2646	0.0445	0.0023
比例累计	0.2061	0.6885	0.9531	0.9976	1.0000

资料来源：课题组问卷调查数据，经整理而来。

（三）规避责任风险的问题

由于政府购买服务支持“双创”的项目设计有科技创新券、中小企业服务券、创业创新券等形式，会产生大量的资金流。这会吸引大量的参与者进场博弈，由于大量的第三方服务提供者是这个利益链的最重要的一环，因此也是容易产生风险的环节。由此所带来的资源的套取和浪费的问责风险也在一定程度上制约部门积极性和主观能动性的发挥。部分发达省份、副省级城市本级推行了创新券资金预算，也推出了中小微企业服务券资金预算，部分市级财政也设立了科技创新券专项资金，大量的政府资金成为大家追逐的目标。在实际的运作中，如果管理不完善，审核不透明，就会出现一些第三方机构舞弊，与申请的中小微企业合谋骗取资金补贴的问题，骗取、套现和鲸吞政府购买服务的项目资金案例时有发生。有关媒体也披露了湖北省在创新扶持基金检查中存在的问题：“科技部门涉及到的分别是孝感市科技创新券项目立项、荆州市本级科技创新基金使用立项随意、挪用科技资金、资金发放不及时等问题。”① 武汉市科技局此前曾出现一干部通过伙同他人虚假注册科技型公司，利用职务之便套取政策扶持资金的问题。在云南调研时，相关部门的操作人员表达的态度是：千万不要搞这些服务项目，存在很大的责任风险。因为不久前，合谋套取资金的买方和卖方因利益不均而主动举报第三方服务机构。从现实情况看，中小企业对于申请创新券积极性很高，他们看来，跟其他科技项目的申报一样，这些资金就像是“唐僧肉”，不要白不要。甚至有些受访的高管披露：“我们公司专门安排组织两个人，每年对接科技部门和其他部门的项目，一年就可以拿到几百万的资金和项目。这些事情和项目即使没有支持也是要搞的。”这些信息反馈给购买服务的主管部门，给他们带来了工作信心的打击，也降低了主动服务的积极性。从实际情况看，由于不少科技主管部门与当地科技型企业打交道，有些

---

① 湖北省科技厅：《履职尽责督促检查工作简报》（第43期），2016年9月26日。

比较成熟的科技型企业对于政策对接的路径和方式熟悉，更容易拿到项目和资金，包括创新券和各类服务券往往成为他们的“囊中之物”。而各地的科技主管部门由于考虑到政策的惠及面，不好挫伤企业的积极性，对于科技型企业与第三方服务机构的协议和合同金额只是进行形式上的审核，特别是研发投入项目的计算问题一般从松而不是从严审核。这样一来，存在科技型小微企业与第三方机构之间套利和合谋的漏洞。而众创空间的扶持政策也存在类似的情况，创客空间大部分并不是以初创创客为主，很多发达地区的国家级创客空间都是以较为成熟的互联网企业为主，这些企业甚至初具规模，但入住创客空间主要是为了获取租金补贴和相关的政策优惠。初创阶段的创客反而入驻有些困难，因为运营主体为了提高项目的成功率和回报率，往往具有很严格的评审条件和选择标准。如在深圳的创客蚂蚁邦，入驻的企业大多具有一定规模，完全已经符合加速器甚至是规模化经营的需要。但为了争取省市的政策，积极涌入众创空间，利用地方的财政扶持资金，节省运营成本。

三　政府购买服务支持大众创新创业的供求对接障碍

政府购买服务支持“双创”必须建立在创客、中小微企业的真实有效的需求的基础上，根据实际需要购买服务，提供供求匹配的一般项目和特色项目。从目前看，一种情况是有需求而无供给，主要是没有推出政府购买服务政策方面的问题。另一种是供给不足与匹配度不高的问题，就是已经出台服务项目的地方政府也存在供求方面的因素影响政策的落地和效果。

（一）项目供给方面的不足

从各地已出台的政府购买服务的主要种类和途径看，大多分为三种类型：一是扶持科技型小微企业的科技创新券，二是中小微企业为扶持对象的服务券，三是综合了科技型企业、小微企业和人社就业服务的创新创业服务券。对地市以下政府本级而言，80%以上政策安排没有落地，也就是说既没有创新券，也没有创业券和中小企业服务券，政策落地的覆盖面情况不理想。

但没有供给，不代表没有需求。而从各地调研的情况看，创客和创业企业对于政府购买服务却有着较高的期待，对各种政府购买服务的政策工具具有较高的认可度。具体情况详见表4－2。

表4－2　　受调查对象对政府购买服务政策工具的必要性认知

服务项目的必要性	法律与产权咨询	检验、检测、认证服务	人才信息服务	研发设计	市场拓展	财务税务	软件开发	网络设施	创业场租	战略管理咨询
完全必要	178	120	145	120	130	154	100	125	171	137
非常必要	72	56	65	92	75	77	62	73	59	64
较为必要	57	111	75	77	72	79	78	77	65	80
一般重要	51	78	78	64	75	60	83	65	71	71
不太必要	40	40	39	37	40	40	52	57	37	43
没有必要	16	12	16	14	20	8	31	20	16	15
完全没有必要	13	10	9	23	9	21	10	8	17	13
样本数	427	427	427	427	427	427	427	427	427	427
较为必要以上占比	0.7190	0.6721	0.6674	0.6768	0.6487	0.7260	0.5621	0.6440	0.6909	0.6581
必要性程度	非常必要	非常必要	非常必要	非常必要	较为必要	非常必要	一般重要	较为必要	非常必要	非常必要

资料来源：课题组问卷调查数据，样本数量为427，经整理。

在调查的十个政府购买服务项目清单中，认为非常必要的占了7项，占比70%。而比较必要为2项，仅仅网络接入服务这项政策补贴工具认为一般。因为，该项目含金量较低，而且属于最基础的公共服务。

从调研的情况看，各地的众创空间，特别是中西部地区的创客们，包括小微企业对于此类的无偿资助或者比例补贴的政策还是十分期盼的，广西南宁的软通动力创客空间、江西汉昀众创空间、云南大理众创空间等多家中西部地区创客平台希望此类政策能够尽快出台。不仅如此，有的公司安排专门工作人员负责此项政策的对接工作。据他们反映，这些扶持政策省一级对接起来较快，反而是市和市辖区的政策对接起来较慢，效率不高。在云南、大理和丽江等地，中小微企业、服务提供者得知省本级将在全省范围推出中小微企业服务券计划，不少中小企业和承接服务机构开始不断地询问和咨询什么时候落地到位，对于一些刚刚起步的创客而言，不论是软件开发的高端需求，财税代理的低端需求，还是租金减免这样的现实需求，对于他们来说“有扶持比没有扶持要强”，且更能带动人气。对于服务机构来说，这是一份非常重要的市场份额，且获得入驻服务机构资格能够为企业带来良好的声誉。在南宁、大理等城市调研中，主管部门和承办机构分析这其中的阻滞因素主要是两个方面：一是等政策，受到上级整体政策部署和安排的影响，但各地方存在等靠要的思想，上级重视我就重视，上级出台我就配套，上级投入我就干活。二是等资金，本地区的科技资金预算紧张，中小企业服务的资金由于已经部署到相关的产业发展扶持中去了，领导还没有提上政府购买服务的日程，资金没有回旋的余地。这两个要素对于地市级来说，就是等领导重视，等省市区一级的政策和投入。

服务项目不足，且缺乏受益对象的普惠性政策衔接安排。不论是座谈和走访的情况看，还是问卷调查的情况看，对政府购买服务政策了解情况反映出一个共性问题，无项目和少量服务项目占据大多数比例。(见表 4－3)

从表 4－3 可看出，认为服务项目偏少的比例接近 60%，认为政府购买服务项目丰富和充足的比例不足 10%，仅为 7.73%。反映出各地政府购买服务的项目落地情况不容乐观。目前各地创新券购买服务内容差别很大，有的只有 2—3 项的传统项目，有的则有 7—8 项，包含比较专业的服务项目，甚至在深圳和广州等地有一些较为高端项目。

深圳补贴范围包括研究开发、产品设计、知识产权、科技咨询、技术检测、检验认证、高性能计算等服务，单个创客补贴额最高不超过10万元。但同时规定，支持范围须是创客在开展创新创业活动过程中发生的合理的、符合市场价格购买的服务项目。这些开支的兑现不是由收取创新券的科研机构，也不是由领券的创客团队，而是由创客所在的众创空间集中申请。这样做虽然服务和方便了创客，也在某种程度上弱化了真实的需求表达。从具体的情况看，创新券购买服务的项目主要是科技服务类，而这些科技服务类的项目比如科技查新、知识产权代理等业务实际上可以纳入公益性项目，由地方政府长期免费供给初创的小微企业。创新券的其他主要服务项目主要是研究开发、技术设计和检验检测等服务。但这些服务的项目难以对接入驻创客空间的创新创业团队。因为，创客中对于大型仪器和检验检测的真正需求较少，而对专用工具和众创平台的专用设备的服务需求较多。尤其是智能硬件和相关工业研发设计的项目，对专业性的众创平台的设施配套服务具有很高的要求。对高校和科研院所的仪器设备的需求相对不如科技型企业的需求高。而这些项目需求往往没有纳入政策扶持的范围，或者无法实现与公共科研机构对接。

表4－3　　　　调查对象政府购买服务项目供给的主观评价情况

服务项目供给情况	无服务项目	少量服务项目	较多服务项目	服务项目丰富	服务项目充足
选择频数	65	256	73	27	6
样本数量	427	427	427	427	427
占比情况	0.1522	0.5995	0.1710	0.0632	0.0141
比例累计	0.1522	0.7517	0.9227	0.9859	1.0000

资料来源：政府购买服务支持大众创新创业的障碍因素与解决机制调查问卷，经整理。

这样一来，导致创客对政府购买服务的整体认同度较为中性。（见表4－4）

表 4-4 调查对象对政府购买服务项目供给满意度评价

对购买服务项目整体满意度	非常不满意	不满意	比较满意	非常满意	完全满意
类别选择	3	72	276	73	3
样本数量	427	427	427	427	427
占比情况	0.0070	0.1686	0.6464	0.1710	0.0070
比例累计	0.0070	0.1756	0.8220	0.9930	1.0000

资料来源：政府购买服务支持大众创新创业的障碍因素与解决机制调查问卷数据，经整理。

从表 4-4 可以看出，对政府购买服务项目的供给非常满意的仅有 17%，而不满意的比例也为 17%；而比较满意的则为 65% 左右。整体满意度尚可，但与创客的期望有很大的落差，其主要是政策覆盖面不高和服务项目的普惠程度不广所引起的。

一方面政策落地的情况不及时，另一方面服务项目与期望的情况有较大的差距。从政府层级的服务供给情况看，有近 40% 以上的省份省本级并没有落实科技创新券政策，也就没有科技创类服务项目。即使是部分省市对众创的服务补贴提出了一些措施，但这些措施只是一些类似的政策宣示，大多无实质性的内容，缺少含金量，在随后的政策执行中往往有落地的难度。大多数地市和县一级政府，没有出台政府购买服务支持“双创”的政策安排，也没有实质性的服务项目，地市和县本级已出台的比例不足 30%。而副省级城市的情况较好，但也有部分副省级城市并没有推出此项政策，只有少量的关于众创空间补贴类政策。如长春、大连等城市相关的政策不如东部甚至是中部地区的同类型城市。各地的中小微企业服务券一般来说提供的服务主要集中在财税代理、创客沙龙活动、人力资源培训等传统项目上，具有一定的普惠性。而在中西部地区，提供服务的机构专业化程度不高，尤其是战略咨询和发展规划服务、市场开拓和电商服务，一般在中小企业服务中心，单列一两个科室来承接此项服务。显然，作为政府机构自己提供此类服务的人员数量和专业性都难以确保。几乎各地的中小微企业服务券的服务项目是一致的，由于大多数城市不具备财力和专业的服务机构，所以对战略咨询与市场拓展、创投融资等高端服务项目没有提供服务，有的地区即使有一定的财力但缺乏专业的服务机构，实际上很难落实和兑现。而有的专门的中小企业信息化服务券本身的制度安排就是一个独立的项目，基本上不能提供给初步孵化的创客团队。但也有部分地区实施的创新创业券政策效仿新加坡模式，综合提供各类服务。这里的服务项目类型较多，基本整合了两类以上服务券的项目，但是这种综合的服务项目仍然以符合产业导向的企业为主，创客团队和初创企业很难享受得到。不少地方在服务项目的设计上比较单一，可供选择的服务提供商不足，且实力不强。

一是由于各地的财力条件不一样，对于政府购买服务的服务内容安排差别较大。目前从已有的服务项目看，多达三大类 30 余项，但由于各地的情况差别很大，实际落实的多则 20 多项，少则只有 2—3 项。有的项目只涉及一些科技查新、科技咨询等最基本的服务项目，几乎提供者就是科技部门自身的下属机构和单位，左手发放，右手收回。相对而言，一些发达地区的地市甚至是县级市，推出的服务项目则较多，基本涵盖了科技创新券的服务项目，甚至在部分地区也涵盖了中小微企业服务券的服务项目。而除科技创新券外，中小微企业服务券也是一个重要的路径，政府购买的服务内容和项目相对来说较为统一，一般在 6—9 个项目。但这些项目主要在财税代理、人力培训、法律援助等方面，高端项目和具有对接众创空间的创客服务项目并不多。有的地方在服务项目上创新券与中小微企业服务券重复交叉。但在实际的操作过程中，能够真正有效对接的项目较少。

二是部分项目供给没有合适的第三方提供者。从各地调研的情况看，即使是推出了众创空间扶持政策的省市，众创支撑平台本身的服务集成度不高，许多中小微企业需要到外面寻求服务。其原因就是各地对小微企业入驻众创空间没有相应的基本公益类服务的创新券和创业服务券的支持，众创平台一般没有能力承接此项服务项目，而是通过与其他第三方服务机构对接，提供信息和中介服务，通过市场运作的方法和途径来解决。入驻创客空间的服务方由于初期的业务量不大，且小微企业在初创阶段需求不大，导致第三方服务项目难以形成基本的入驻规模业务支持。且中小微企业本身申领创新券和中小微企业服务券需要注册为公司，且要正常经营一年以上甚至更长，对于初创者的创客而言，基本的门槛就决定了享受不到服务券的项目。加之中小微企业服务券的申请者较多，范围较大，有的地方只能实行先到先得的申领机制来分配。对于本身从事创新和创业的微团队而言，申领政策项目显得力不从心。因为，一方面创业团队人数很少，大多都是研发和经营骨干，要对接这些项目需要牵扯大量的精力，由此不愿意承担如此高的时间成本。创新券的落地过程中，即使能够申领到服务券，也不一定能够购买到需要的服务项目。如山东省初期的创新券符合申领条件的企业寥寥无几，几乎没有落实和兑现到位。对于小微企业而言创新券申领“心有余而力不足”，“2015 年，财政预拨款 600 万元，实际兑现金额 19 万元”。为了改进这种情况，山东省修订了中小企业的创新券《使用管理办法》，改成为提前拨款预付资金，由省科技厅和财政厅每年 4 月 30 日前预先拨付计划额度给地方后补助资金，对上年的进行决算。“供给方会员和各市财政部门预拨本年度创新券补助及后补助资金，并清算上年度补助资金，多退少补。”这种预拨款机制有助于提高兑现的及时性，但并没有从根本上改变高质量供给方不足的体制性障碍。

服务提供者较少限制了服务的承接。在调研中，我们发现，一个项目即使获得了“创新券”支持，但在共享平台上找不到相应的科研仪器，无法使用“创新券”的情况也是经常发生的。烟台同立高科新材料公司相关人员称：“高校院所入网仪器数量少，成了企业难以使用‘创新券’的另一重因素。”高校和科研院由于大多属于公立机构，其资金和资产管理所受“收支两条线”和“收费资格”的限制，设备仪器宁愿闲置也不愿入网，对外服务会影响本机构的研究进度，造成工作量加大和损耗加快，因此共享服务落地较为困难。不少被调研的科研机构声称，要对外共享服务，需要改造、配套或升级。同时，收费机制和分配机制并不完善，没有系统考虑人工、管理、设备折旧、水电等各方面的成本问题，也让科研院所的科技工作者积极性受挫。山东省实行了通过给予设备仪器共享服务单位年度绩效后补贴资金的办法，调动科研仪器设备共享提供方的积极性。而接受补贴券的单位由于很多是高校和科研院所的单位，由于提供服务涉及资金的收取、税费的结算和成本的分摊和人员的额外补贴等问题，实际上这些机构也参与积极性不高。特别是资金结算一年一次，结算过程漫长，增加了垫付的成本，而不愿意提供额外的服务。此外，这些科研院所和高校实验机构由于是二级单位，许多服务的定价问题和管理问题都需要相关主管机构进行批准和审核，导致在服务供给的选择上出现了程序和管理上的障碍因素。

三是众创空间支撑平台集成度低，其他科技服务平台参与积极性不高。一方面，创客支撑平台建设仍然存在结构性缺陷，在国务院扶持创新创业政策出台之前，我国尚未建立以创业需求为导向的政策发布、中介服务等系统，除了北京中关村、深圳南山、武汉东湖高新区的先行探索外，各地创客公共服务支撑平台建设仍然一定程度上存在功能不健全的问题，尤其是中西部地区部分城市众创服务平台许多服务项目和设施均没有升级配套。一些地区实际上为落实国务院的“双创”政策，推动众创空间发展，只是做一些移花接木的工作。如桂林、南宁只是在原来高新区的高新技术孵化器综合平台内空间进行拓展和延伸，将众创空间和创客团队引入孵化器的众创空间内，依托现有的平台和管理体系来进行管理运作。其他中西部地区城市、部分发达地区的高校都是采取打擦边球的形式，构建众创服务平台，这样可以节约成本，避免另起炉灶，但只能提供一些基本的水电、房租与物业服务，许多专业性的服务和设施设备就难以匹配。据初步统计，我国共有 1600 多家科技企业孵化器，但创业增值服务严重不足：“一些新型孵化器普遍盈利模式不清晰，缺乏可持续发展能力。”相反，各地的高校，特别是以职业技术为导向的高等职业技术类的专业化众创空间和大型企业内设的众创空间的相关专业配套设施，特别是硬件设施投入很大。如在深圳市职业技术学院众创空间，投入的3D打印和机器人等项目设备的资金多达500多万元，就连西部地区的广西工业职业技术学院的众创空间设备仪器投入都多达数百万，发达地区的深圳赛格众创空间的相关智能硬件的设备和专用工具配套较为齐全。但每一个独立的高校众创实验平台，又形成了一个封闭的供给主体，其资源只能给本高校享用和开发。但对于大多数地方政府高新区的众创空间而言，不可能有这么大的投入，同时由于需求的多元化，也不能满足如此巨大专业性设备投入。就算是投入巨大的职业技术教育机构的众创平台，其许多资金预算实际上是在原来的科研和教学经费预算中腾挪而来，且很多跟教学科研密切相关，并不是切切实实的众创投入，而是一种资源的存量整合。

另一方面，共享设备仪器平台服务的供给仍然不到位。创新券对于大多数粗具规模的科技型企业来说是很好的工具。在山东调研时，小微企业负责人坦承："小微企业多数处在发展期，创新券可以节省不少检测费用，这些费用可以用来开展更多的新项目研发实验。"但有的时候，专业服务平台基础设施和配套设备仪器不足，导致企业急需的检测项目等专业化服务项目缺乏支持，在设备共享平台上找不到合适的提供方，只能通过普通市场渠道，以"没有优惠"的价格进行检测。在深圳、武汉、南昌等地的众创平台，入驻的第三方机构都几乎是市场化运作，或者因为没有推出此政策无法申领到服务券，或者由于初创企业资格条件限制申领。在深圳甚至创客申请到科技创新券被闲置放弃，他们竟认为抵扣房租的补贴券更有用。作为科技创新券链条中的供给方，包括平台和载体的创新机构所反映的矛盾主要集中在两个方面："一方面，有意愿无资格，具有一定服务能力但无法接受创新券；另一方面，管理申请成本高于收益，额度不高，兑现起来较为繁杂。"[①] 不少地方为解决科技服务资源供给不足的问题，规定拥

① 毛国峰、王晟、张楚信、王靓雅：《杭州市科技创新券推广现状及对策建议》，《今日科技》2016年第3期。

有政府财政资金购置的科学仪器设备的高校、科研院所及其他企事业单位，也须在省仪器设备网上注册成为供给方会员。这意味着创新券的使用必须要通过相应的仪器设备网络平台来完成。在全国，大型仪器设备共享平台的建设并不完善。目前，仍然相当部分的省、市、区没有建成网络共享服务支撑平台。在上线之初，入网仪器数量少，信息更新速度慢。这也直接影响了企业使用创新券的选择空间。在研发过程中不少项目需每周一检，少数项目甚至需每天必检。有些仪器没有加入共享平台，部分小微企业只能按照市场价格支付，有好政策用不上。与小微企业的热情相比，设备供给方的积极性不高，使得部分开放的专业支撑平台整体处在供不应求状态。山东烟台从 2016 年 3 月开始试点，提高了入网机构服务的补贴力度，开展双向补贴。但就全国而言，目前就科技创新券的使用进行双向补贴的省份较少，副省级城市和地市已经推出创新券、创业券实行双向补贴的城市比例不足 30%。由于大型仪器设备的共享对象大多是国有企事业单位，由于体制性的原因和机制的设计不完善，积极性不高的现象短期内很难从根本上改变。

（二）满足需求方面的普惠制和选择性存在矛盾

不论是创新券，还是创业服务券，面临的基本矛盾就是如何找到供求之间的平衡点，发挥政策工具的最大效用。如果实行较高的申报资格条件，则政策的受惠面狭窄，服务项目无法落地；如果实行普惠制，则会出现一票难求，资金和能力不足以保障。因此需要找到一个很好的平衡点，让真正迫切需要的小微企业和团队获得项目，有效发挥财政资金“四两拨千斤”的撬动作用。创客需求的多维性与供给的结构性矛盾在实际的运作中始终是存在的。从广义上讲，创新创业者包含的主体十分广泛，因此需求是极其丰富和巨大的。而从狭义上讲，进入众创空间和各类孵化器的创客团队和大学生则是创新创业相结合的主体，是创新创业的生力军。这些入驻创客空间的团队，一部分是已经注册为公司的小微企业，其中有一部分是科技型小微企业；另一部分则是没有注册公司的大学生创业团队和其他社会创客个人。这些创客的需求是多维的，跟农民工返乡创业和其他主体的创业有着较大的不同，他们是兼具创新和创业的双重特征，同时他们是风险较高的创业行为。正因为如此，他们的需求是多维的，不仅包括类似中小微企业的服务项目，也包括科技服务项目，甚至包括资本融资和风险投资扶持项目。因此，需求的多维度与供给的服务项目的有限性构成了矛盾。即使创客团队和小微企业对需求方面有明确的表达，而且这些需求也符合予以资助的条件。但从实际的情况看，有限的财力资源和庞大的实际需求之间存在较大的资金缺口和供求矛盾，导致科技创新券和中小企业券一票难求的局面。

从图 4－7 可以看出，创客需求每一类项目都有较高的期望。其中，租金减免、财税代理、管理咨询、市场拓展服务是目前供给不够不到位的服务项目，说明创新创业的需求满足情况并不理想，现有的服务项目有一定的资源错配，尤其是一些基本的公益类服务和补贴并不到位。而法律咨询、检验检测和研发设计、软件开发则并不是非常的迫切，它主要针对的是科技型企业。相对而言，大多数创客可能对此需求不如科技型中小企业那么迫切。

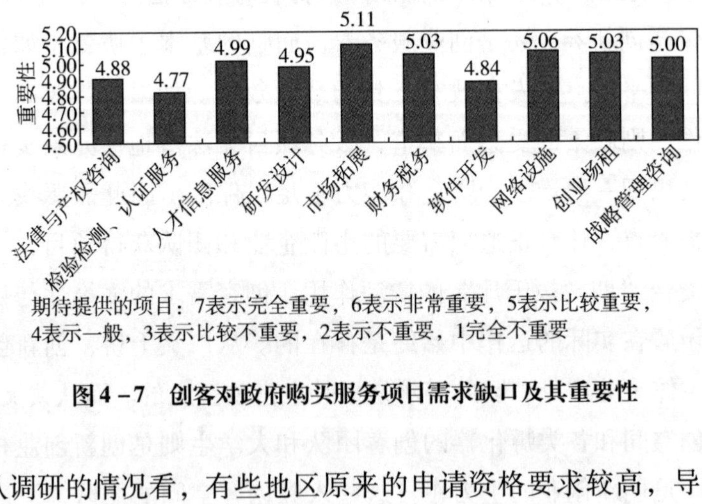

图 4－7　创客对政府购买服务项目需求缺口及其重要性

从调研的情况看，有些地区原来的申请资格要求较高，导致创新券派发不出去，项目资金使用没有办法完成预算，山东、湖北、江苏等地的城市就出现这种情况，后来在支持创新创业的政策背景下，适当放宽了申请条件，孵化器等众创支撑平台也可以申请服务项目，导致了需求的乘数放大，结果供给的创新券远远不能满足需求。有的地区对创新券补助的范围也做了明确规定：除科技企业外，已入驻设区市级以上科技行政管理部门备案的科技企业孵化器、互联网孵化器、大学科技园、众创空间，尚未注册企业的创业者也可以申请创新券。随着拓展受惠的范围，巨大的服务需求缺口也就产生，难以真正做到落实普惠制。在南京也存在这样的情况，由于一开始门槛较高，而且限额申报，导致最终有 600 万元的预算没有申领，申领之后有 100 万元的创新券没有使用。后于 2017 年调整政策，实行普惠制，申请企业普遍增多，但扶持的额度在资金规模既定的情况下大大摊薄了。

少数地方政府出台的服务供给政策具有一定的模糊性。因为资源要素和其他要素并不充裕，地方政府要求保证资金投入与产业发展导向相一致，只是鼓励市县自主确定创新券的支持范围，各地则优先支持在各类创新创业大赛取得名次的企业和创业者，省级以上科技企业孵化器、大学科技园、众创空间、孵化器内在孵企业和创业者。这样规定实际上大大限制了政策的普惠范围。宿迁在支持对象上，加大对重点企业和公共服务平台的支持力度，在支持方向上，针对重点产业发展方向，重点扶持解决产业发展的技术瓶颈，有针对性地引导企业进行攻关。这样的产业导向限制了范围，非重点产业的创客行为的扶持力度就会减弱。有的地方还规定，创新券支持对象为小微企业和创业团队，同时可选择 1—2 个重点领域进行重点支持。但只对其与指定科研机构和实验室围绕科技创新开展的测试检测、合作研发、委托开发、研发设计、技术解决方案或购买新技术新产品（服务）等科研活动给予资助。不少主管部门的专家反映：创新券支持科技创新而开展的科研活动，其科技创新活动范围的界定成为一个非常棘手的技术活。如果界定严格，申报者的积极性就会降低，支持面下降；如果界定非常宽松，则会出现虚增科研投入的现象，放大了创新券的补助需求。

缺乏有效的需求表达机制也是一个较为普遍的问题。虽然各地在创新券和服务券等政策落地后，会及时进行政策评估，但实际上由于创新券、中小微企业服务券等扶持的项目和内容基本是固定的。要么不调整，要么是每次象征性地调整。创客需求跟踪回访的较少，效果评价的频度和质量均不乐观。在政策出台前，地方政府没有广泛征求意见，缺乏建立需求表达的渠道对“双创”团队的实际需求进行了解摸底。大多数城市政策的出台，一般是模仿和借鉴某个发达国家或者发达地区的做法。这种政策模仿有时候不能够符合当地的实际，不是基于创客真实需求表达基础上的一种供给。

由于政府购买服务支持“双创”是无偿性的补贴制度，受益者等于免费享受了政府购买的服务。对于科技型中小企业和创客团队来说，这是一项专门的惠民政策。但对于没有受到资助的创客来说，等于政策的实惠没有普及他们身上。中西部地区的创客们普遍认为，这些实惠只是给那些高大上的项目支持，支持了那些有实力甚至是发展条件很好的科技型企业，并不是支持了那些急需服务的初创者的身上。从南京、宁波、黄石等市调研的情况看，评审机制和申请条件的设置影响到政策的受惠面。一些地方要求申报创新券的单元必须是科技型小微企业，而且必须有一定的经营年限。而竞争性的申请机制实际上成为类似的“选美比赛”，因为涉及专家评审，一般情况都是条件越好的评分越高，这样一来，创新券就成为助强不扶弱的一种补贴项目，形成了“马太效应”。而不少真正需要扶持的小微企业不能够享受到补贴。为此，有的城市改革申报机制，改由区级政府分配申报名额，这样一来能够解决区域之间的不平衡问题，但仍然存在优中选优和助强不助弱的问题。随后，有的城市通过实行普惠制的方法来完善这一政策，但普惠制的政策由于扶持的经费是有限的，这样一来导致单张扶持的创新券补贴额度一降再降，支持强度受到非常大的影响。由于区级和其他基层政府不愿意配套资金，且大部分市级政府没有配套资金的要求，导致资金和经费预算的紧张局面很难得到根本缓解。

从众创空间的扶持和补贴政策看，也存在一定的“马太效应”。从省到市再到区县级政府，都有一定的认定标准，按照既定的评估标准来确定补贴水平。有的则根据需要进行运行情况的综合评估，来确定下一年度的补贴水平，这样一来有一定财力和技术水平的众创空间，能够备案为国家级和省级平台拿走了绝大部分的补贴和奖励。而一些实力不够强的地市级以下的众创空间，补贴水平较低，甚至拿不到补贴，导致难以为继。即使是在北京等地，雨后春笋般涌现的众创空间，很多缺乏清晰的盈利模式和政策扶持措施，有的已经举步维艰，在北京西站附近的摩尔创客公社，调研时发现，缺乏政策扶持和资金项目，不到 2 年时间已经名存实亡。而中小企业服务券的受惠者也大多与地方产业发展方向和偏好有关，往往资金补贴是做“锦上添花”的事情，而不是“雪中送炭”。如在湖北省黄石市，将资金高度集中扶持小升规冲刺阶段企业，而不是初创的小微企业。从发达地区的情况看，民营的众创空间占主体，即使是深圳，赛格众创空间也是国有企业的管理主体。这些平台的补贴水平相对较高，政策对接不错，但实际上政策受惠面并不高。而不少民营的创客空间对于运营补贴的水平并不高，整体都靠市场化运作来维持。而中西部地区而言，大多众创空间要么依托在科技局、人社局主管的机构之内，或者高新区和开发区的孵化器内，这些孵化器受到政府的政策对接和扶持，营运费用在政府的直接扶持下予以解决，而一些民营的众创空间本身的实力弱，投入不足，又缺乏人才特别是高端项目的入驻，往往政策优惠难以享受到。在江西南昌北大科技园创客空间，红谷滩新区民办的汉昀众创空间均表示创客空间主要补贴来自区级政府的奖励，而且期限一般在 2 年以内，受访者对于众创空间的持续性普遍表示担忧。而在另一个地市，抚州市众创空间，其办公场地由科技局老办公楼改造而来，装修和运营由第三方的公司运营，尽管抚州市给予了一定的奖励和扶持，要求两年免租、三年减租，但实际上迫于成本压力，众创空间还是收取一定的租金，将优惠政策打了折扣。

从服务的质量评价看，少数地方对创新券的服务提供商进行评估和满意度评价。如上海申请取得创新券的创客可以对接收单位进行投票，投票规则：“每个微信每天能投 10 票，每天可为同一企业投 10

票，票选结果将作为后期优秀服务机构评选分数的一部分计入总分。”但从实际调研和访谈的情况看，绝大多数政府创新券和中小企业服务券的管理机构并没有及时对服务提供者进行绩效评价，也没有组织申请服务的中小微企业进行座谈，购买者和服务提供者之间没有进行交流和沟通。南京市科技部门有关负责人坦诚地说，创新券实施3年多来，并没有组织对服务提供者的服务满意度评价，也没有对服务需求进行调查和摸底。其最重要的原因就是，企业的需求项目有很多类型，有些服务项目即使属于科技类型的范围，同时还必须符合当地的财力承担条件，且与本区域内的服务提供者的实际能力匹配。这样一来，服务项目的类型往往还要跟往年的科研项目预算对接，便于原有的科技经费预算之间的切割和腾挪。如果组织相关绩效评价会增加部门工作量，且也很难对现有的项目作出重大调整，因为资源和技术供给受到各种主客观因素的限制。而作为供需对接的重要平台，不少省份尚没有建立，或者平台的知晓度和使用率不高。对于小微企业而言，技术人员较多的企业对申领创新券兴趣不高，因为申领的成本和代价较高；规模较大的企业则呈现出两种情况，数额小则不感兴趣，数额大且持续性高的则安排专人专门对接。总体而言，欠发达地区对创新券和中小企业服务券的兴趣较高，但实际上扶持力度和覆盖面都较为有限。有部分企业认为创新券补助额度太低，补助范围比较窄，积极性不高，希望能够“拓宽补助范围，提高补助额度”①。

需求与供给的对接存在有效衔接问题。从调研的情况看，主要是三个方面：一是专业型需求的匹配度不高。尤其是中西部地区缺乏高端创客技术服务平台，创客团队许多项目具有专业性、个性化的服务需求，如高性能计算、战略策划与分析测试等服务项目对于目前的大多数城市而言，不论是孵化器本身的实力和配套能力，还是当地的科研设备设施条件很难进行匹配，而专业化的众创空间又由于财力有限

① 毛国峰、王晟、张楚信、王靓雅：《杭州市科技创新券推广现状及对策建议》，《今日科技》2016年第3期。

和资源不足，在缺乏政府大力补助的情况下，是很难匹配专业设备和专用工具的实际需求的。二是政策重点策略导致普惠的需求满足面不大。由于政府购买方服务政策的无偿性质，必须有选择性地予以资金和项目扶持，受益面较窄，而且出于发挥有限的资源使用效益的考虑，大多数具有不确定性的创客团队的项目就可能得不到支持，这也就是偏离了政府购买服务支持创新创业的初衷，因为创新创业本身具有很高的风险和不确定性，只是扶持少数高大上的项目就难以真正激发创新创业的众创性。三是缺乏持续有效的需求表达机制和渠道。地方政府主管部门对服务项目确定后，一般一年调整一次甚至多年才调整一次。而对于创客团队的新需求来说就是一个漫长的回应过程。为节省时间成本，不少中小微企业创客团队只能从市场购买服务。而入驻或者进入政府购买服务清单目录的第三方机构往往是在当地的科技型服务企业和当地的中小微企业服务单元。由于只能在当地选择供应商和服务者，许多高端的服务需求不能得到满足。对于这些第三方服务的提供者，必须要纳入当地主管部门的服务商名录，而这些纳入服务提供者目录的机构等于形成了一个既得利益团体。其问题就是在定价和服务的效率方面与完全市场竞争的情况相比，可能会出现质次价高和差强人意的现象。但也有少数地方规定可以在外地使用创新券，如上海、甘肃、江苏宿迁等地规定创新券接收机构为省内外从事各类科技服务的机构单位，能够为省内中小微企业、创新创业团队提供专业的科技服务。目前而言，由于兑付和管理上的困难，大多数地区尚没有落实全国通兑的政策，即使是上海也是限制在长三角等很小的区域范围内。

从表 4 –5 可以看出，调查对象对政府购买服务的提供方式有着不同的认知。但整体而言，对现有的提供方式中，政府通过安排第三方提供服务的比例达到 40%，而对其认可度为 3.20，仅仅高于政府自己经办服务的认可度。而向创客发放凭单购买的认可度为 3.37，属于认可度最高的一种提供方式，但其实际上实行的比例不高，仅为 24%。其他如政府部门自己经办服务项目在中西部地区也是常见的，但比例和认可度均属于最低的层次。

表4-5 调查对象对现有政府购买服务提供方式的评价

购买服务方式 有效性	创业通券 自主选择	安排第三方 提供服务	向众创空间 整体购买	向创客发放 服务凭单	政府自己 经办服务
频数	115	171	155	104	106
样本数	427	427	427	427	427
比例	0.27	0.40	0.36	0.24	0.25
有效性评价均值	3.34	3.20	3.30	3.37	3.06
有效性程度	较为有效	较为有效	较为有效	较为有效	较为有效

资料来源：课题组问卷调查数据，经整理。

有的省、市为提高服务提供者的服务积极性和服务质量，把开放共享情况纳入省级创新载体评价，评价结果向社会公布，并作为科技条件建设的重要依据。但从实际的调研的情况看，一半以上的副省级城市和地市并没有就科技创新券和中小微企业服务券的服务内容、服务满意度和服务的质量等展开绩效评价，也没有就此为依据对服务提供者优胜劣汰。只有少数地区有类似的监督和评价活动。天津市财政局每年对创新券工作情况进行评价，利用评价结果优化下一年度创新券发放规模、额度及重点支持方向等进行调整。山东采取了停止政府资金扶持等措施约束拒绝提供开放服务的公立科研平台，对省级创新载体开放共享情况进行激励。但实际上，由于科技创新券和中小微企业服务券的类型和项目已经相对稳定，调整和优化的空间较小，受到的制约因素和条件较多，短期难以有更大的作为。

四 政府购买支持大众创新创业的技术与流程障碍

主要是政府购买服务支持创客创新创业的资格条件设置、项目申报流程、服务供应商筛选、网络服务平台运作与管理对政策落地的障碍因素分析。

（一）创新、创业服务券管理平台系统建设滞后影响政策落地

由于政府购买服务支持大众创新创业是地方政府的可选项目，不是必选项目，且各地对于科技服务网络平台的构建上起步不同，网络平台建设水平有很大的差异。

一是中小企业服务综合网络信息平台整合度不高。在管理平台系统的设置上，有的地方建立了省级统一管理的综合网络服务平台，有的建立了市级信息平台，甚至个别地方建立县级管理平台系统。其中，中小企业管理服务平台一般要好于科技创新券的服务平台。但仍然有不少地区的统一的网络技术平台处于尚未破题的阶段。还有部分地市虽然推出了创新券管理服务，但仍然依托的是非网络技术平台的传统管理手段，依靠处室行政部门来人工操作和审核管理，各种信息在不同的部门和层级之间流转，形成了漫长的公文旅行。大多管理系统是在推出服务项目后，才开始建设和完善的，存在一定的滞后性，而且系统本身修补和维护也造成了业务流程的受阻，增加了申请服务的科技型小微企业的不良体验。个别地方甚至是副省级城市的政府购买服务政策出台后，由于管理网络平台没有完善好，反而发生政策落地等待技术平台完善的现象。有些发达地区也没有推出相关的政府购买服务的网络技术综合服务与管理平台，仍然存在着手工操作、纸质文本的传统管理模式。青岛等地方创新券政策已经出台，由于网络运营平台没有搭建好，推迟了实施的时间和兑现的期限。在调研中，南京有关主管部门反映，由于现有的机关的门户网站本身的流量和功能已经饱和，已经无法嵌入新的创新券管理系统，这样强行嵌入会导致现有平台系统出现崩溃的严重后果，而新开发和升级系统独立运营，就需要进行政府采购，这样的系统还需要安装调试、人员培训，这样一来整个技术维护和申报系统暂时只能让位于传统的管理模式和申报模式了。而也有技术网络平台不完善导致业务手工操作甚至大面积返工的现象，如昆明市跟云南省同步建设中小企业服务网络平台系统，但实

际上由于试行运作，设置的条件不科学，导致申报审核复杂困难，最后放弃网络系统而实行手工操作，导致最后中小企业服务中心全体加班 3 个月才完成申报和评审任务，影响了中小企业服务券的发放和使用。

即使已经实行网络集成平台的系统，各地政府层级之间也是各自独立运行的居多。也就是说不同的政府层级的服务项目不是通过一个统一的账户平台进行申报和结算，而是在不同的政府网站和平台系统上进行分别申报和兑现，这样一来，会出现对接不同的技术网络平台带来的资料和证明材料的多头提交和信息不对称、不共享的问题。广东省的创新券项目不覆盖深圳市，而深圳市的创新券项目分为市级和区级两种，市级和区级的服务项目在各自的平台申报，深圳市南山区创新服务券在“南山科技创新在线”平台预申请，而深圳市本级则是登录深圳市科技业务管理系统在线填报申请书。两级系统不在一个网络平台，而且彼此之间的业务几乎独立，而不是彼此相互联通和作为一个子系统嵌入一个整体的系统。就全省而言，广东省的创新券项目则没有将深圳纳入扶持范围，省级创新券则没有建立独立的网络平台，也不直接对企业发放创新券。省本级对已开展创新券补助的地市实行额度分配，省政府批复后再正式拨付资金兑现给各试点县市，由它们根据实际来管理和发放。

二是技术服务平台之间互动不畅通，缺乏科学的供求匹配机制设计。大多数地方政府的中小企业服务平台和科技服务平台现有的网络服务系统，缺少购买方、服务方和申请服务方的三方科学互动机制设计。三者之间的信息沟通没有有效的平台进行互动，申请方只能查阅到的是服务的项目和提供商的基本信息，而对这些服务商的评价和服务质量信息一般都没有及时更新。而且由于需求表达机制的不完善，导致实际的科技服务项目、中小微企业服务项目等跟实际需求之间的匹配机制存在着脱节。

已有的服务平台虽然可以查询到基本的服务信息，但实际上仍然不够具体细致，且大多局限于高校和科研院所的仪器设备，这些入网的设备和仪器本身数量有限，且由于体制和机制的原因，入网的积极性不高，在网上平台进行信息更新和信息互动的情况较少，不利于创新团队和科技型小微企业进行及时沟通和购买服务项目的比较和选择。而其他服务类项目，由于只公布了服务提供者的目录，而其他详细信息均很难进行甄别和比较，加之缺乏及时的评价淘汰机制，导致需求方与供给方的信息不对称，一方面，有的服务项目和仪器设备长期闲置，不能够进入综合服务平台，造成资源不能够高效利用。另一方面，创客和中小企业却找不到匹配的服务项目，不愿意进入平台寻求合作伙伴。

（二）网络服务平台投入的成本较高，投资建设与维护成本高难以成为基层政府决策的优先选项

网络技术平台运作的操作存在一定的专业性，需要大量的成本投入，也需要较高水平的专业团队进行管理和维护。目前的政府购买服务支持创新创业的管理平台有的是作为一个事业单位独立运营，有的是在相关管理处试运营，还有的则是由第三方技术网络平台进行承接购买服务的形式来运作。个别地方主管部门注册一个服务机构，由该机构进行市场化运作。如大理州中小企业服务中心是市场化运作的机构，而昆明市则是事业单位性质。不同地区运作方式不同，且同一地区的不同市县管理运行机制也不一样。整体是省级和副省级城市是通过主管部门下设事业单位的形式来运营，部分通过购买网络平台的技术服务来运营。而地市、县区一级一般而言都是设置一个社会团体或者市场机构来进行运作和管理，每年拨付一定的经费来维持。不论是哪一种方式都涉及大量的资金投入，需要对网络技术基础设施和软件进行完善，需要大量的人力、物力和财力。对于大多数非发达地区的城市而言，是一笔持续的资金负担。因此，绝大多数地区和市县是作为备选项，而不是优先选项来对待网络技术平台的建设和维护的。由于各项管理平台在网上运行，如果购买服务不具有可持续性，则网络技术平台的维护和专业人员的服务就成为一项较大的负担。而由于

各地在推出创新券的过程中存在探索和尝试性，原来并不具备这一平台，一次性投入的沉淀成本较高，尤其是需要单独设立网络技术平台则需要新建投入。如果在其他网络系统中嵌入管理平台，这项工作的专业性较强，兼容性和稳定性都存着风险，其建立、运营和调试都需要比较长的时间。因此，各地推出创新券的同时，网络平台建设出现不同步、不完善的现象大量存在，使有关的政策落地进程受到阻碍。

对于大多数创客服务平台而言，同样也缺乏专业的人士来负责代理申报和相关手续，大多数创客空间的管理服务人员都是最近两年新入职的大学生，缺乏相关经验和技能，许多工作适应网络平台的运作需要专门的培训和长期的经验积累。而实际上，众创空间服务人员只是在平常的运营之中进行的一些物业类管理服务。有些较发达的地区的创客平台由入驻的第三方服务机构提供公益类服务，但由于性质和条件不同，科技创新的服务项目不可能在入驻的地方服务机构中提供。因此，相关的网络平台的代理服务也是较为缺乏的。对于大多数中西部地区而言，许多众创空间和孵化器本身就是较为简单的一个物理空间，网络系统和各项软件设施都没有配套起来。甚至许多政策项目的对接都不够，因此企望孵化器和创客空间等众创平台来弥补技术平台造成的障碍，减少创客团队和中小微企业的时间成本和技术障碍，仍然需要对服务支撑平台进行硬件和软件的升级完善，对服务人员的专业化培训。这里需要较大的投入和较长的时间。

（三）流程复杂，增加了交易成本，降低了创客团队参与的积极性

从各地实际情况看，政府购买服务大多数立足本地的基本财力，选择可供选择的项目，根据可供选择的本地服务提供者，限定服务提供者的范围。然后对中小微企业和科技型中小企业进行项目开放。而对于提供者适用一套标准体系，对服务的申请者适用另一套标准体系，

两者之间在筹划和执行过程中缺乏良好的平衡机制，这两者之间的规程体系运行的结果往往导致供需失衡，要么需求过多，无法满足，导致一票难求的现象；如武汉、南京等地；要么供给充裕，但少数企业能申报和享受服务，出现无法使用兑现的情况，如山东和武汉前一阶段的创新券政策。在申报的程序中也存在大量的冗余环节，存在不必要的材料提交和审核的程序要求。而在兑现环节又对服务提供商设置较多的审核条件，而且需要双方之间同时提供有效的证明资料，导致服务过后的协调和沟通成本加大。

不论是创新券还是创业券、服务券，由于申报补助和奖励，需要提交很多的资料，走完十几项流程，后续的检查和评审要求较为严格，制约了申报服务项目的积极性。不少的地方曾针对套领冒领创新券和科技补贴的问题进行了查处之后，都对程序和条件进行了严格的规范。这样必然导致审核程序的更加严格细致，也就增加了申请的时间成本。而同时，有的地方政府要求根据需要对创新券、中小微企业服务券的使用情况还要跟进管理，在服务兑现之后，有的要对服务质量和满意度进行评估，申请兑现的过程流程复杂，成为分散精力和耗时费力的事项。不少创客团队对此类项目申请的积极性不高，而宁愿通过市场的渠道去获得相关的服务。不少企业对于繁杂的流程和将要付出的时间成本望而却步，尤其是刚刚创业的创客有的只有1—3人，主要做研发和市场，根本就没有精力申报，也不愿接受后续的评估和过程监督。有关调查发现："只有12%的企业使用过创新券，主要集中在年研发投入500万元以下的中小企业。"[①] 调研的过程中我们还了解到，虽然管理规范和操作流程方面的因素并不是主要的障碍因素，但仍然制约着制度的高效运转，提高了小微企业的交易成本。

从表4－6可以看出，服务程序和手续繁杂是影响政策落地的重要因素，其影响程度中较高的评价为58%，而"缺乏需求表达的渠道"则具有相对较高的影响评价，占比为52%，位居第二。"缺乏

① 毛国峰等：《杭州市科技创新券推广现状及对策建议》，《今日科技》2016年第3期。

政府与创客和服务商三方互动”在整个流程因素中居于最后一位，仅为47%。

表4－6　　调查对象对购买服务政策落地的技术流程因素影响评价

影响因素与程度		无影响	影响很少	影响一般	比较有影响	非常有影响	较高影响程度占比
政府规范不具体细致	频数	13	44	165	102	103	48%
	占比	0.03	0.10	0.39	0.24	0.24	
服务程序和手续繁杂	频数	5	29	145	138	109	58%
	占比	0.01	0.07	0.34	0.32	0.26	
服务项目单一可选择性不强	频数	15	39	160	126	88	51%
	占比	0.04	0.09	0.37	0.30	0.21	
缺乏需求表达的渠道	频数	7	40	160	132	88	52%
	占比	0.02	0.09	0.37	0.31	0.21	
缺乏政府与创客和服务商三方互动	频数	16	41	168	110	91	47%
	占比	0.04	0.10	0.39	0.26	0.21	

资料来源：课题组问卷调查数据，经整理。

一是存在申报的流程较长，提交的材料繁杂，且消耗较多。目前由于大部分地区的政府购买服务的创新券、服务券、创业券，一般申报时间窗口一年一次到两次，从申报、领取、使用到兑现时间流程跨度很长。不仅如此，由于创新券的管理主体和其他服务券的管理主体不同，适用不同的程序流程，提交的材料和要求不一样。多的需要达20余项材料和证明材料，少的也要7—8项材料。在深圳福田区的华强北创客之家，创客在交流时反映，申请租金工位补贴和其他服务项目时，由于提交材料耗时费力，就放弃了申请补贴项目。从受访的对象而言，67%的小微企业反映流程多、程序复杂，费时费力，增加了企业的人力成本。而由于创新券不能抵扣工位租金补贴，有的创客团队申请到之后干脆放弃了使用。各地操作流程与步骤见表4－7。

表4－7　　各地创新券实际操作流程和步骤一览

步骤	主要操作流程与内容
(1)	注册：符合资格的中小微企业注册成为用户
(2)	确认是中小企业还是尚未成立公司的创客团队
(3)	通过网络平台完善用户信息，包括企业和团队的基本信息
(4)	在网上完成企业和团队的申请信息和需求信息
(5)	申请创新券的申请表，进行相关的论证和提供信息需求
(6)	申请创新券，包括申请的种类和金额
(7)	填写项目信息，在网络平台公开，并进行匹配
(8)	与专业服务机构进行沟通和洽谈，签订相关服务协议，有的地方规定必须是入网的提供者
(9)	由推荐机构推荐申请信息，由于创客团队没有相关的众创平台推荐，各市县区的科技主管部门负责推荐本县区的额度
(10)	推荐机构审核创新券，对符合资格的企业进行评审，并确认是否资助和资助额度
(11)	网上提交合作协议和合同，绑定创新券
(12)	合同完成后，凭有关凭证进行兑现

资料来源：各地政府购买服务的流程实施办法，经整理。

其他地区的流程规范大同小异，但流程漫长、公文旅行、费时费力是共同的特征。

二是资格限制较为严格，申领兑现环节协调成本较高。由于不少地方规定，兑现创新券需要提供方和需求方双方的材料，甚至需要同时进行网络平台的申请操作和提供相关的证明材料，有些大型的科研院所和高校科研平台往往没有精力和时间来进行此项工作。涉及异地服务受理的，则兑现流程和交易成本大幅度增加，有的地方要求接受创新券的企业和第三方机构来本地兑现，本来资金就不多，来往交通和人员成本就不止这些补贴额度了。不仅如此，由于政府购买服务使用的财政资金，相关审核流程漫长，由于涉及资金的安全，审核也是十分严格规范，要交易双方到指定的机构、指定的账户、指定的平台领取，这些也增加了交易成本。不仅需要进行线上申报，还需要填报各种表格资料，提交各种纸质证明材料。而申请的时间限制在半个月左右，逾期不再受理。不少地方规定创新券的使用期限为当年内使用，如苏州规定创新券使用周期为一个自然年度，过期自动作废。但也有一些地方规定在一个周年的年度范围内，可以择机使用，也就是可以跨年。但不少地方又规定，创新券要一次性使用，不能分割使用，理由就是避免导致创新券的额度分为多次兑现，增加审核和申报的次数和重复的流程。

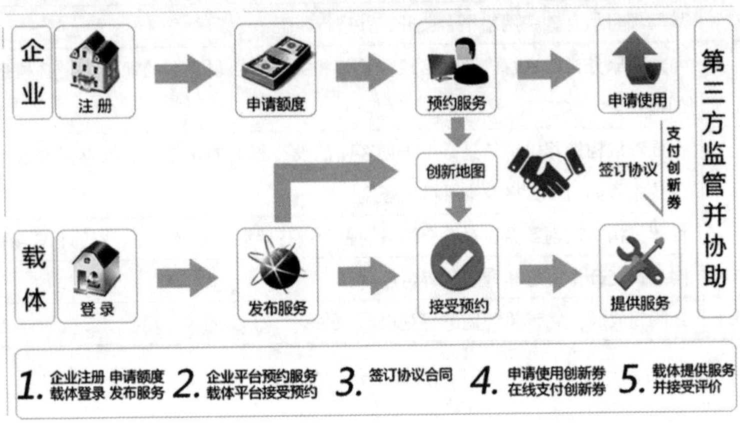

图4-8　深圳等市科技创新券申请、审核与兑现流程图

以检验检测项目的大型仪器设备服务为例，通常情况下，用户会员通过网上管理平台预约使用供给方会员的仪器设备，并按协议约定送检样本，按时支付扣除创新券以外的其他费用；供给方会员按协议提供测试结果，并依据省级创新券补助标准，相应核减用户会员服务费用。对此，现实的矛盾是其平台规模大小，较大程度上限制了创新券的使用范围。目前大部分城市创新券支持的范围主要是测试检测、合作研发、委托开发、研发设计、购买技术方案等与创新相关的活动，创业孵化、人才服务、科技金融等相关服务内容少，尚不能满足科技型中小企业和创新创业团队对于创新服务的多样化需求。另外，大部分城市创新券的接受对象设定在本地平台科技服务机构，对外地购买科技服务不在支持范围内。对此，多地在探索推出新一轮政策调整以

便尽快解决这些难题。比如，京、津、冀三地的科技部门正积极研究相关办法，努力促成创新券政策的互认互通。目前的情况看，少数地方如天津、江苏、上海等地对服务的提供方范围进行了局部放开，也就是可以在指定的上海、南京、北京等地选择创新券的接收方——公共科研与技术服务机构。有的地方要求服务接收方来进行兑现结算，由于服务提供方不在当地，申请兑现成本过高，严重制约了外地供给方接收创新券的积极性。为此，有的地方开始接收创新券由购买方凭相关合同和凭证兑现，但增加了审核的难度和被欺骗冒领的风险。从现实的情况看，创业券和服务券各地大多限定服务提供者在本地的范围之内，大大限制了服务提供方的专业选择性。同时，由于中小微企业服务券的接收方提供的服务一般都是初创企业的低端代理服务，由此一些高端的增值服务想要异地进行采购则需要制度设计和优化。

五　政府购买服务支持大众创新创业的资源保障障碍

政府购买服务支持“双创”的长效机制尚不完善，相关的资源保障和制度安排还存在短板。

（一）政策资源与制度安排缺乏长效机制

从调研的情况看，随着时间的推移和政策窗口的不断开启，各地的政策的落地情况逐渐开始好转，且呈现不断拓展之势。但在多维度的政策系统构建上仍然存在以下问题：一是缺乏系统的政策设计来推动政府购买服务支持创新创业。从制度构建的维度看，包括国家和地方“双创”实施意见、创业带动就业意见等政策对政府购买服务的项目资金缺乏明确；从众创支撑平台建设的政策维度看，在《众创空间发展意见》、《众创空间扶持和认定办法》、支撑平台《建设意见》上，对政府购买服务支持没有具体的制度安排；从责任落实维度看，缺乏专门的机构和责任单位负责厘定服务种类、服务范围和服务提供者等具体的政策工具与组合设计；从“双创”资金预算与保障的维度看，缺乏统筹创新券、服务券、创业券等种类、资金来源、预算安排等基本的保障制度。更为重要的是，缺乏明确具体的责任机构和责任实现形式。从以上多个维度看，目前地方政府的政府购买服务的制度设计系统性不强，制度相互强化和资源可持续保障机制不多。

从调研反馈的实际情况看，各地出台扶持众创的政策较多，但实际上从制度上保障政府购买服务支持“双创”的较少。且各级政府的《创新券管理办法》与《创客空间管理办法》《创客空间扶持办法》《中小微企业服务券管理办法》的相关制度和机制存在不衔接、不配套等问题。早在 2015 年中国科协对政府支持众创空间和创新创业的政策，组织进行了一次第三方公开评估，认为虽然在整体上“双创”政策得到地方政府的高度重视，也出台了不少政策，但是参差不齐，存在不少突出的问题。“部分地方在落实政策过程中出现求急、求快、求数量等现象，存在把数量当政绩、挂牌子走形式等问题。”[①] 有关主管部门也认识到，政府“双创”政策落地面临的尴尬情况。这其中也包括政府购买服务方面存在的问题方面存在政策缺乏系统性，落地性较差的现象。“总体来看，政策交叉重复多，缺乏顶层设计，有的政策可操作性、落地性较差，改革性举措少，一些政策执行程序繁杂，传导时间较长。”[②]

从表 4 - 8 可以看出，缺乏顶层设计是导致政府购买服务支持创新创业的最大的政策不确定因素，占比 55% 的受调查对象对此表示担心或者信心不足。而认为缺乏操作细则和部门之间的协调会影响政策的执行和落地的受访者，也同样占比超过 50%。对于经费预算而言，此类担心相对而言较低。受调查对象认为，只要有明确的政策安排和顶层设计，资源保障对于地方政府来说只是一个次要的问题。

---

① 李平：《让政策落地生根 让“双创”释放活力》，《财经综合报道》2016 年 10 月 31 日。

② 国家发展和改革委员会：《关于大力推进大众创业万众创新若干政策措施的意见的背景材料》，2015 年 6 月 5 日。

表4-8　调查对象对购买服务的制度保障的评价情况

制度因素与影响程度		无影响	影响很少	影响一般	比较有影响	非常有影响	较高影响以上占比
缺乏顶层制度政策设计	频数	22	35	134	119	117	55%
	占比	0.05	0.08	0.31	0.28	0.27	
缺乏规范与操作标准	频数	12	38	161	137	78	50%
	占比	0.03	0.09	0.38	0.32	0.18	
缺乏部门之间协调机制	频数	12	33	168	121	93	50%
	占比	0.03	0.08	0.39	0.28	0.22	
缺乏预算经费制度安排	频数	23	39	158	134	73	48%
	占比	0.05	0.09	0.37	0.31	0.17	

资料来源：课题组问卷调查数据，经整理。

一是从中央政府的制度安排来说，相关文件有明确的要求，但没有进一步的具体的配套政策跟进。中央政府对于政府购买服务支持创新创业的形式和途径并没有科学的顶层设计，对于创新券、创业券、中小微企业服务券等没有一个统筹的制度安排。这样一来，地方政府只能根据自身情况来“看菜吃饭”“量体裁衣”。不仅如此，在对扶持众创空间和规范管理方面，科技部虽然出台了相关的《众创空间操作指引》，但实际上只是一个指导性文件，没有严格的约束性，各地均有自己的一套办法，为政策的变通执行提供了空间。且其中也没有明确对众创空间包括后来的星创天地的政策扶持措施，或类似一个指导性的操作方案。而且由于众创空间有文创类、就业类、工信类、农业类等多种类型，而且对于政策扶持的要求不一样，科技部作为一个部委不可能将政策方方面面统筹考虑得到，也不具备职权能够影响得到其他部门的政策。科技部的文件并没有对于如何落实扶持措施，如何使用创新创业券等众多政策工具提供一个较好的设计。因为，这项政策设计任务已经超出了科技部的职权范围。而地方政府的服务项目的安排有的出现多层联动，有的上下不动，也跟没有一个较好的顶层设计和制度安排有关。二是表现在资金和预算的安排上具有模糊性。各地的“双创”资金安排有的设立专项资金有的则整合各类资金，实际上大多是在原有的资金篮子里腾挪，并没有新的预算增加。山西、天津等省市，深圳等副省级城市设立了创新创业专项资金预算，但并没有明确哪些资金是用于购买服务，而创新券的资金预算有的地方进行了单独列支，有的则没有明确资金来源，缺乏稳定的支持。同样，中小微企业服务券、创新创业服务券等设置都是各地根据实际做出的相机决策，制度的出台具有一定的短期迎合性，受到中央政府的政治激励因素影响，真正从长远和系统上进行统筹安排和科学设计的地方并不多。而不少地区甚至对政府购买服务的安排放在较为次要甚至可有可无的位置。而是把创业融资和风险基金的制度安排放在首要位置。如北京中关村、上海杨浦、杭州等地情况大多是如此。有的地方政府购买服务在支持创客创业和平台的运作上缺乏可持续的机制，而是把制度安排的重点放在了少数典型示范项目上，更像是在装点门面，搞形象工程。

从调研的情况看，目前的政策资源保障存在几种情况：一是有“双创”的政策措施，但没有政府购买服务的具体安排。包括“双创”实施意见、扶持众创空间发展措施、众创空间认定管理办法、创业带动就业实施办法等相关措施，但在政府购买服务支持众创的层面，没有确定购买服务的途径，如推出创新券、服务券等具体政策工具，也没有界定购买服务的内容。从目前看，32%的省级政府、21%的副省级城市、72%的地级市、90%的县级政府均没有出台专项的政府购买服务支持众创的具体途径和形式。以广西壮族自治区为例，广西先后出台扶持“双创”实施意见、大力推进众创空间发展的《意见》，但没有出台促进创业支撑平台的专门政策和政府购买服务的相关科技创新券和创业券的制度安排。自治区政府责成该项工作由财政厅、教育厅和人力资源厅等部门协调落实，但从实际情况看，落地的工作仍然“在路上”。直到2018年下半年，柳州市作为广西的重点城市才开始试水中小企业服务券，而云南则在全省逐步推开。从众创空间发展看，实际上北京和上海两地也没有出台相关的专项发展促进措施。其政策力度不如天津和重庆，各直辖市基本上都推行了创新券购买服务支持“双创”的政策工具。对于众创空间的扶持政策则有一定的差别，天津和重庆的力度很大，上海和北京则实际上更加偏向于市场化运作。

二是“双创”政策中有一定的扶持政策安排，但购买服务的项目模糊不清。广西、江西、湖北等地都有“双创”的具体政策安排，但对政府购买服务支持众创的政策安排较为含糊，这些政策如何落实责任，如何具体到服务项目，既没有写入支持众创空间扶持和认定管理办法中去，也没有推出相关的创新券、中小企业服务券的具体管理办法。而补贴的标准含糊，责任单位和各级管理主体的权责划分都不够明确。在政策导向上，相关安排具有高度弹性，只是对市、县政府的相关政策安排予以鼓励和提倡。各地出台的政府购买服务扶持众创空间的政策、众创空间的管理制度和办法以及创新创业资金的管理办法，彼此之间的衔接不佳，甚至有的地方出现脱节。多地众创空间的扶持和管理办法本身，不少地方是学习和模仿发达地区的政策样本，有的地方的扶持管理办法简单而粗糙，只有管理和认定的内容，无实质性的扶持政策和购买服务的项目和资金安排。中部地区的孝感、洛阳等地的政策都缺乏较高的含金量。西部地区不少城市的创新券服务项目也比较少，如成都的项目设置比较少，只有3—4项购买服务的政策工具。

（二）政府购买服务的资金预算与资源保障不足问题

政府购买服务支持“双创”的核心要素就是资源保障，财政预算约束制约着各地的政策落地。与此同时，平台建设、仪器设备共享补偿都需要资源支撑，前期的人才储备、技术网络等条件也是重要的资源保障因素。从调研的情况看，不同层级政府和不同区域都存在此类问题。

从图4－9可以看出，认为保障较为充足和十分充足的占比为45%，较为不足和十分不足的为50%，根本没有资源保障的占比为5%。这个数据反映两个特点：一是在发达地区，没有享受购买服务项目的调查对象认为，政府本身不缺乏资源和资金，而是缺乏重视，没有政策安排，只要是地方政府重视就能够提供相关服务项目，资源保障就是充足的。而已经享有服务项目的对象，则认为财力较为充足或者十分充足，但是服务的项目仍然不够给力。二是欠发达地区，没有提供政府购买服务项目的地方，则认为财力不足是根本原因，对政府的资源保障能力缺乏信心，需要进一步加大资源保障力度。

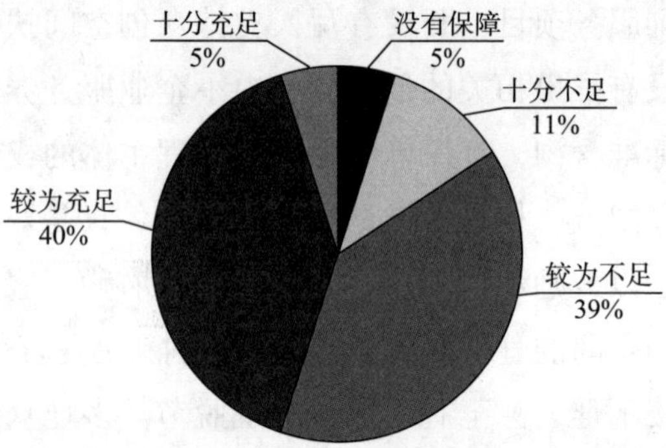

图4－9 调查对象政府购买服务支持创新创业的资源保障评价

一是中央财政的支持不明确。从国务院的政策文件看，要求地方政府通过政府购买服务的方式为创新创业提供服务。但对于政府购买服务的具体资金来源，资金的负担比例及其构成都没有进一步明确。虽然财政部出台制定了《科技型中小企业创业投资引导基金管理暂行办法》，但该办法主要是解决中小科技型企业的初创融资问题。政府购买服务支持“双创”的政策体系中，并没有单列资金预算，也没有对地方政府的基本的资金来源和资金投入提出比例要求，缺乏各层级政府之间的分担比例和支持强度等政策部署。从中央的财政预算中，没有所谓的众创空间专项扶持资金预算，也没有针对不同地区的政府购买服务支持大众创新创业的转移支付计划。由此可见，在没有明确的中央财政支持和有效的资金激励的政策下，各省市区政府要想发挥财政资金的杠杆作用，推动政府购买服务支持“双创”，会遇到资金和资源投入的瓶颈，各地的资源保障只能根据财力条件和领导人的重视程度来进行权衡决策了。

虽然中央财政通过设立中小企业发展专项资金给予“双创”示范城市奖励支持，可以由示范城市统筹安排使用。由于统筹使用中也没有相关政府购买服务的明确规定或者比例要求，只是要求示范城市不得将中央财政奖励资金安排用于基地楼堂馆所等基建工程支出：“要重点强化对创业创新基地服务能力的支持，并以创业创新基地为载体，采取多种有效方式促进中小企业特别是小微企业发展。”[①] 虽要求政策支持应聚焦小微企业发展必需的服务内容，如对入驻基地的小微企业在场地租金和水电用能方面给予适当的优惠。同时，提出改进中小企业的服务平台体系，切实增强资源共享和信息互联互通。这些服务内容中有些涉及政府购买服务项目，更多是涉及财政补贴项目，具有很大的模糊性。财政部“中央财政给予示范城市奖励支持。示范期内，计划单列市及省会城市奖励总额为 9 亿元，一般城市（含直辖市所属区、县）奖励总额为 6 亿元。示范期为 3 年，奖励资金分年拨付”[②]。这些资金扶持本身就是阶段性的，同时扶持的具体内容并没有将政府购买服务进一步明确化。其他资金安排也是同样的情况，中央政府部门对于大众创新创业的政策扶持是多个方面的，其中涉及资金的来源方面也多元的，除“双创”示范基地建设资金外，之前对于大学生就业和创业也有较大的资金投入。

但从政府购买服务这项政策看，没有明确的资金来源和资金安排，也没有对地方政府的预算和资金安排提出非常清晰的要求。从专家的分析看，主要原因是：一方面，地方财力不均衡，一旦提出要求有的欠发达地区就需要中央补贴；另一方面，“双创”——鼓励创客创新创业对于大多数基层政府而言是必选项，但对于政府购买服务支持众创，扶持众创空间的发展，则不一定是符合实际的优选项。各地可以根据实际进行因地制宜，这也导致资源保障具有不确定性，政策工具存在可持续性的问题。

---

① 财政部：《小微企业创业创新基地示范城市每地奖励 6 亿—9 亿》，2015 年 5 月 6 日。

② 同上。

二是地方政府资金预算与分担配套安排不完善。少数省市区专门设立了“双创”扶持资金，如山西、天津、深圳、河北、河南等省份，还出台了专项资金管理办法。《湖南省大众创业万众创新行动计划（2015—2017年）》，2017年省预算内“基本建设投资”科目下，设立“大众创业万众创新建设专项”，预算资金规模5000万元。试图通过政府资金的引导作用，搭建“双创”支撑平台和产业技术创新平台，进一步提升“双创”示范基地支撑能力。这些资金来源所包含项目见图4－10。

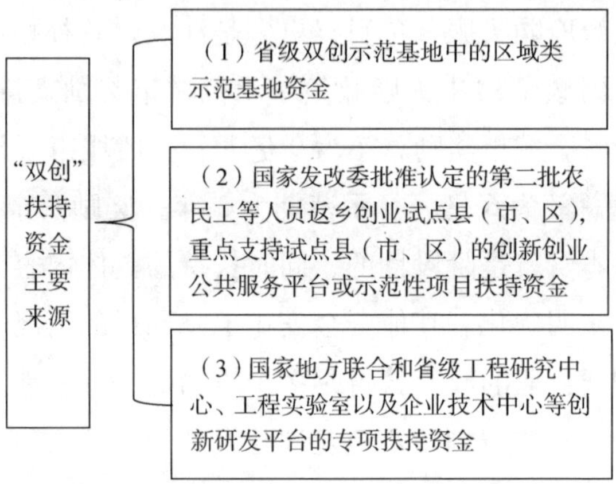

图4－10　政府购买服务的“双创”示范基地建设扶持资金来源

但从实际上看，湖南等地的扶持“双创”的资金来源几乎都跟国家的相关财政资金挂钩，几乎没有看到自身统筹资金的来源。即使如此，“双创”投入不等于政府购买服务支持“双创”的资金，“双创”的资金预算也不等同于政府购买服务支持“双创”的预算。一般而言，地方政府扶持“双创”资金来源相当广泛，从各地扶持“双创”的资金来源看，路径各不相同。山西发展众创空间补助资金是由市和区县财政预算共同安排，用于支持众创空间建设运营的专项资金。天津也有类似政策安排：“高校和职业院校众创空间补助资金由市财政负担；区县众创空间补助资金由市和区县财政按照7：3的比例负担。”[①] 各地的资金来源较为多元，尽量从国家财政既有的专项资金中统筹安排。但对持续性的政府购买服务没有资金和项目的统筹安排。即使是最接近范围的扶持众创空间的资金与政府购买服务支持众创之间差距仍然明显，尽管政府购买服务是支持“双创”的资金预算的一部分。但这一部分，对于绝大多数的地市县和部分省市区而言均没有明确的预算项目。

从各地的政府购买服务支持“双创”的各项政策工具看，大多数情况下是各负其责，各自承担本级的资金预算。少数地方确定了创新券、创业券和中小企业服务券的资金的分担和配套原则。但由于区域差别巨大，不少地区没有财力负担就不愿推出该项目。而对于少数有财力的城市，如果省级政府没有此项工作要求和资金预算，市、县也就缺乏积极性来投入政府购买服务项目。有的地方甚至已经准备了推出购买服务的创新券专项计划，最后也放弃了，理由就是等待全省统一的政策部署。江苏宿迁市作为创新券的先行先试地区不仅有专项的资金安排，而且对不同区县的资金筹措和分配进行了明确的规定，要求创新券资金先由各县（区）财政予以兑现。“对沭阳县、泗阳县和泗洪县按20%的比例进行补贴；对宿豫区、宿城区等城区按50%的比例进行补贴。”[②] 这是因为，苏北地区财力不发达，仍然需要大量的社会资金投入创新创业领域，县域经济较强，财力较雄厚，因此，各县的资金的自我负担比例要大大高于市辖区。但从实际上看，这种统筹安排具有很好的整体联动性，但也存在利益分配的不均衡问题。有的地市对创新券的资金进行了类似的安排：“创新券资金来源于省财政下拨资金、市科技创新专项引导资金以及县（市、区）财政配套资金。盐都区、亭湖区、盐城经济技术开发区、城南新区财政按与市财政4：6的比例进行资金配套，各县（市）财政按与市财政6：4的比

---

① 天津市科委：《天津市发展众创空间补助资金管理暂行办法》，2015年6月2日。

② 宿迁市政府：《宿迁市青年人才务农创业资助券实施办法》，2015年9月12日。

例进行资金配套。”① 济南市创新创业券《资金管理办法》明确，创新券兑付资金来源为各级财政专项资金，也即是说此项计划的资金来源是统筹整合而来，不单单从科技专项经费和中小企业扶持资金中来。资金的多元性来源增加了整合的难度，也为政策协调提高了成本。

三是地方政府财力投入增长有限。在江苏、江西等东中部地区调研的过程中，不少市、区科技部门反映，科技工作经费预算，在省、市、县三级最近 3 年基本没有较大幅度的增长，经费预算相对于需求而言已经是捉襟见肘。要想单列政府购买服务的资金预算，跟当地主要领导的重视程度有很大的关系。广西明确要求自治区财政和地市级财政要加强对发展众创空间、推进大众创新创业的支持，建立稳定的财政投入机制。但具体的资金从哪里来，省市县怎么分担，并没有进一步的明确。南宁市有关部门在访谈中说，市里也曾想推出创新创业券，但考虑到资金的预算的可持续问题，最终放弃了计划，改为对众创空间和其他孵化器的项目补贴。但同为西部省份的贵州省、甘肃省、陕西省、宁夏回族自治区省本级都推出了创新券政策。创新券等政府购买服务项目也跟地方领导的重视程度密切相关，如宿迁市委书记在宿迁力推科技创新券政策，升任南京市市长之后，很快在南京当年就扩展了创新券政策，力推普惠制，而且支持创新券资金预算在科技专项经费中单列项目。但整体而言，政府购买服务在有的地方并没有专门的预算，并作为重点扶持选项，从资金预算和制度安排上进行保障。尤其是大多地市以下政府层级没有纳入本级财政预算，或者在政府财政预算中所占比例偏小，创业资金扶持力度不强，政府购买服务的项目难以落地。县区级创业孵化基地的投入非常有限，对应届高校毕业生自主创业的一次性创业补贴、场租补贴较少，对小微型企业给予的扶持奖励力度不够大。

四是地方政府对创客空间补贴的间接购买服务政策不具有可持续

① 盐城市科技局、财政局：《盐城市科技创新券实施管理办法（试行）》，2014 年 12 月 21 日。

性。除创新券、中小微企业服务券外，比较集中而短期的众创资金补助投入就是对众创空间等孵化器的建设、升级改造和运营补助。尽管此项资助没有纳入政府购买服务的项目预算之列，但实际上对于众创空间等孵化平台的补助，也属于政府间接购买服务补贴创新创业。从各地的情况看，财政资金采用以奖代补、贷款贴息、财政补助、间接支持等方式按一定标准对项目进行补助和支持。徐州市“众创空间专项资金由财政每年安排用于众创空间、孵化器、加速器、众创集聚区运行补助和奖励”①。云南省则落实“2000万元的新增预算用于众创空间的认定补助资金”②。除扶持资金外，少数地方设立众创空间种子引导基金，由本级财政预算安排，用于与众创空间运营商等社会资本方共同发起设立种子基金。但整体而言，这些项目和资金安排具有临时性和一次性，很难转化形成政府购买服务的可持续化的政策安排。

另一项是创新创业示范基地建设资金预算。这其中一部分投入也类似于对众创空间的补助，是隐形的、间接的政府购买服务支持“双创”。如有的地区积极支持各区、县（市）开展创业创新基地创建，以及公共服务体系建设、融资环境建设等方面工作，每年在专项资金中安排不超过1亿元，以竞争性分配方式对区、县（市）进行补助。竞争性分配的因素包括定量和定性两个部分：“定量因素主要依据国家小微企业创业创新基地城市示范批复明确的4项综合性指标以及财政部、科技部等部委确定的部分监测性指标。”③ 这其中主要包括小微企业的企业数、小微企业营业收入、就业人数、户均技术合同成交额和户均拥有授权专利数、创业创新空间、公共服务、融资支持、税费政策落实、财政资金投入等指标。如杭州市小微企业创业创新基地示范项目《专项资金管理办法》明确从2016年起，在国家确定的示范

① 徐州科技局：《徐州市众创空间专项资金管理办法》，2016年7月12日。

② 财政部：《云南省财政厅积极落实稳增长措施众创空间培育工作初见成效》，2016－05－27，财政部官方网站（http：//www. mof. gov. cn/xinwenlianbo/yunnancaizhengxinxilianbo/201601/t20160129_ 1660737. html）。

③ 杭州市示范基地领导小组办公室：《杭州市小微企业创业创新基地城市示范工作专项资金管理办法》，2016年2月6日。

期内，每年安排不少于50亿元资金用于扶持小微企业发展，示范期内每年安排不超过1亿，以转移支付形式支持区、县（市）小微企业“双创”。但整体而言，这些资金的预算跟政府购买服务没有必然的联系，也不是长期可靠的政府购买服务资金预算安排，还需要进一步细化政策工具，完善对于政府购买服务的保障机制。

从各地的扶持众创空间和政府购买服务支持“双创”的政策安排看，大多是一年一议，长的最多不超过三年。也就是说，没有相关的资金预算的长效安排，没有将政府购买服务的相关项目预算纳入本级财政预算的相关项目中去。创新券、中小企业服务券有可能随着时间的推移，“双创”热度的退减，相关政策被搁置或者取消。从各地的情况看，即使是建立了“双创”专项资金和扶持众创空间的资金预算的地方，这些资金预算的安排虽然有对应的项目，但实际上并没有明确政府购买服务的构成及其实际比例。而且真正把资金落实到创客和支撑平台上的比例并不高。而且由于购买服务的资金的来源不同，管理主体不同，影响到政府购买服务的可持续性保障能力。一般而言，科技创新券的管理办法试行期限只有1—2年，最长的也只有3年，有可能时过境迁而政策因人兴废。而令人遗憾的是，南京市长由于某种原因被“调整”，创新券项目也搁置了两年，至今尚未重启。创新创业券整合的资金来源取决于资金的稳定性和制度的保障力度。为减轻资金压力，不少地方只在高新区、开发区、新区推出创新券政策。资金来源渠道五花八门，各地在资金预算中尽力腾挪，但整体上缺乏更加稳定的制度保障，成为法定的预算项目和保障制度安排。

各地的创业服务券资金一般从中小微企业专项扶持资金中来，其力度和强度取决于中央财政的支持和地方财力的改善状况。一般来说，业务由工信委会同财政部门共同组织实施，经费在各级财政安排的工业转型资金、小微企业专项资金中列支。部分地区采用省、市、县三级联动的机制，统筹资金的分担比例，一般而言，县级以下尽可能少承担。而是主要承担基础服务工作，如企业服务券、创业券的登记、审核与发放兑现等基础工作，跟进服务机构的签约、监管和评估。

"财政部门按预算级次负责补助资金的预算管理和资金拨付，审定补贴方案。"[①] 如在昆明市，设立了创业创新服务专项资金，用于昆明市创业创新服务券，每年从市财政预算"工业发展引导资金"中统筹安排不低于2000万元。[②] 其初步运行期限为三年，每年的额度视实际情况进行调整。各地政府根据需要，统筹安排各类支持小微企业和创业创新资金，但这些中小企业服务券的资金往往是来自中央财政资金的分配，依赖中央财政对中小企业的持续投入，还需要省市区一级地方政府给予一定的政策和资源保障，否则已经出台购买服务政策的市、县政府会出现"等米下锅"，难以为继的局面，而没有出台的地方则会持续观望，这显然对大众创业万众创新的政策的长效化保障机制的构建是不利的。

六　基于专家模糊评价的政策障碍因素分析

（一）问题假设与样本选择

对于政府购买服务支持大众创新创业主要的障碍因素，学界和一线实践工作者均有一定的研究，分别从不同的维度进行了描述和分析：有的认为政府购买服务的供给侧存在的问题较为突出："作为科技创新券链条中的供给方，有一定的实力和意愿，但是受到目录管理的制约而供给受限。"[③] "补贴范围界线不清晰，入围的创新服务机构不能很好满足企业需求。"[④] 有的则强调流程与规范因素，建议降低政府购买服务的成本。"在实际应用中，小微企业由于每次申请的创新券金额并不大，尤其是检验检测服务等小额服务，小微企业普遍反映流程

---

① 市生产力促进中心：《张掖市小微企业创业券管理暂行办法》，2016年6月27日。

② 昆明市工信委：《昆明市小微企业创业创新服务券管理办法（试行）》，2016年3月26日。

③ 毛国峰：《杭州市科技创新券推广现状及对策建议》，《今日科技》2016年第3期。

④ 《黄祖健粤科技企业创新券兑现率低?》，《南方日报》2017年8月2日第A09版。

复杂、嫌麻烦不愿申请创新券。”①

有的则强调资金保障要素对于政府购买服务落地具有举足轻重的影响。“目前与创新券配套的财政资金是延续科研项目的资金拨付方式，会产生符合条件的创新券金额与预算不匹配的现象，导致财政预算资金出现结余和上缴问题。”②“因为使用科技创新券的科技创新服务合同的经费预算、报销都有严格的规定。科技人员承接合同容易，但经费报销经常是困难重重，导致不愿意承接科技创新券的合同。”③有的则从管理主体协调与技术平台的要素来分析原因。“每个地方都自行制定科技服务机构的要求，注重对本地科技服务机构的培育与发展。由于科技服务机构要求的不统一、不规范，无法进行整合，导致部分企业由于找不到合适的科技服务机构而无法使用科技创新券。”④有的从制度规范层面分析障碍因素。强调“应建立科学的科技创新券管理机制，从制度设计的角度避免科技创新券在使用过程中可能存在的浪费现象”⑤。有的从扶持的制度方面进行分析认为：“现有政策较多关注‘精英人才’创新创业，而对草根创业关注不够，造成大众创新创业主体来源不畅，从而大众创新创业能力不强、质量不高。”⑥

1. 影响因素假设

本研究在德尔菲法征求专家意见的同时，进行了问卷的量表调查，将制约政策落地的若干要素假设纳入分析：其中：X_1对应的因素为管理主体因素，X_2对应的为资源与资金保障要素，X_3对应的是制度与规范要素，X_4对应的是利益分配要素，X_5对应的是服务供给选择因素，

① 何世伟、郭鹰：《创新券抵用规则对创新效用的影响——基于浙江省创新券政策的分析》，《情报杂志》2016 年第 11 期。

② 李希义、朱欣乐、高金鹏：《创新券在我国的组织实施模式及存在问题研究——基于北京市、上海市和浙江省的调查分析》，《全球科技经济瞭望》2016 年第 4 期。

③ 赵卿、伏兴艳：《国内实施科技创新券现状及问题研究》，《当代经济》2017 年第 14 期。

④ 周宏虹、蔡桂兰：《广东省科技创新券政策实施情况分析》，《广东科技》2017 年第 8 期。

⑤ 王子麒、李河清、杨翠丽：《武汉市科技创新券政策实施情况及其启示与借鉴》，《中国高新技术产业导报》2017 年 12 月 4 日第 A011 版。

⑥ 戚湧、王静：《江苏省大众创新创业政策评估》，《科技管理研究》2017 年第 1 期。

X_6对应的是供求匹配因素，X_7对应的政策组合与供给方式因素。（见表4－9）

表4－9　　政府购买服务支持创新创业的障碍因素假设与对应内容

因子假设	代表障碍因素	对应具体内容
X_1	管理主体因素	分析相关文件和制度对于支持创新创业的服务内容和购买主体的责任规定和分工衔接，从政策主体、制度、程序方面分析落实的障碍
X_2	资源因素	资金预算的保障和资源整合要素分析，分析长效机制的构建所需要的资金、资源和政策调整、整合所面临的障碍
X_3	制度因素	主要是购买服务支持创新创业的顶层制度设计、主要实施办法和细则
X_4	技术因素	是政府购买服务支持创客创新创业的资金使用、服务包、项目申报、服务供应商筛选的操作程序、流程、条件的规范要求及其对政策落地的影响
X_5	利益因素	购买服务的资金与成本分担、项目如何设置、资金分配和权力在不同部门和不同层级之间的切割，这些利益相关要素如何影响政策的落地
X_6	供求因素	在创客的真实有效的需求的基础上，将供求要素纳入分析，重点回答供应商选择与创客需求表达有效性对政策落地的影响
X_7	政策组合因素	政策工具的协调和匹配性、政策供给方式的灵活性和适应性

2. 评价专家的选择与构成

在实地调研和访谈的基础上，对障碍因素的假设进行了进一步的修正，设置了包含主要七因素和量表的调查问卷。对政府购买服务支持“双创”的障碍因素进行了调查，对主管部门、一线工作人员、创客群体作为调查的对象，进行综合模糊评价和赋值，其中绝大部分选择的专家为一线的实践工作者和创客群体。样本涉及6个省份，中部、西部、东部各两个省份，每个省份选择两个代表性城市，每个城市选择若干专家，分别为创客1人、创客空间工作人员1人、政府工作人员1人，服务提供者1人，共计48人。

（二）基于专家评分赋值的障碍因素AHP分析

调查对象对主要障碍因素的九分量表的评分情况见表4－10。

表4－10　　调查对象对政策因素的评分情况一览

评价专家	各因素评分情况						
	X_1	X_2	X_3	X_4	X_5	X_6	X_7
1	7	3	6	5	6	4	5
2	6	7	6	4	5	6	5
3	7	3	6	4	4	4	6
4	6	3	6	4	5	4	5
5	7	3	6	4	4	4	5
6	5	3	7	7	2	2	6
7	7	3	7	7	2	2	6
8	4	4	7	7	2	2	6
9	7	3	6	7	4	2	5
10	7	2	5	7	2	2	5
11	6	7	6	4	5	5	5
12	5	5	6	5	6	6	6
13	5	5	6	5	6	6	6
14	7	3	6	3	3	4	5
15	5	5	6	5	6	6	6
16	5	6	7	5	7	5	7
17	5	4	3	6	7	5	5
18	6	7	7	4	6	5	6
19	5	7	3	3	5	6	4
20	5	6	3	3	5	7	4

续表

评价专家	各因素评分情况						
	X_1	X_2	X_3	X_4	X_5	X_6	X_7
21	7	1	4	5	7	2	4
22	4	5	5	1	3	4	4
23	3	4	3	2	3	4	5
24	5	5	4	5	6	4	5
25	1	1	1	5	5	1	1
26	5	4	5	6	4	5	7
27	6	5	1	7	4	5	6
28	4	4	4	4	3	1	1
29	1	3	2	4	5	6	7
30	2	6	1	7	5	3	4
31	4	4	2	4	5	6	7
32	4	7	3	3	3	3	7
33	5	5	5	5	5	5	5
34	7	5	7	6	5	5	5
35	6	6	7	5	6	4	5
36	4	5	4	5	4	4	4
37	6	6	5	5	7	6	6
38	3	4	4	4	4	3	4
39	4	5	5	3	3	4	3
40	2	1	1	4	5	4	3
41	2	6	5	3	5	3	3
42	5	4	6	5	4	5	5
43	6	5	6	3	5	4	6
44	6	7	4	5	4	4	4
45	6	5	6	5	5	5	4

续表

评价专家	各因素评分情况						
	X_1	X_2	X_3	X_4	X_5	X_6	X_7
46	5	6	7	5	5	6	7
47	6	5	4	6	4	6	4
48	4	5	4	5	3	4	6

资料来源：政府购买服务支持大众创新创业的障碍因素与解决机制研究专题问卷量表，经整理。

专家评分表按照九分量表的方法进行设计，分数越高代表该因素影响力越高，X_1 对应的因素为管理主体因素，每位专家的打分则为该专家对此因素的相对分值；X_2 对应的为资源与资金保障要素，每位专家的打分则为该专家对此因素的相对分值。以此类推，48 名专家的打分情况进行整理，相对分值见上表。

1. 构建专家评价的两两比较矩阵并计算特征向量

通过 Excel 将专家评分转化为两两比较的矩阵，如调查对象专家 A 的判断矩阵见表 4－11。

表 4－11　　专家 A 评分两两比对判断矩阵

专家 1	X_1	X_2	X_3	X_4	X_5	X_6	X_7
X_1	1.00	2.33	1.17	1.40	1.17	1.75	1.40
X_2	0.43	1.00	0.50	0.60	0.50	0.75	0.60
X_3	0.86	2.00	1.00	1.20	1.00	1.50	1.20
X_4	0.71	1.67	0.83	1.00	0.83	1.25	1.00
X_5	0.86	2.00	1.00	1.20	1.00	1.50	1.20
X_6	0.57	1.33	0.67	0.80	0.67	1.00	0.80
X_7	0.71	1.67	0.83	1.00	0.83	1.25	1.00

以此类推，得出第 48 名调查对象的专家评价矩阵。在此基础上利用 Excel 计算矩阵的最大特征值和特征向量，并进行 CR 检验。（见表 4－12）

表 4－12　　专家评价的特征向量与 CR 检验值

特征向量与 CR 检验值	评价专家									
	1	2	3	4	5	6	7	8	9	10
X_1	0. 194444444	0. 153846154	0. 205882353	0. 181818182	0. 212121212	0. 15625	0. 205882353	0. 125	0. 205882353	0. 233333333
X_2	0. 083333333	0. 179487179	0. 088235294	0. 090909091	0. 090909091	0. 09375	0. 088235294	0. 125	0. 088235294	0. 066666667
X_3	0. 166666667	0. 153846154	0. 176470588	0. 181818182	0. 181818182	0. 21875	0. 205882353	0. 21875	0. 176470588	0. 166666667
X_4	0. 138888889	0. 102564103	0. 117647059	0. 121212121	0. 121212121	0. 21875	0. 205882353	0. 21875	0. 205882353	0. 233333333
X_5	0. 166666667	0. 128205128	0. 117647059	0. 151515152	0. 121212121	0. 0625	0. 058823529	0. 0625	0. 117647059	0. 066666667
X_6	0. 111111111	0. 153846154	0. 117647059	0. 121212121	0. 121212121	0. 0625	0. 058823529	0. 0625	0. 058823529	0. 066666667
X_7	0. 138888889	0. 128205128	0. 176470588	0. 151515152	0. 151515152	0. 1875	0. 176470588	0. 1875	0. 147058824	0. 166666667
λ_{MAX}	7. 233871931	7. 097879741	7. 281750715	7. 182935655	7. 254081599	7. 760626712	8. 177186748	7. 914819457	7. 668652164	8. 28013053
CR	0. 049019608	0. 085784314	0. 081699346	0. 049019608	0. 098039216	0. 040849673	0. 081699346	0. 090452848	0. 079656863	0. 049019608
	11	12	13	14	15	16	17	18	19	20
X_1	0. 162162162	0. 153846154	0. 135135135	0. 172413793	0. 170731707	0. 162790698	0. 171428571	0. 146341463	0. 151515152	0. 151515152
X_2	0. 189189189	0. 153846154	0. 135135135	0. 103448276	0. 12195122	0. 11627907	0. 171428571	0. 170731707	0. 212121212	0. 181818182
X_3	0. 135135135	0. 128205128	0. 162162162	0. 206896552	0. 146341463	0. 162790698	0. 085714286	0. 170731707	0. 090909091	0. 090909091
X_4	0. 108108108	0. 179487179	0. 135135135	0. 103448276	0. 12195122	0. 11627907	0. 171428571	0. 097560976	0. 090909091	0. 090909091
X_5	0. 135135135	0. 153846154	0. 162162162	0. 103448276	0. 146341463	0. 162790698	0. 114285714	0. 146341463	0. 151515152	0. 151515152
X_6	0. 135135135	0. 076923077	0. 108108108	0. 137931034	0. 146341463	0. 11627907	0. 142857143	0. 12195122	0. 181818182	0. 212121212
X_7	0. 135135135	0. 153846154	0. 162162162	0. 172413793	0. 146341463	0. 162790698	0. 142857143	0. 146341463	0. 121212121	0. 121212121

续表

	11	12	13	14	15	16	17	18	19	20
λ_{MAX}	7. 093963785	7. 205521547	7. 065472129	7. 261706806	7. 041934682	7. 095724033	7. 189524804	7. 111684031	7. 321271963	7. 321271963
CR	0. 085784314	0. 08461718	0. 020424837	0. 093954248	0. 008169935	0. 028011204	0. 036764706	0. 089869281	0. 03880719	0. 005543884
	21	22	23	24	25	26	27	28	29	30
X_1	0. 233333333	0. 095238095	0. 111111111	0. 138888889	0. 045454545	0. 131578947	0. 171428571	0. 05	0. 225806452	0. 212121212
X_2	0. 033333333	0. 095238095	0. 148148148	0. 138888889	0. 045454545	0. 157894737	0. 142857143	0. 05	0. 096774194	0. 181818182
X_3	0. 133333333	0. 238095238	0. 222222222	0. 166666667	0. 045454545	0. 131578947	0. 085714286	0. 15	0. 064516129	0. 03030303
X_4	0. 166666667	0. 047619048	0. 074074074	0. 138888889	0. 181818182	0. 157894737	0. 2	0. 25	0. 129032258	0. 212121212
X_5	0. 233333333	0. 142857143	0. 111111111	0. 166666667	0. 318181818	0. 105263158	0. 114285714	0. 3	0. 064516129	0. 151515152
X_6	0. 066666667	0. 19047619	0. 148148148	0. 111111111	0. 318181818	0. 131578947	0. 142857143	0. 1	0. 193548387	0. 090909091
X_7	0. 133333333	0. 19047619	0. 185185185	0. 138888889	0. 045454545	0. 184210526	0. 142857143	0. 1	0. 225806452	0. 121212121
λ_{MAX}	8. 332789071	7. 873730525	7. 396132078	7. 055918745	10. 35040939	7. 098379806	7. 218516705	8. 62668468	7. 917048893	8. 163403917
CR	0. 097163866	0. 020424837	0. 089869281	0. 040849673	0. 065651261	0. 02334267	0. 013130252	0. 044934641	0. 01896592	0. 034722222
	31	32	33	34	35	36	37	38	39	40
X_1	0. 114285714	0. 125	0. 142857143	0. 175	0. 15	0. 133333333	0. 153846154	0. 115384615	0. 133333333	0. 066666667
X_2	0. 2	0. 21875	0. 142857143	0. 125	0. 15	0. 166666667	0. 153846154	0. 153846154	0. 166666667	0. 233333333
X_3	0. 114285714	0. 09375	0. 142857143	0. 175	0. 175	0. 133333333	0. 128205128	0. 153846154	0. 166666667	0. 166666667

续表

	31	32	33	34	35	36	37	38	39	40
X_4	0. 114285714	0. 09375	0. 142857143	0. 15	0. 125	0. 166666667	0. 128205128	0. 153846154	0. 1	0. 133333333
X_5	0. 085714286	0. 15625	0. 142857143	0. 125	0. 175	0. 133333333	0. 128205128	0. 153846154	0. 2	0. 166666667
X_6	0. 171428571	0. 09375	0. 142857143	0. 125	0. 1	0. 133333333	0. 153846154	0. 115384615	0. 133333333	0. 133333333
X_7	0. 2	0. 21875	0. 142857143	0. 125	0. 125	0. 133333333	0. 153846154	0. 153846154	0. 1	0. 1
λ_{MAX}	7. 332652557	7. 470530269	7	7. 07990635	7. 12131496	7. 036759178	7. 02826578	7. 056837851	7. 20963994	7. 473183445
CR	0. 070028011	0. 01984127	0	0. 093954248	0. 098914566	0. 036764706	0. 008169935	0. 010212418	0. 051062092	0. 059232026

	41	42	43	44	45	46	47	48	49	50
X_1	0. 074074074	0. 147058824	0. 162162162	0. 166666667	0. 166666667	0. 12195122	0. 171428571	0. 129032258		
X_2	0. 222222222	0. 117647059	0. 135135135	0. 194444444	0. 138888889	0. 146341463	0. 142857143	0. 161290323		
X_3	0. 185185185	0. 176470588	0. 162162162	0. 111111111	0. 166666667	0. 170731707	0. 114285714	0. 129032258		
X_4	0. 111111111	0. 147058824	0. 081081081	0. 138888889	0. 138888889	0. 12195122	0. 171428571	0. 161290323		
X_5	0. 185185185	0. 117647059	0. 189189189	0. 166666667	0. 138888889	0. 12195122	0. 114285714	0. 096774194		
X_6	0. 111111111	0. 147058824	0. 108108108	0. 111111111	0. 138888889	0. 146341463	0. 171428571	0. 129032258		
X_7	0. 111111111	0. 147058824	0. 162162162	0. 111111111	0. 111111111	0. 170731707	0. 114285714	0. 193548387		
λ_{MAX}	7. 464638174	7. 061319809	7. 243666255	7. 167483673	7. 055918745	7. 070331423	7. 123543538	7. 149993124		
CR	0. 065359477	0. 024509804	0. 087535014	0. 075571895	0. 079656863	0. 009920635	0. 051062092	0. 036764706		

2. 基于专家模糊评价的聚类分析

通过SPSS21软件对专家的评分情况进行聚类分析，结果见图4－11。

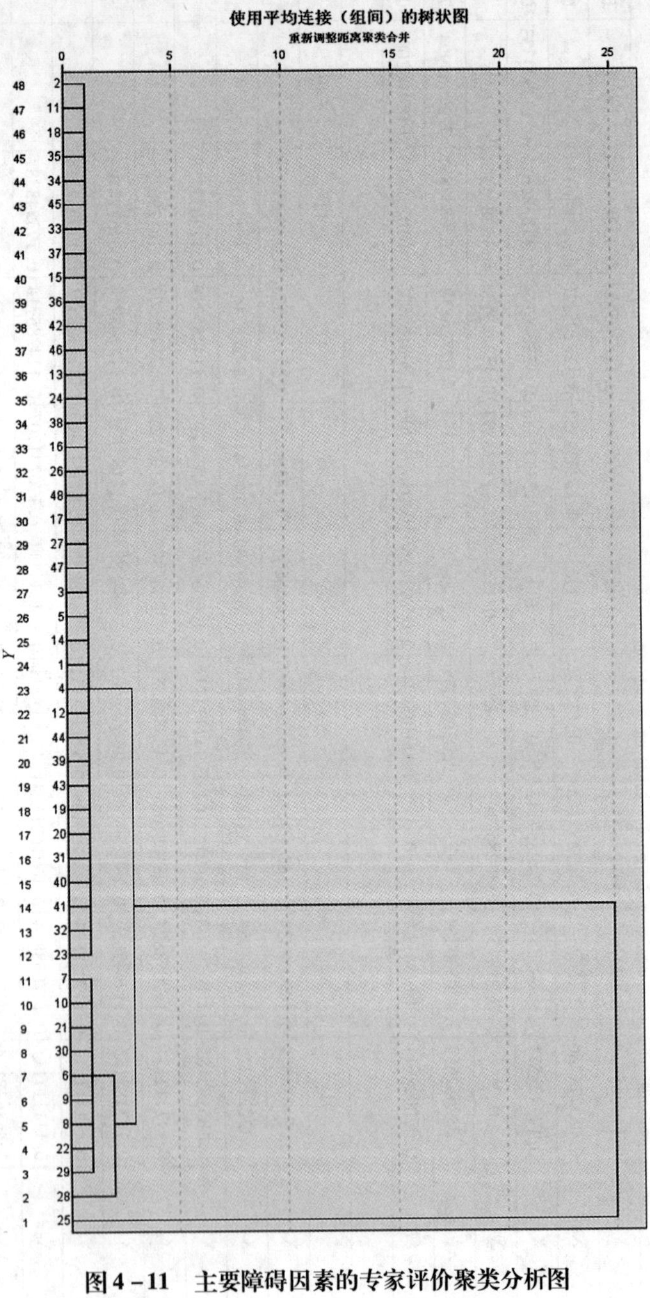

图4－11 主要障碍因素的专家评价聚类分析图

从聚类图可以看出，将48位专家分为3类是比较合适的，第一类有10位专家，分别是专家7、10、21、30、6、9、8、22、29、28；第二类有1位专家，是专家25。第三类有37位专家，是除上述之外的专家。利用上一章公式（3－1）计算专家的内容权重：

$$\lambda_1 = 0.02517 \tag{4-1}$$

同理，可以计算其他专家的内容权重：

$$\lambda_1 = \lambda_2 = \lambda_3 = \lambda_4 = \lambda_5 = \lambda_1 = \lambda_{12} = \lambda_{13} = \lambda_{14} \cdots\cdots = \lambda_{48} = 0.02517$$

$$\lambda_7 = \lambda_6 = \lambda_8 = \lambda_9 = \lambda_{10} = \lambda_{21} = \lambda_{22} = \lambda_{28} = \lambda_{29} = \lambda_{30} = 0.00680$$

$$\lambda_{25} = 0.00068$$

3. 根据专家内容权重计算障碍因素的整体特征向量（见表4－13）

表4－13　　根据内容权重计算每障碍因素的整体特征向量

	X_1	X_2	X_3	X_4	X_5	X_6	X_7	合计
1	0.004894	0.002097	0.004195	0.003496	0.004195	0.002797	0.003496	0.025170
2	0.003872	0.004518	0.003872	0.002582	0.003227	0.003872	0.003227	0.025170
3	0.005182	0.002221	0.004442	0.002961	0.002961	0.002961	0.004442	0.025170
4	0.004576	0.002288	0.004576	0.003051	0.003814	0.003051	0.003814	0.025170
5	0.005339	0.002288	0.004576	0.003051	0.003051	0.003051	0.003814	0.025170
6	0.001063	0.000638	0.001488	0.001488	0.000425	0.000425	0.001275	0.006800
7	0.001400	0.000600	0.001488	0.001488	0.000425	0.000425	0.001275	0.007100
8	0.000850	0.000850	0.001400	0.001400	0.000400	0.000400	0.001200	0.006500
9	0.001400	0.000600	0.001488	0.001488	0.000425	0.000425	0.001275	0.007100
10	0.001587	0.000453	0.001200	0.001400	0.000800	0.000400	0.001000	0.006840
11	0.004082	0.004762	0.003401	0.002721	0.003401	0.003401	0.003401	0.025170
12	0.003872	0.003872	0.003227	0.004518	0.003872	0.001936	0.003872	0.025170
13	0.003401	0.003401	0.004082	0.003401	0.004082	0.002721	0.004082	0.025170
14	0.004340	0.002604	0.005208	0.002604	0.002604	0.003472	0.004340	0.025170
15	0.004297	0.003070	0.003683	0.003070	0.003683	0.003683	0.003683	0.025170
16	0.004097	0.002927	0.004097	0.002927	0.004097	0.002927	0.004097	0.025170
17	0.004315	0.004315	0.002157	0.004315	0.002877	0.003596	0.003596	0.025170
18	0.003683	0.004297	0.004297	0.002456	0.003683	0.003070	0.003683	0.025170

续表

	X_1	X_2	X_3	X_4	X_5	X_6	X_7	合计
19	0. 003814	0. 005339	0. 002288	0. 002288	0. 003814	0. 004576	0. 003051	0. 025170
20	0. 003814	0. 004576	0. 002288	0. 002288	0. 003814	0. 005339	0. 003051	0. 025170
21	0. 001030	0. 001236	0. 000618	0. 000618	0. 001030	0. 001442	0. 000824	0. 006800
22	0. 001587	0. 000227	0. 000907	0. 001133	0. 001587	0. 000453	0. 000907	0. 006800
23	0. 002797	0. 003729	0. 005593	0. 001864	0. 002797	0. 003729	0. 004661	0. 025170
24	0. 003496	0. 003496	0. 004195	0. 003496	0. 004195	0. 002797	0. 003496	0. 025170
25	0. 000031	0. 000031	0. 000031	0. 000124	0. 000216	0. 000216	0. 000031	0. 000680
26	0. 003312	0. 003974	0. 003312	0. 003974	0. 002649	0. 003312	0. 004637	0. 025170
27	0. 004315	0. 003596	0. 002157	0. 005034	0. 002877	0. 003596	0. 003596	0. 025170
28	0. 001166	0. 000971	0. 000583	0. 001360	0. 000777	0. 000971	0. 000971	0. 006800
29	0. 000340	0. 000340	0. 001020	0. 001700	0. 002040	0. 000680	0. 000680	0. 006800
30	0. 001535	0. 000658	0. 000439	0. 000877	0. 000439	0. 001316	0. 001535	0. 006800
31	0. 002877	0. 005034	0. 002877	0. 002877	0. 002157	0. 004315	0. 005034	0. 025170
32	0. 003146	0. 005506	0. 002360	0. 002360	0. 003933	0. 002360	0. 005506	0. 025170
33	0. 003596	0. 003596	0. 003596	0. 003596	0. 003596	0. 003596	0. 003596	0. 025170
34	0. 004405	0. 003146	0. 004405	0. 003776	0. 003146	0. 003146	0. 003146	0. 025170
35	0. 003776	0. 003776	0. 004405	0. 003146	0. 004405	0. 002517	0. 003146	0. 025170
36	0. 003356	0. 004195	0. 003356	0. 004195	0. 003356	0. 003356	0. 003356	0. 025170
37	0. 003872	0. 003872	0. 003227	0. 003227	0. 003227	0. 003872	0. 003872	0. 025170
38	0. 002904	0. 003872	0. 003872	0. 003872	0. 003872	0. 002904	0. 003872	0. 025170
39	0. 003356	0. 004195	0. 004195	0. 002517	0. 005034	0. 003356	0. 002517	0. 025170
40	0. 001678	0. 005873	0. 004195	0. 003356	0. 004195	0. 003356	0. 002517	0. 025170
41	0. 001864	0. 005593	0. 004661	0. 002797	0. 004661	0. 002797	0. 002797	0. 025170
42	0. 003701	0. 002961	0. 004442	0. 003701	0. 002961	0. 003701	0. 003701	0. 025170
43	0. 004082	0. 003401	0. 004082	0. 002041	0. 004762	0. 002721	0. 004082	0. 025170
44	0. 004195	0. 004894	0. 002797	0. 003496	0. 004195	0. 002797	0. 002797	0. 025170
45	0. 004195	0. 003496	0. 004195	0. 003496	0. 003496	0. 003496	0. 002797	0. 025170
46	0. 003070	0. 003683	0. 004297	0. 003070	0. 003070	0. 003683	0. 004297	0. 025170
47	0. 004315	0. 003596	0. 002877	0. 004315	0. 002877	0. 004315	0. 002877	0. 025170
48	0. 003248	0. 004060	0. 003248	0. 004060	0. 002436	0. 003248	0. 004872	0. 025170
合计	0. 152708	0. 149178	0. 150527	0. 134653	0. 140088	0. 131030	0. 148926	1. 000

由此，我们可以得出政府购买服务各障碍因素的主要权重如下：

$$F = a_1x_1 + a_2x_2 + a_3x_3 + a_4x_4 + a_5x_5 + a_6x_6 + a_7x_7$$
$$= 0.152708x_1 + 0.149178x_2 + 0.1150527x_3 + 0.134653x_4 + 0.140088x_5 + 0.131030x_6 + 0.148926x_7 \quad (4-2)$$

（三）分析结论与政策含义

以上分析结果说明：政府购买服务的障碍因素是一个复合的系统结构，各种因素均发挥一定的影响作用，并没有某一个或者两个主要因素发挥绝对主导的作用。通过政府购买服务支持创新创业的障碍因素的专家模糊评价，其政策含义是比较明显的：

第一，政府购买服务的管理主体责任要素居于第一位置，说明受访者认为中央与地方政府的领导重视程度和责任划分具有非常重要的作用。调研的情况也印证了这一点，政府购买服务的投入和政策落实，跟地区的财力和区域位置没有必然的关系，而是跟地方政府的重视程度有关，与政府的主体之间的责任明确有很强的相关性。部分西部欠发达地区的政府购买服务政策推行的情况甚至好于中部地区，力度也大于中部地区的部分省份也说明了这一点。

第二，各级政府的资源保障和制度安排对于政府购买服务而言，具有次要的影响作用，说明资金投入问题仍然十分重要，尤其是西部地区和中部少数地区和基层政府，财力往往发挥着十分重要的制约作用。要想推动政策落地，中央和地方在政府购买服务的财政预算和投入上需要更明确的制度安排。

第三，处于第三位的影响因素是技术因素，主要是政策的合理组合和服务方式单一落后，不仅影响着服务项目的效率，也影响着申请服务的成本，既制约政策的落地过程，也制约着激励创新创业的效果。

第四，政府购买服务的服务提供者选择机制和服务供给项目与需求的匹配问题具有相当的影响，实际上这两个因素反应在供求的两个方面，一方面服务项目的供给要着眼于创新创业的需求，要根据实际需要完善服务供给商选择机制，形成竞争机制，从而提供更具有匹配性的服务，提升服务专业水平和质量。另一方面需求端要结合普惠性和择优性的综合平衡，对本地的产业导向和就业导向进行权衡，从而基于真实需求和有效需求的表达来完善政策工具。

第五，政府层级之间和政府部门之间的利益平衡也相当重要，权力和责任切分，资金和成本的合理分担，不仅影响到基层政府的积极性，也影响到整个政策的落地和走完“最后一公里”，否则不利于政策的宣传、推广和及时惠及广大创客和小微企业等主体。

第五章

政府购买服务支持创新创业的解决机制与政策工具匹配

政府购买服务支持大众创新创业的解决机制与政策工具的匹配针对已经存在的障碍因素来进行设计。通过制度构建、体制机制创新等五个维度进行系统性重塑，并按照机制设计、政策工具匹配两个层面进行考虑。

一 建立政府购买服务支持创新创业的主体责任机制

政府购买服务是一项综合性的财政补贴政策，涉及部门多，对象范围广，类型丰富，其最大的影响因素为责任主体因素。因此，首要任务是要强化责任机制，构建跨部门的协同机制，明确主体之间的分工和责任，推进政府间的合作和联动是解决政府购买服务支持大众创新创业的基本前提。

（一）明确政府购买服务支持创新创业的层级责任

政府购买服务支持大众创新创业是整个“双创”政策的重要组成部分，如果缺少这一政策部分，中央政府推动大众创业万众创新就相当于缺少一个重要的政策撬动工具。要推动政府购买服务的政策落地，不仅要建立相关的政府购买服务的管理协调机构，不只是停留在政策

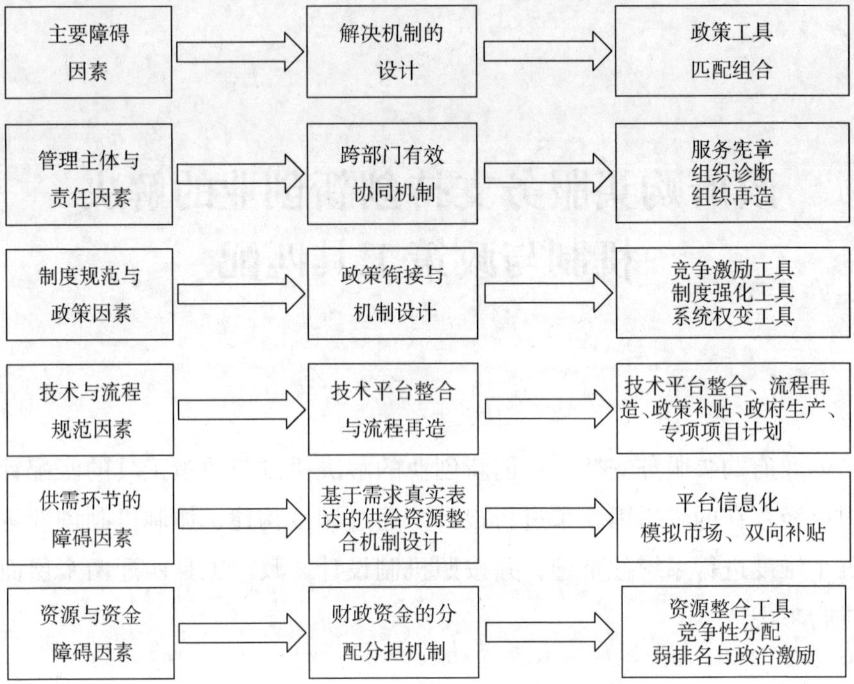

图5－1　主要障碍因素的解决机制与政策工具匹配

筹划和讨论的阶段，而应该转变为实实在在的政府责任，并且将这些责任进行政府部门之间的切分和政府层级之间的明确划分。

从中央政府层面需要进行顶层设计，将政府购买服务支持“双创”的政策进一步明确化和可操作化，而不是作为一种鼓励和提倡的原则性措施，否则会导致地方政府从实际出发缩小政策扶持范围和政策力度，甚至将此项政策束之高阁。而明确地方政府的责任，还应当在省级层面有更加明确和合理的制度安排，形成省、市、县、乡若干层级之间的财政责任和管理责任体系，使资金支持可持续化和制度化，使各管理主体之间的分工紧密协调和动态协作。在部门之间就资金保障、资金分配、项目管理、项目运作的各有关部门进行职责的明确划分，工作的有效协调，促使政府购买服务的全流程和全管理要素之间的科学安排和合理配置，促进权力、资源和责任的均衡化。使每一个部门都承担起相应的责任，责、权、利能够有机结合，调动各个方面的积极性。通过顶层设计和中层的精细化构建，从而确保自上而下，自内而外，形成一个责任和权力、管理和协调、服务与被服务的有机协调体系，从而调动各个方面的积极性和主动性，发挥整体协调与协同功能，促进政府购买服务成为刺激“双创”的有效政策催化剂。

明确各级政府购买服务支持“双创”的政策工具主要是两种：一是行政强制性工具。通过行政规定的形式对不同的层级的政府提出不同的政策的具体要求，其中副省级以上城市和省会城市的要求要进一步明确和具体化。其他地市和县一级给予不同的政策要求，政策要求要与各地的情况有一定的匹配性，通过授权给省市区一级政府来制定相关落地政策。二是绩效考核与督查工具。将政府购买服务作为地方政府“双创”扶持政策重要的一个内容来考核，并且纳入整体的地方政府官员的政绩考核和国家部委的政绩指标体系，并且赋予一定的权重，从而能够促使主要领导重视政府购买服务支持“双创”工作。当然，政府支持“双创”的政策评估和考核不仅仅是政府购买服务项目一个方面，还涉及其他的资金扶持、环境优化、资本创投等方面的政策，因此，需要设计一个合理的权重和系数，至少应当将政府购买服务的政策安排、资金扶持、服务项目，创新创业主体的满意度等要素纳入考核的内容之中。同时，政府购买服务支持“双创”政策的考核作为各级领导班子的考核内容的一个得分点或者加分项，使国务院全力倡导的“双创”活动转化为切切实实的地方政府工作的重点议程，推动各级党委政府将政府购买服务的“双创”工作进一步具体化、常态化。三是督查工具。“双创”作为一项国家行动，纳入政策议程之中，其执行应当进行跟踪过程督查。结合国务院开展的大督查，按照打造“双创”政策升级版的要求，对地方政府“双创”政策进行督查的同时，对政府购买服务的政策执行力度，主体的责任落实程度和政策工具的兑现力度进行督查和反馈。

（二）建立创新创业券跨部门管理委员会的综合协调矩阵式领导体制

依据创新券和创业券的实际服务范围等实际情况，成立创新券管理委员会或者创新券工作领导小组，负责研究确定创新券、创业券、服务券实施工作有关政策和重大事项。一般而言，地方各级政府对于购买服务支持“双创”的重视程度往往反映在领导机构的设置上。由省市县领导或者分管领导任负责人的管理委员会和工作领导小组往往对政府购买服务的协调起到至关重要的作用。由于地方政府从省级到市县一级如果只成立一个创新券或者创业券管理机构，那么就成为某个部门的工作。且这样的机构不能够承担起政府购买服务的多领域、多类型的服务职能。

正因为如此，需要从国家层面开始，依托国家发改委、科技部、财政部、人力资源和社会保障部、工信部等部委成立的“双创”领导协调机构，在国家发改委的牵头下，设立一个政府购买服务支持“双创”的指导委员会。在已经设立的省、市、县三级党委政府“双创”领导小组下应当设立一个跨部门的政府购买服务支持“双创”的执行委员会，整合各部门的资源和职能，尽量将创新券和创业券等购买服务的项目和资金预算整合，在工作执行委员会下，依托或者成立一个中心管理服务平台，由第三方或者下属事业单位来规范运作，从上到下形成一个指导—负责管理—具体运作的工作机构体系。

其中，政府创新券的领导小组办公室设在科技主管部门，主要负责普惠券中科技资源共享服务创新券、活动券和重点券的组织发放、资料审核、兑现等日常运行和管理工作；经济和信息化部门主要负责普惠券中服务券的组织发放、资料审核、兑现等日常运行和管理工作，审核相关中小微服务券服务机构和服务产品等信息；财政部门负责年度创新券、创业券资金的预算安排和拨付等。各自可以依托现有的运行平台，或者整合新的服务平台，承担日常的运营和管理工作，其他部门配合做好相关工作。

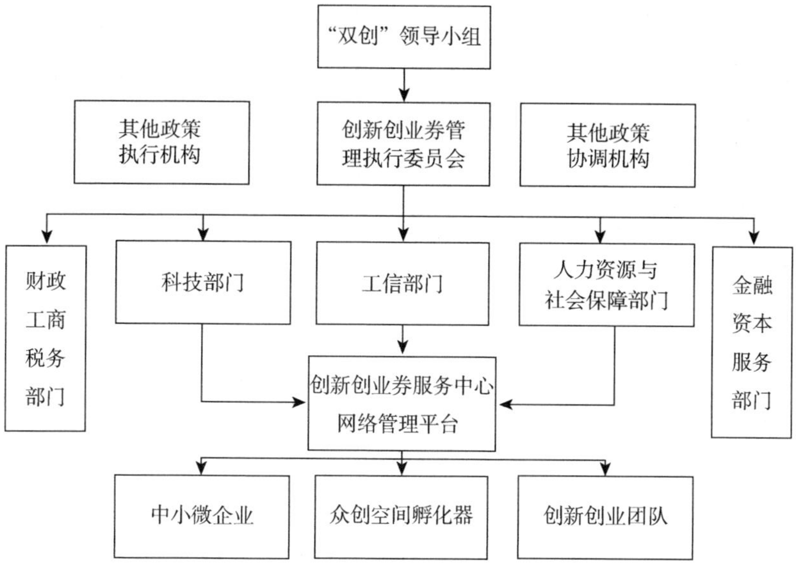

图5－2　政府购买服务支持"双创"的管理体制框架结构重构图

跨部门协作管理机制的构建需要一定的政策工具和管理手段进行匹配。其中组织管理工具中的弹性化组织与矩阵式结构组织可以运用到政府购买服务的管理运作机构中。虽然有的地方如深圳等地设立了创新券管理委员会，但实际上只是一个部门主导下的政策协调机制，创新券、创业券管理委员会名义上虽然是在市政府和区一级政府的领导之下，但实际运作中，只是运作单一类型的服务券或者创新券，不利于资金和职能的整合，因此可在不增加人员和机构的前提下，将创新券管理委员会转化为"双创"服务券管委会或者执行委员会。下属的创新券、创业券、服务券、专项券等项目既可以是综合性管理的综合协调组织，也可以实行适度分离的矩阵式组织，按照不同的项目服务来进行管理。两者各有利弊，视情况进行组织流程再造和职能组合。一元管理机构便于统一管理协调、人员精干，也便于彼此信息流通，方便申报和管理，提高工作效率。矩阵式组织则便于分类管理，处理更加专业化问题，且不容易相互推诿。缺点是工作协调的难度稍大，且信息沟通和流转有一定的时滞性。

其次，基层政府则只需要建立一个多部门工作协调小组为主体的机构，因为基层政府县区一级本身出台政策不多，而承接上级的业务和政策的居多。在统一的责任划分之后，基层政府也必然配套出台相关服务项目，需要一个政府购买服务的综合协调机构，因此仍然需要一个跨部门的综合协调机构。

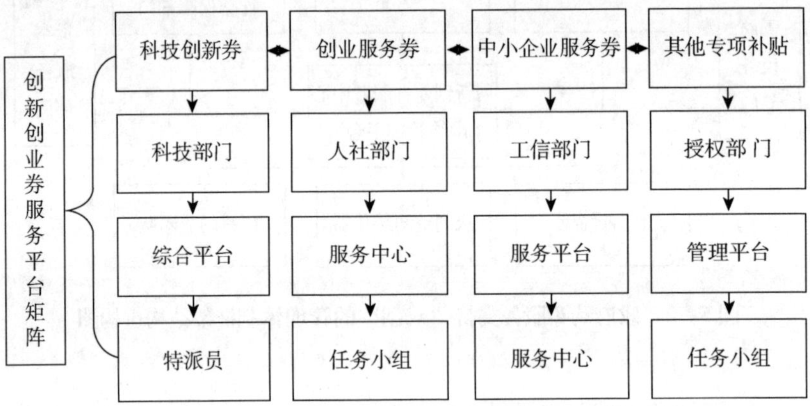

图5－3　政府购买服务支持创新创业的矩阵式管理机构

（三）建立统筹兼顾的政策协同机制

创新券和创业券以及政府对于众创平台的补贴实际上都是以地方政府为主导的政策安排，因此主要工作应当以一个强有力的部门牵头进行管理和协调。从实际的运作看，地方政府都是根据实际的资金来源，或者扶持重点来安排主管部门和牵头机构，创新券一般由科技部门主管牵头，而创业券一般由人社部门牵头，中小企业服务券则由工信部门牵头，由中小企业服务中心具体进行运作管理。从推动大众创业万众创新的政策安排看，要想推动创新创业的强度和普惠度提升到一个新的层次，那么需要建立一个部门主导，其他部门配合的机构，也就是说即使由省、市、县政府综合协调机构或者发改委牵头，主要的工作需要落实到一个部门，这个部门如果是以科技资金为主则应当归入科技主管部门；而以就业资金为主，应当纳入人社部门的主管之下，如果是中小企业扶持资金为主，则应当以工信部门为主，其他部门的管理职能和人员在此项协调运作平台上联合办公，进驻平台，协调合作，不需要建立多头的综合网络服务平台，也不需要三方重复设立相关的管理机构，这样一来，既有一方进行主要的管理和协调，也有其他方面的配合和协调，在现有的平台的基础上整合资源，从而起到事半而功倍的效果。

从各地的情况看，地市级以下工信部门的中小企业服务机构具有较为健全的体系，可以承载相关服务的运营工作，副省级城市的科技部门有较为成熟的创新券和创业券的运营管理能力。因此，根据实际情况建立一个由部门主导、多部门协同的机制能够更好地落实责任，推动政策落地。

配套政策工具：责任公开承诺制——360 度绩效测量。要想建立一个以管理委员会或者综合协调小组的领导框架，以一个主导部门为落实执行机构的管理机制，需要解决其他部门的配合度不高，导致效率低下问题，也要解决部门之间因程序和责任不清而导致推诿扯皮问题。因此，在实际的执行过程中，往往会因超出权限范围和工作超负荷，导致所有的责难和不满汇聚到某个部门和某个层级的单位。因此，申请服务对象的满意度测评，需要对服务的每一个流程、每一个责任单位进行服务承诺、具体责任环节、具体职权范围等进行公开公示，便于社会主体的监督与服务提供者和申请者对号入座，进行 360 度测评，从而倒逼各部门进行服务体制和流程的改善。

主管部门组织责任诊断工具。根据测评的满意度呈现的流程特征和部门责任特点，进行组织诊断分析，将各部门的流程进行对应的节点的责任和效率进行分析，对部门之间的协调机制和协调程式进行分析，根据分析的结果和问题诊断，进一步对综合协调机构的职能设置进行优化，流程进行再造，对责任不到位的进行责任强化，甚至是责任追究。而对部门协调机制存在的问题，则需要进一步完善领导机构的设置，甚至可以通过地方的机构编制部门，通过上级机关和地方立法机关进一步进行创新创业券管理的非常设机构的权限和职能的调整和优化，对矩阵式结构进行必要的调整。

（四）实现各类政策主体的整体联动

整体联动首先要强化中央政府层面的顶层设计，将政府购买服务支持“双创”的政策安排进一步明确化和具体化，从而推动地方政府将政策作为地方的必然选项和优先选项，否则要形成全国性的政策格局将很难成型，且没有进一步制度化安排，政府购买服务支持“双创”也不能持续化，在2—3年后有可能成为一项可有可无甚至废弃的政策选项。其次，需要整合不同部门的资源和职能，形成一个汇聚多方资源，整合多部门职能，形成各部门相互支持和强化的一个综合政策体系来安排政府购买服务。主要有地方政府的主管领导进行协调和管理的机制，各部门之间的工作责任制和资源预算分解明确，扶持政策之间彼此衔接，相互之间形成整体的系统。再次，在不同层级政府之间形成自上而下的任务和资源的长效化制度安排，形成合理地责任分配和权力划分，避免上动下不动，整体不联动的局面。

行政组织再造工具——领导机构的效能平衡工具。“创新券政策的实施，必须由专门的机构操作。就我国的情况来看，中央和地方都需要有相应的管理机构。”① 部门之间的政策联动机制的建立说起来容易，但是真正运作起来有一定的难度。国家“双创”政策的牵头协调部门的国家发改委，但地方政府支持“双创”的政策协调机构往往是在科技部门或者是人社部门，根据各地的实际情况因地制宜。因为地方发改委部门职能繁杂，分身乏术，因此并不具有一定的精力和专业能力。因此，整体的联动机制应当以地方政府常务副职以上领导干部牵头设置综合协调机构，确保能够发挥高规格的协调功能。或者应当由一名分管经济工作的常委来统一协调工作，力度则更大。而整合各部门主导的政府购买服务的“双创”，基层政府应当由一名分管的副

① 郭铁成：《创新券政策原理和在中国的实践》，2016-11-28，浙江省政府官方网站（http：//www. zjfzb. gov. cn/n134/n138/c135539/content. html）。

市长、副县长来综合领导和协调推动此项工作，单靠一个部门来协调对于地方政府而言，往往有很大的难度，效率不高。

二　实现利益关系的激励相容，完善支持大众创新创业的制度衔接

政府购买服务支持“双创”政策需要从顶层进行制度设计才有可能实现长效化。顶层设计需要从法律层面对大众创业万众创新的主体，尤其是创客主体提供制度化和普惠化的政策支持和激励。同时，也需要中观的制度衔接和基层的创造性执行机制构建。理顺利益关系，夯实政府购买服务支持“双创”的微观利益基础。

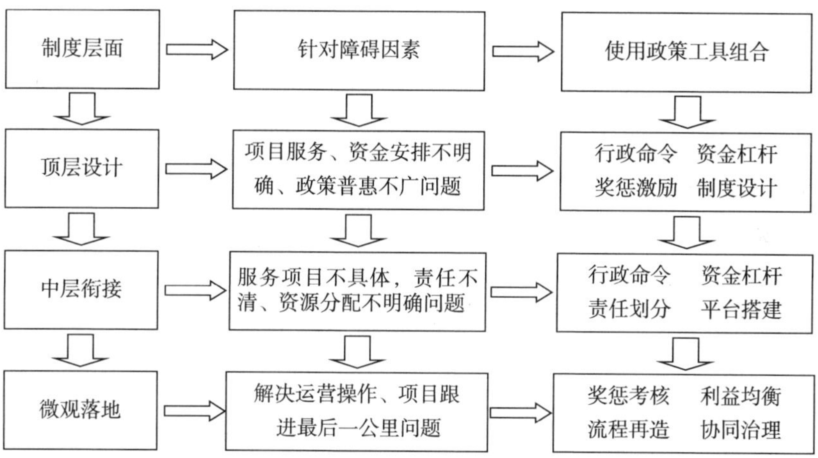

图5－4　政府购买服务支持“双创”的顶层、中层与基层制度衔接

（一）对政府购买服务支持创新创业进行顶层设计

一是进一步完善预算法，在政府预算中将科技经费、就业经费、中小企业扶持经费的名目进行进一步的具体划分，进一步强化预算支出中扶持大众创新创业的预算科目，能够单列科目的尽量能够细化为款目，并将资金预算的保障责任明确到各级地方政府和有关部门，为政府购买服务支持“双创”提供资金预算方面的制度支持。

二是进一步完善政府购买服务的有关规定和办法，将政府购买服务支持创新创业，扶持创客行动的服务内容、服务形式和服务效果的评价纳入政府购买服务的相关范围中，并以国务院的《决定》和财政部政府购买服务的《管理办法》等形式进一步明确，政府购买服务支持“双创”的内容形式和流程以及管理方法和责任划分等，能够在政府规范层面形成政策依据。

三是要进一步推动“双创”政策的升级版。在政策之窗开启的政策生命周期内，进一步推动创客支撑平台升级的持续化、政府购买服务政策明细化，实现基本要求、基本责任、基本方法和基本资源保障的制度化和长效化，形成自上而下的政策体系，形成部门之间的整体政策联动机制，从而能够保障政府购买服务政策支持“双创”的有效落地和长效发展，成为推动创新发展的强效催化剂。打通现有的科技部、国家发改委和财政部、人社部、工信委部门的政策断头路，更加增强部门的政策协同力度。对省、市、县三级政府也合理区分责任和划分保障责任，能够在地方形成自上而下的政策合力。

顶层设计的政策工具主要是制度强化，有必要将国务院的相关规范性文件进一步转化为行政法规的形式，将中央政府支持“双创”的决定和意见进一步升格为国务院的相关条例，如《推进大众创业万众创新实施条例》，明确单列一条政府购买服务支持“双创”的条款。进一步细化相关规定，并督促相关部门出台相关规章，如以财政部、科技部、工信部、人社部等部门联合出台《政府购买服务支持“双创”的实施管理办法》，并力争进一步出台《国家创新创业综合服务网络平台促进办法》《公共科研机构大型科研仪器设备共享奖励管理办法》等国家层面的制度设计，从顶层解决前一公里的政策落地问题。在此基础上，进一步将国务院的政策推向国家立法层面，力争出台《中华人民共和国大众创业万众创新促进条例》，其中，对政府购买服务支持“双创”设立单列的条款和款目，明确政府购买服务的资金来源、中央地方的划分比例、服务的基本形式和基本内容等条目，进一步将政府购买服务支持“双创”成为一项法制化的顶层设计。

（二）构建政府购买服务支持创新创业的中层制度衔接

再好的政策没有地方政府的政策衔接就会遇到中梗阻，落地往往是一句空话。政策执行在中国政府层级之间是相互影响的，中央政府如果没有明确要求，地方政府除非处于迫切的需要和巨大的竞争压力，否则不会主动去推动政府购买服务支持“双创”的政策安排，因为这是一项净投入政策，短期内很难见效。而省市区一级如果没有中间的政策衔接，中央政府又没有很好的顶层设计，那么一项政策的执行只能是看现实的需要。就政府购买服务支持“双创”而言，主动加大政策投入的地方政府毕竟是少数，而且高度集中在发达地区和大型城市。因此，没有省市区一级政府的有效政策衔接和安排，政策要想实现全面落地，发挥普惠效应就显得困难。中观政策的衔接，包括四个方面：一是政府购买服务的项目和途径的衔接，明确政府购买服务的基本普惠项目，从而在本地区形成符合实际的政府购买服务支持“双创”的项目体系，合理设计创新券、创业券、服务券的类型和范围，设定基本的项目清单和基本的政府购买服务形式。二是制度和规范的衔接和细化，包括服务体系、标准体系和流程体系的设计和具体的操作指引的出台，对政府购买服务提供方、申请方的资格条件、实施流程步骤等予以明确，便于不同地区的服务打通障碍，实现更大区域的资源共享和通兑通用。三是责任衔接和分工体系的衔接，在省、市、县乡之间根据政府购买服务支持“双创”的项目、资金和流程等要素按照实际需要和责权利相统一的原则，进行合理的责任界定和部门的分工协调。四是资金与资源、平台体系的衔接，对各级政府之间的政府购买服务的资金和预算问题进行统筹考虑，设计较为合理的资金预算和资源分配机制。

中层的制度衔接主要是省市区的相关政策和制度安排，其使用的政策工具可以采用资金竞争性转移支付工具和责任强化工具。通过转移支付和责任强化等各种政策工具对整个购买服务的层级之间进行统筹安排和筹划。对中央和省市级各种涉及创新创业的资金进行合理的筹划，通过整合资金和科学划定使用领域和范围的方法，努力提高政府购买服务的资金保障强度。

通过制度设计工具，优化政策机制设计。根据本地的实际，对支持“双创”的政策，特别是政府购买服务支持“双创”的政策可以更加具体化、因地制宜，对当地的政府购买服务支持“双创”可以由财政部门出台《政府购买服务支持“双创”的操作指引与流程规范》《政府购买服务支持“双创”的资金筹集与管理办法》《政府购买服务网络综合技术平台建设管理办法》《政府购买服务支持众创空间和创客活动实施办法》等相关的中层制度衔接。省市区一级政府和较大的市政府相对于国家层面而言，更容易通过立法的形式确立支持创新创业的政策，通过相关的支持“双创”的《条例》和《管理办法》等具有承上启下、因地制宜的特色政策和制度安排，为本地区的“双创”发展创造局部的优越环境。

（三）激励基层政府购买服务支持“双创”的政策安排

大多数基层政府认为：推动“双创”，尤其是众创空间的建设发展，是大城市玩的事情，小城市意义不大。对于绝大多数地市和县一级政府而言，一般会有推动“双创”的政策安排，但对于众创空间的建设和扶持，对于政府购买服务支持众创工作实际上是缺乏统一认知的。从调研的情况看，一般副省级以上城市的众创空间建设和政府购买服务支持“双创”一般会形成巨大的政策竞争压力。而对于较大的地级市而言，一般会建设若干个较为完善的众创空间，较发达和较强实力中西部地区的地市也会效仿副省级城市高水平建设众创空间，如在湖北的黄石市磁湖梦众创空间的建设模式和扶持政策学习借鉴了武汉的做法，甚至在某些优惠扶持政策方面力度超过了武汉市。但对于大多数地市和县乡政府而言，推动众创发展仍需要政策激励措施。

主要的政策工具包括：一是进一步对副省级城市进行众创扶持政策的评估和竞争性激励。将副省级以上城市和省市区一级进行竞争性激励政策安排，通过对扶持政策评估弱排名，公布各地的实际扶持项目和扶持强度，并跟中央政府的财政奖励和补助挂钩，从而调动地方政府进一步推动政府购买服务支持“双创”的积极性。二是地方政府对市、县、乡三级，尤其是地市一级要形成众创的工作推动机制和考核机制，并要作为地方政府三级考核的目标责任之一。县乡一级表面上没有众创的基础和资源，但实际上结合当地的优势，借助当地的产业和龙头企业，是可以形成一定政策模式和特殊的众创扶持路径的。只有将此项工作作为考核任务，并将政府购买服务作为市、县、乡三级的责任，跟省一级的资金预算和转移支付，以及科技经费、中小企业经费、就业经费等资金分配密切联动，则可以更好地激励基层政府的积极性。三是对基层部门之间的协调进行激励性政策安排。重点解决中央与地方政府的部门政策之间的衔接，并形成自上而下的政策推动机制，同时根据中央政府层级的协调机制和部门联动机制，合理设计地方的联合协同机制，明确不同的部门责任和任务，并将任务与考核机制对接，对整体的政策绩效进行评估。在省一级一般可以发改委牵头，也可以选择科技部门、人社部门和工信部门联合协同，对接中央的政策，形成本地区的具体衔接政策，为市县乡三级提供规范的操作指引和政策示范。

（四）实现政府购买服务支持“双创”与其他“双创”政策的配套衔接

政府购买服务支持大众创新创业是推动“双创”政策体系的有机组成部分。除创新券、创业券、服务券等政策外，政府购买服务支持“双创”跟科技部门的众创空间的管理和扶持办法、工信部门的中小微企业扶持办法、人社部门的创业带动就业实施办法等相互协调，使政策形成系统性和科学性。政府购买服务要与各省市区对于发展众创空间，推动大众创新创业的实施方案相统一，整合各级的政策资源和奖励措施，形成一种强大的政策合力。

因此，需要运用系统管理的工具，对相关政策的系统性和协同性进行分析，对于政府购买服务而言，需要将创新券、中小企业服务券、创业服务券等政府购买服务的形式和途径进行科学安排和合理的设计，形成整体的政策相互强化和相互衔接，避免政出多门、多头管理、重复资助，把有限的资金用在刀刃上。在省市区一级应当形成较为规范和完善的政策衔接体系，在具体市县乡三级上，应当有一个主体承接和承办机制。以科技创新为主导的城市应当选择以科技部门为主导的工作推动和执行机制设计；而以就业创业为主导的地市县级政府应当选择人社部门为主的机制设计；而以产业振兴和中小企业发展促进为主题的地市县政府应当明确工信委等部门为主体责任，层级之间、部门之间实现工作的有效承接。

三　规范政府购买服务支持创新创业的技术与流程体系

技术与流程因素是影响政府购买服务政策落地的重要因素，其不仅影响政府购买服务支持“双创”政策落地的效率，也严重影响相关主体的积极性。重构技术支持体系，优化流程设计，对于提升政府购买服务的效率和质量具有不可忽视的作用。

（一）以云技术为支撑重构区域性网络技术服务平台

从各地的实际看，凡是政府购买服务支持“双创”搞得好的地区，一般都建立了快捷高效的网络服务和管理平台，建立了第三方管理运行的灵活机制。如浙江等地建立了科技云服务平台，整合了全省的科技资源和服务主体。重构技术平台体系：一是要整合资源，建立起政府购买服务的地方网络云服务平台。从大数据和综合平台的角度出发，将政府购买服务的管理系统与网络技术相结合，实现同一区域内的网络平台的整合和高效接入，将管理和应用功能嵌入云服务系统，从而在省市区一级形成整体联动，将网上申报、网上匹配、网上审批、网上兑现的功能整合进入一个多级多部门多主体联动的功能平台，从而避免重复投入和多头管理。二是在条件成熟的情况下，构建全国性的政府购买服务支持“双创”的网络技术平台，依托现有的云技术和服务供应商，开发新的可接入、可嵌套的服务体系，将地方平台的服务主体、内容项目、提供商整合进新的全国性平台，从而进一步扩大政府购买服务的项目选择范围和供应商的选择范围，推进创新券和服务券的使用范围的扩大，提升使用效率和质量，更好地推动创客的服务需求的创新性配置。

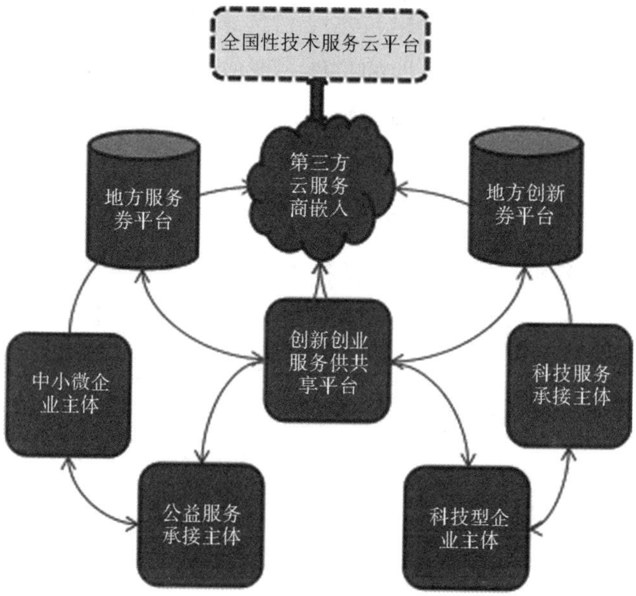

图5－5　基于资源整合的综合云技术服务平台框架

（二）进一步简化审核程序和兑现流程，增强网络服务平台的互联互通优势

“让网络多跑路，让群众少跑腿。”[①] 实现在线联审、多方同步、交叉核验等手段，进一步将原有的手工操作和人工审核的模式转变为网络审批的模式，进一步减轻申请者、审批者的工作量和工作压力，

---

① 李克强：《让政府信息多跑路群众少跑腿》，2015－02－06，腾讯网（Https：//news.qq.com/a/20150206/065663.htm）。

提高创新券、服务券和创业券的申请便捷度和审批的效率，高效及时满足创新创业服务的需求。从调研的情况看，不少地方的人工管理和手工操作不仅费时费力，而且极大增加了审核的难度，增长了审核时间，线上审核比人工操作平均节省一半的时间，而且人工审核成本要高出3倍以上。因此，在构建区域性的网络平台的基础上，在地市、县一级应当改造现有的网络平台和管理系统，将综合网络平台的建设和改造作为智慧城市建设的重点之一，作为支撑“双创”的一个重要标志性的指标，推动基础网络技术平台体系的完善，从而为构建云服务系统和管理平台创造基础性的条件，形成一个上下联动、资源互补、权责明晰、分工协调的综合网络服务平台体系。

这里的政策工具采用政府生产和BOT等政策工具，具体可采用PPP的运营模式，也可以运用政府独立的事业单位运营的模式。其中网络技术服务平台可以以云服务为依托，通过政府部门成立单列的事业单位来运营相关平台，以省市区一级为龙头，统筹省、市、县三级投入，构建一体化的技术服务网络，也可以整合现有的科技信息服务平台、财政管理网络平台、智慧城市管理平台，通过技术方案，解决相互的接入和功能的整合问题，向国内的主要云服务商购买相关服务。也可以直接通过BOT模式，实行建设、运营、转换的形式，早期通过招标的方式带资建设、第三方运营管理、政府分期支付购买服务的投入，最终移交给政府公共部门管理和经营，实现财力不足和网络基础设施不完善地区的技术平台的首期投资建设。在具体的运营中，进一步推动公私伙伴关系，利用PPP模式并引入第三方管理服务者，实行政府与第三方在网络技术平台建设、运营和维护中的全方位合作。

（三）以降低交易成本为基点重构流程与规范体系

必要的流程和条件对于提高政府购买服务的效率，缩短申领和兑现时间，保证财政资金的安全和依法合规使用具有重要的意义。因此，重构流程和规范体系既要考虑减少不必要的环节，降低交易成本，同时也要考虑扶持资金被合理使用，用到真正需要的小微企业和创业项目上，避免各种套取资金和挪用资金的行为。一是要进一步强化各项程序和规范机制的重构。对现有的申请流程、审核流程、兑现流程逐个建立清单，并进行逐项评估，对必须保留的流程予以简化和技术优化，对于不必要的流程予以撤减合并；对属于基础信息的需要完善基础信息平台，一次提交审核，云同步更新，以后可以长期调取共享使用。对于撤减的程序，为保证审核的有效性和规范性，应当进一步完善企业的诚信保证机制，在诚信承诺书上约定较为严格的制约措施，通过提高事后违规成本来进行弥补。二是要完善各项流程机制和规范，通过公开透明的规范制度来提升管理和运行效率，降低交易成本。除诚信保证机制外，还可以对主体资格条件的规范进行明确，并通过各种渠道和途径推介政策信息。对政府购买服务的项目和内容、享有服务的资格、提供服务的主体条件进行监督机制设计，使参与主体的信息能够相互透明公开，彼此之间相互监督，对于符合条件和资格的服务申请者的资金安排，不仅需要专家化的评审，还需要建立竞争性的公平分配机制，确保能够有效地促进政策的公平性和普惠性。对服务的提供者进行范围、条件和资格的门槛的规范设定，既要确保服务的专业性，也要确保竞争性和公平性，在服务提供的地域限制上进一步破除制度性的障碍，不断扩大服务选择的范围，促进服务提供者之间的竞争，从而提高服务质量和服务效率。三是程序和规范之间要相互支撑。提高制度机制的互补度。简化程序必然带来审核的压力，而且带来一定的风险。因此，简化程序不等于不要程序，放松要求，而是要通过技术手段和制度规范实现补充和保障，通过技术手段和网络互联互审、交叉审查以及基础信息一次性提交和共享，减少不必要的资料提交和重复审核，降低交易成本。同时，通过制度保障手段，强化企业的诚信机制、服务的竞争机制、服务的申请和审核的公平保障机制，进一步保障程序简洁高效，让存在不良动机的申请者和提供者不敢冒险舞弊和违规操作。使违法成本及其惩处概率大大高于现实的利益获得。

重构规范和服务流程体系，不仅需要技术支撑，还需要运用流程再造工具和问责工具。流程与程序要求是组织再造的重要内容，因此，对于政府购买服务的各个环节、要求的资格条件和资料证明等多元要素纳入组织诊断中，对必需的环节予以保留，其中申报、审批、使用、兑现四个基本环节进行规范化设计，其他附着的资料提供和审批通过网络联合审查和基层审核的办法进行流程再造。在此基础上，对于能够合并的环节予以合并，如申报和提供资料可实行申报与提交资料分离，一次提交，持续申请，资料在综合平台中信息共享，不需要提交纸质版，重复验证，审批和使用环节可以联动，审批和意向性的协议可同步提交审批，不用多头审批和重复审批。在组织诊断的基础上，对于各个环节的责任和分工进行划分责任清单和责任点，在上下级别的部门之间、同级不同部门之间，如科技部门、财政部门、人社部门、工信部门之间进行合理的切分，其中责任区间内的责任清单，实行单独问责，两个部门之间责任连接点实行同时问责，有的可区分主次责任，有的则明确双方均要负具体责任、管理责任和领导责任，明确责任考核和追究的后果，从而促进服务流程的改进和服务效率的明显提升。

（四）以线上线下整合促进工作效率的提升

政府购买服务的网络综合服务平台建设需要各层级之间的整合，各部门之间的协同，但无论如何，线上服务都代替不了线下审核管理和服务工作。因此，一是需要以改善服务为着力点，弥补线上服务的不足。通过将权力和责任下移，按照就近和便利原则，将责任和权限下放到基层政府及其相关职能部门，依照本地区的特点将人社、工信、科技、农业等部门的涉及相关的职能进一步整合，按照政府购买服务的跨部门委员会体制，实现部门之间的协同管理，将管理的重心下移，甚至有必要延伸到乡镇和街道办事处、社区等层面，便于就近管理、审核、服务。政府购买服务支持“双创”的跨部门协作的牵头机构或者主管机构，如科技部门或者人社部门可以结合实际，选派科技特派员或者服务代表，定期或者常驻相关基层单位、创客空间和重点扶持的孵化平台，实现线上申报、线下同时审核，将时间成本减少到最低，将效能提升到最优，将服务延伸到最基层。二是延伸和完善网络在线服务平台，确保平台的高效衔接。不同部门之间的数据和资料同步共享，综合集成多功能和多管理主体的事务和权限，分级分部门线上流转运行相关程序和信息。将平台的支点扩展到乡镇和街道办事处一级，在基层一级审核原始信息，走完最重要的服务流程。服务券、科技创新券等原始信息审核可借鉴公安系统的户口和身份证信息管理系统，进一步将信息网络和原始管理权限前移，审批权限下放，依次往上，高一级的政府主管部门只负责权限范围内的审核和管理，将管理由微观转向中观和宏观管理监控，运用大数据的分析和系统的优化来提升管理质量。

推动技术服务体系的线上线下融合，进一步完善利益激励的政策工具。通过政府资金的引导作用，搭起政府、创新创业主体、服务商和第三方平台运营商之间的良性互动关系，给予不同的主体不同的利益导向，对线上主要是对第三方运营服务平台予以奖励和购买服务的利益牵引，对服务的申请者予以线上线下便利化回报，对于服务提供者给予便捷的兑现服务；对线下服务与线上服务的匹配性进行设计，赋予基层政府审核推荐的权利，也给予网络平台基础信息完善维护的功能，给予市县政府一定的推荐审批权限和对基础信息资料联合共享的权力和资金调配的权限。通过线上线下各方面积极性的调动，通过线上线下行为的利益催化和引导工具，可以更好地重构服务系统，提升服务质量和用户体验。

（五）逐步构建跨区域的综合技术与管理服务平台

国务院在 2017 年 7 月份进一步强调：“健全完善创新券、创业券的管理制度和运行机制，在全面创新改革试验区域探索建立创新券、创业券跨区域互通互认机制。”“此项工作由科技部、国家发展改革委等部门按职责分工负责。”[①] 有三种方案可以考虑：一是在优化和整合本地区不同的网络信息平台的基础上，进一步实现全国综合网络服务平台管理的一体化、共享化。打破各自为政、互相独立的运行格局，更好地在网络平台推动信息的共享，提供更加开放的服务项目和服务供应商的信息平台，一方面可以更好地满足创客需求，另一方面也避免创新券、服务券使用兑现困难，找不到服务提供者的窘境。在此基础上，应当考虑建设一个全国层面的综合技术服务平台，从而打破政府购买服务的地区壁垒和界限。二是可以退而求其次，按照政府购买服务的类型和支持对象的特点可以分别设立若干部门综合平台，也可以考虑建立一个综合性的部门服务技术平台。人社部门、工信部门、科技部门、农业部门可与财政部门协同，依照行业特点建立各自的综合网络服务技术平台，可以依托现有的综合平台体系，也可以根据需要进行开发和整合。也可以考虑，以科技部门主导，科技、人社、工信、农业、财政部门共同协作的政府购买服务支持“双创”的综合网络技术平台。这样一个平台可以参照交通安全管理系统平台，实现地方各服务平台的接口的开放和高效对接。而第三方平台则可以扩展和完善服务项目和接口，适当增加投入和技术力量，利用现有的人员编制和技术平台，进行整体优化。三是考虑向第三方运营商购买服务，通过第三方的管理和运营，实现整体服务和运营职能的外包，并每年对运营方的绩效进行评估，按照评估情况决定合同的执行和费用的结算。如北京市昌平区以宏福博奥孵化器为试点建立首都科技创新券平台，将孵化器升级为创新券发放机构，方便孵化器内的小微企业申请领取创新券。平台建立后，企业可直接到孵化器领取创新券。

平台投入和完善的政策工具，可以运用奖励性工具和补贴类工具。同时也可以运用资源优化配置的管理工具，在条件成熟的时候可以采用政府生产的政策工具。一是奖补类政策工具。对于省市区一级统筹

---

① 国务院：《关于强化实施创新驱动发展战略　进一步推进大众创业万众创新深入发展的意见》（国发〔2017〕37 号），2017 年 7 月 27 日。

建设政府购买服务的网络综合服务平台，或者整合和改造升级现有的网络服务平台，中央财政可以给予一定的补贴和奖励，通过补贴和奖励，可以帮助地方政府进一步改善技术保障体系，同时赋予地方政府对奖补类资金一定的分配权限和配套比例的要求，可以进一步地平衡地区之间的差异，统筹推进该项网络技术服务系统的全面落地。二是政府生产的工具。在此基础上，国务院相关部门牵头建设一个整合各地服务平台的综合管理平台，使其具有全国性的平台互通互联的功能，全国性的技术服务综合平台完全实行公益化运营，纳入政府的公共服务职能之中，从而发挥极为重要的枢纽与桥梁作用，在全国范围内优化资源配置，提高服务水平。

四　政府购买服务支持“双创”的供求有效对接机制

政府购买服务支持“双创”的最大意义在于构建了服务的桥梁，形成了激励创新创业的政策杠杆。但这一杠杆作用发挥需要政府按照创客用户需求配置创新资源，引导服务企业按照用户需求开展服务活动。否则，低效的政府购买必然会被市场竞争所淘汰。

（一）进一步明确各级政府购买服务的基本项目

对政府购买服务而言，各地的财力和重视程度不一样，因此政策是否出台，出台怎样的服务项目，以什么样的形式提供服务都是一件具有高度不确定性的政策安排。而且受到领导者的政绩偏好的影响和左右。但政府购买服务支持“双创”，不仅需要明确各地各部门的责任，也需要结合本地区大众创业万众创新的实际，从服务创业的角度对需求的次序进行调查和分析，对现有的服务机构和服务能力进行评估。在此基础上，对政府购买服务的类型，政府购买服务的途径，结合购买服务的财力和资源条件，来确定是按照服务券、创新券还是创业券的形式，并按照基本的形式构建和匹配服务项目。一是从实际出发，选择一种或者多种类型的服务途径和形式。如果本地区中小微企业较多，且创业类型属于基层的传统类项目，地市及以下地方政府，则应当以中小微企业服务券为主体，提供的服务以公益类服务项目为主。而创客创新和传统的中小企业创业兼而有之的地市一级，应当以创新创业券兼而有之的综合服务券，类似于宿迁和济南等地的创新创业券为主。而对于实力较强，创客集中，各类科技创新团队和企业云集的发达城市和副省级以上的城市，主要突出科技服务券的服务形式，并行中小企业服务券和其他专项服务券，比如江苏的中小企业信息化服务券具有一定的补充性和针对性。二是确定政府购买服务的内容，按照实际需要设计三大类，一是基本服务类，以科技创新为主导的服务项目，应当包括检验检测、研发设计、知识产权服务等基本服务项目。有实力的地区可根据需要在基础项目上增加和延伸服务。二是公益服务类，只面向成立不久的创业企业，提供财税代理、战略咨询、人力资源培训等基本服务项目，有条件的地区可进一步拓展项目。三是奖补类，主要面向众创空间的创客，对于创客的项目孵化和业务拓展，提供基本的房租和基础运营设施补贴，既可以支持创客创业，降低成本，也可以支持众创空间等孵化器，调动他们的积极性。对于实力强大的直辖市和发达地区的副省级以上城市，可以将政府购买服务的类型和形式综合设计，进一步整合资源，以扶持创新型创业和科技创新发展的项目为主导，进一步统筹各项服务类型和项目的安排。但就全国而言，应当以基本服务项目为主，保留基本项目和至少一种类型。

对于政府购买服务支持“双创”的项目的明晰，一种方法是可以使用强制性制度安排的政策工具、补贴性政策工具、政府组织生产的工具。也就是说，对地方政府提供创新企业和创业团队的服务项目可以进行行政性的强制性安排，这种安排不直接规定项目的种类和具体形式，而是规定项目的大致类型和数量范围。如要求提供创新券、中小企业服务券的至少一种，且每一种中的服务项目不少于3个。这样既能够进行明确的政策要求，同时也给地方政府一定的机动性和灵活性，在各层级之间和各区域之间进行综合平衡。另一种方法是公共生产安排。就是政府自身就所管辖的高校科研院所的大型仪器设备和管理咨询服务等平台，按照考核任务和目标管理的形式直接将服务社会服务创新创业作为一项重要的指标，跟高校和科研院所的经费拨款的某些服务社会项目挂钩，按照完成任务考核情况拨款，也就是组织公共生产，满足创新创业的基本服务项目需要。与此同时，进一步完善中小微企业服务机构的职能和组织结构，在机构改革中，将富余和待调整的相关专业技术服务人员和社会科学机构的研究人员调整到中小企业服务平台中来，既可以优化队伍结构，推动机构改革，也充实了中小微企业的服务力量，保障了服务质量，尤其是基层政府的一些公益类服务完全可以通过公共生产的方式提供。

（二）丰富和延伸政府购买服务的项目和形式

一是对项目服务基础性延伸和拓展。在确保基本服务项目和基本服务形式的同时，对地方政府的不同层级和不同经济状况提出不同的衍生服务要求。区分发达地区、欠发达地区的不同地区的政府的服务类型和服务项目的衍生性和拓展性范围，给予一定的政策自由裁量空间，对发达地区应当提出服务的形式至少有 2 种类型以上的服务券，中部地区至少要有一种类型以上的服务券，且服务项目要有 3 + N 种，西部地区至少有一种类型的服务券，以及 3 个以上的政府购买服务支持“双创”的具体项目，且服务项目具有针对性和一定的含金量。

同时，不同层级的政府应当对服务券类型有进一步的明确，对省市区等区域性地方政府平台应当重点提供一种普惠性的科技创新券或者中小微企业服务券，有必要的，地方政府可出台专项服务券。对于副省级城市，特别是发达地区的副省级城市重点突出创新创业券服务，其服务项目覆盖范围应当基本包含所有的创新创业支持项目，前沿地区如深圳、广州、杭州等地应当提供更高端的政府购买服务项目，如高性能计算、云服务、专用软件与专项工具开发等项目内容。对于其他省会城市应当从实际情况出发，考虑产业优势和发展条件，进行鼓励性的创新创业券综合服务项目配置。其他地市一级则应当有一定含金量的创新券服务项目和创业服务券项目。

中西部地区更加注重创业带动就业，应当以创业券和中小微企业服务券为主体，对高新区、开发区等重点区域应当延伸创新券等服务项目。发达地区则可以进一步整合资源，扩展服务项目。如宿迁扩大创新券适用范围，不仅中小科技创新企业，而且园区和县区的科技服务与孵化机构和创新创业平台可以纳入资助。“扶持资金从科技专项扩大到各类专项资金，扶持内容从企业科技创新扩大到企业技改、节能降耗、信息化建设和县（区）、园区和科技服务机构的公共服务平台建设。”① 这些做法和经验具有一定的推广价值，可以为类似的地市提供操作借鉴。为延伸创新券的使用“长度”，浙江湖州还将创新券的使用阶段从企业的前期项目研发，延伸至后期的科技成果转化，延伸到企业创新发展的全过程。比如建立后补助兑现机制，设立“奖补类”科技券，对企业前期发生的科研费用采取事后财政兑现的形式予以补助。有的基层政府“实现了政府科技创新服务的可见、可选和可用。”促进了科技服务项目的透明高效和灵活实用，增强了供需之间的匹配度。

从表5－1可以看出，创客第一阶段的服务需求主要是场地租金、财税代理服务、市场拓展信息方面的服务，其次是法律咨询和知识产权方面的服务。再次是检验检测和研发设计服务。第二阶段的需求则主要是检验检测、研发设计和软件开发，但其次的需求依然是场地租金的减免和优惠。第三阶段，对于研究设计和检验检测、知识产权的服务需求则更加明显。而第四阶段，则战略管理咨询与检验检测和软件开发服务同等重要。因此，服务的匹配需要根据创客和科创企业的发展阶段进行优化设计，从而更加有效地发挥激励作用。

① 陈法玉：《“科技创新券”：宿迁探索与实践》，《唯实》2014年第6期。

表5-1　　　　创客对于不同阶段的服务项目需求情况

阶段性服务项目需求与比例	法律与产权咨询	检验、检测、认证服务	人才信息服务	研发设计	市场拓展	财务税务	软件开发	网络设施	创业场租	战略管理咨询	累计频数
第一阶段初创阶段	47	46	42	46	52	51	43	22	61	27	427
第二阶段孵化阶段	36	54	37	55	52	43	51	31	43	25	427
第三阶段成长阶段	51	51	24	65	45	33	33	51	31	43	427
第四阶段成熟阶段	23	56	44	45	43	34	55	44	28	55	427

资料来源：课题组调查问卷数据，经整理。

二是选择不同的政策工具匹配手段。对于政府购买服务的服务项目延伸可根据服务内容的创新程度和普惠程度设置不同的补贴标准，第一，采用分级补贴政策工具，对于普惠性的服务类型的项目补贴标准应该较高，但是单个扶持对象限定的总额度应当较低。一般而言，各地可从实际出发，设置3000—50000元不同的补贴额度限定。第二，同时采用竞争性的政策工具，对于高端服务项目和优先倾斜的服务项目，可以提高到10万元以上的总额度，但是限定名额，因为各地的财力有限不可能做到普惠，因此通过竞争性工具，可以更好地对项目进行筛选，也有利于激励申请人提高申报积极性，并切实重视项目的实施和保证质量。第三，专项购买服务凭单工具，则是专项购买服务某个类型的项目内容，只是限定总额度，限定服务的使用者，可限定也可不限定服务的提供者，便于补充某些特色服务和本地区专业型发展导向的项目。

（三）构建分级分类的综合供给服务体系

目前由于政府购买服务支持“双创”没有统一的政策安排，也没有全国性的综合服务体系，制约着供求的更加有效匹配，也制约着创新券、创业券的通兑和流通。因此构建以综合部门主导的综合服务体系，或者按照不同的部门分别建立全国性的综合服务体系。改变现在的不同的部门、不同的政府层级都自己负责筛选供应商，制定不同的资格标准的做法，避免各种因素影响到服务选择的范围和供给服务的质量。实际运营的过程中存在的问题主要是两个方面：一方面选择不到合适的供应者，另一方面服务的质量和价格性价比不高，而且将服务提供的范围分割局限在极小的范围之内，甚至容易产生舞弊和违规行为。所以，供给与需求的对接需要一个包容性和广覆盖性的综合平台，至少以省一级为综合服务平台，可以提供大量的服务提供者，也可以更大范围内对服务于购买者的专业性要求进行匹配。

完善双向补贴制度，综合扶持政策和激励政策主要依靠奖补类政策工具和公私合作的政策工具。“一方面要补贴中小微企业研发检测费用，另一方面通过给予服务提供单位年度绩效后补贴资金，这些费用以创新券的形式发放。”“双向补贴后，能提高设备供应方的积极性，会员数量和入网设备都出现了大幅增长。”“双向补贴是个好方法，下一步应调动供求双方积极性，扩大平台的覆盖范围。”① 但就全国而言，目前就科技创新券的使用进行双向补贴的省份不足20%，副省级城市和地市已经推出创新券、创业券实行双向补贴的比例不足30%。由于大型仪器设备的共享对象大多是国有企事业单位，由于体制性的原因和机制的设计不完善，这些单位对外服务积极性不高。其中对于公共服务平台，尤其是中小微企业服务平台的各类专业类和公益类服务可以通过公私合作的PPP模式，也可以通过政府公共生产的模式，但政府主导型的平台综合服务体系主要是基础设施的完善和技术力量的投入，前期需要大规模的资金和技术力量，因此，采用奖补类政策工具可以帮助平台的迅速建成，甚至及时改造升级，满足整个综合技术网络服务平台的运营需要，满足各项功能的要求和技术参数

① 杜晓妮、郑书伟、隋翔宇：《创新券有了“幸福的烦恼”》，《大众日报》2015年6月18日。

标准。而对于众创空间为主的综合服务支撑平台则也需要通过奖补类政策工具，刺激众创空间的运营方投入大量技术和资金进行构架和完善，并保持综合配套的服务能力，满足国家和地方对于众创支撑平台的各项基本功能的要求和某些专业众创空间的特殊要求。众创支撑平台的运营则直接可以通过众创空间等孵化器的运营者直接进行维护和管理，并逐步按照市场化运作。而政府购买方服务的综合服务管理平台则既可以由政府主管部门的下属事业机构进行管理和维护，也可以借鉴深圳等地的经验，直接通过 PPP 模式，将审核和监督等权限和网络运营维护交给第三方来运营，提供服务，政府每年支付一定的管理和维护费用。

精简流程实现程序再造，降低交易成本。借鉴深圳、浙江等地的做法，重塑流程，实现创新券申请程序和服务提供者的服务流程进行匹配，其基本流程与其他网络申报平台基本相似。做到四个同步：第一步是同步注册，需要企业在网络综合服务平台注册，根据注册的资格认定，企业在线申请额度，服务载体同时发布服务项目，第三方专业机构整合资源，构成服务创新的地图。第二步，同步预约与接受预约。在企业综合服务平台预约服务，与服务提供商进行协商，平台上会发布创新地图，按照创新地图的指引，与服务方进行签订协议，形成规范化的文本协议，进行备份和无纸化传送审核。第三步，同步申请和同步使用创新券。按照服务项目的进展情况，在第三方机构的监管下实现通过网上支付创新券。第四步，同步兑现创新券和接受服务评价。在兑现创新券的同时，企业对创新券的服务载体进行评价，并作为下一轮补贴和纳入平台的参考依据。

（四）强化服务项目的评估与需求表达机制建构

一是对于政府购买服务应当建立第三方评估机制，第三方评估本身可以通过综合网络平台进行公开购买，实行竞争性选择。第三方的评估，不仅评估政府购买服务的服务提供者的服务质量，而且要评估对服务提供者的满意度和专业匹配度。通过评估，对服务提供者提供信息反馈，便于改进服务，提升专业水平，也可以提供信息给政府主管部门，从而对现有的供应商进行资格调整和名单的调整，确保能够优胜劣汰，形成强有力的竞争淘汰机制，增强服务提供者的责任感。对于政府购买服务的申请者也要进行评估，重点评估申请者是否真正进行了项目的有效匹配，申请者的平均质性特征，对于企业或者创新团队的项目有什么样的实际作用。从而，为下一步调整服务项目，完善资格条件，改变扶持重点方面等提供政策依据。

从表 5 – 2 的情况看，创客对于提供服务者，期望政府不要限定狭窄的范围，而是基于一定的资格和条件，通过市场进行配置和使用，从而能够发挥购买服务项目的最大效益。其中，发放凭单自己自由购买的有效性为 85%；基于一定资格条件的自由选择为 84%，基于第三方评估而获取资格的服务对象采购为 83%。对政府部门和下属企业经办服务的评价最低，有效性仅为 77%。但从供求双方的管理动态优化的角度和考虑到政策风险管理的可控性看，委托第三方进行评估的方法和途径是一个比较折中和有效的途径。

表 5 – 2 创客对不同政府购买服务提供方式的有效性评价

服务提供方式/有效性		无效	低效	有效	高效	完全有效	有效比例
政府自己经办服务	频数	10	48	161	127	81	77%
	比例	0.02	0.11	0.38	0.30	0.19	
有限范围指定供应	频数	12	66	179	133	37	82%
	比例	0.03	0.15	0.42	0.31	0.09	
划定资格范围，按照标准选择	频数	10	62	167	150	41	84%
	比例	0.02	0.15	0.39	0.35	0.10	
政府不限范围，创客自己选择	频数	22	84	154	111	56	85%
	比例	0.05	0.20	0.36	0.26	0.13	
委托第三方评估资格	频数	18	55	156	132	66	83%
	比例	0.04	0.13	0.37	0.31	0.15	

资料来源：课题组问卷调查数据，经整理。

二是对申请者服务项目的组织者和购买方——政府本身也要进行评估，重点评估服务流程、审核平均时间消耗、服务效率、服务便利化、服务的项目匹配度、对众创和创新经济的实际催化作用等多方面进行综合评估。对网络综合技术服务平台进行评估，包括平台的综合职能完善程度、运行的效率和速度，运行的满意度和各项目兑现的平均时间消耗等多项指标进行评估，从而进一步促进平台的技术性能改善和服务质量提升，为整个平台的技术路径完善和改造升级提供依据，也为经费和拨款等费用支出提供基本的参考依据。

三是模拟市场的真实需求表达机制。在政府购买服务中，服务项目和服务价格由于是缺乏灵活的机制设计，在实际运营中并不能真正反映真实的需求，往往在政府补贴的情况下放大了市场需求，不论是否需要都会引发积极申报，如果额度太低程序烦琐，则会降低申请的积极性。因此，真实的需求应当建立在企业按照市场价格竞争的基础上，进行资源配置的成本测算的基础上，通过模拟市场测算，真实的市场调查，可以对创业团队和创新型企业的真实需求进行科学排序，从而确定优先支持项目，并设立自主选择项目便于照顾到个性需求。而基于真实的市场价格比价，需要调整服务提供者目录和名单，并对价格与市场实际价格比价公开，对名单动态调整，有助于提高价格的公开合理性。

基于政策评估与绩效评估工具组合。政府购买服务由于是政府财政投入为主的政策，虽然政府的扶持对象和服务的提供者都是受益者，但满意度测评和服务效率测评对于政府而言都是一项有力的工具，促进政府服务的改进和效率的提升。这里可以借鉴上海市科技创新券的评估做法，对服务过的1000多家企业用户，设立网上投票评估环节，对1亿多元的项目进行优秀服务机构的评估，从而促使主管部门了解实际满意度和绩效情况。此举有可值得借鉴之处，有助于推动服务机构的质量提升和能力的优化，也有助于形成彼此之间的三方互动，推动基于绩效评估与绩效改进的政策体系优化。但由于政策本身的普惠性或者无偿性，决定了评价的基调都是偏正面的。因此，必须要引入公共政策的多元评估工具，对政策的真实效果进行定量的测评，比如创新驱动指数、创客发展指数、创新创业业态发展指数等进行前后对比和有无政策绩效的对比分析，因为目前的政策落地本身参差不齐，同一层级和同一地区近似的地方政府的政策反差，反而为政策工具的科学化评估提供了参照系和可比较的相关案例和样本。

（五）引入多元参与的服务监督机制

一是强化主管监督责任和财政监督责任，政府购买服务是用国家财政资金来提供的服务，必须要确保资金安全，依法合规使用。因此，除财政部门需要加强资金的监督之外，主管部门按照分级分部门负责的原则强化监督责任。按照谁的资金谁负责监督管理的原则，科技部门、人社部门、工信部门等对资金的安排和监督需要建立一套完善的监督制度，并且强化监督的人员责任和岗位责任。二是引入第三方监督机制，通过引入相关会计审计和网络技术综合监督平台的监督方，对政府购买服务的项目、资金、资格条件等各方面进行线上线下的综合监督，其中线上通过技术手段进行资金和资料的审核监督，线下主管部门和基层单位按照职责权限对相关事项进行真实性和可靠性审核监督。第三方的监督作为独立的监督，应当选择异地购买服务监督的原则，同时明确第三方监督责任和权利，建立风险与监督效率动态考核机制，与资金和费用结算挂钩，确保第三方能够积极有效地发挥作用。三是进一步推进社会监督与第三方监督与专业监督的相互结合，综合嵌入监察部门、审计部门的监督体系，通过第三方监督和社会监督相互配合和互动机制建设，第三方监督发现的问题与专业监督相互联动衔接的原则，构建四位一体的监督责任体系。

五　着力构建长效机制，明确各级政府的财政预算与资源保障责任

（一）中央政府层面需要给予明确的专项资金预算

政府购买服务作为中央政府提倡和明确要求支持的政策安排，如果只是软性的政策要求，而没有切实的实惠政策资金安排，地方政府则只能对此政策采取灵活的变通政策，特别是资源不足和财力匮乏的地区就会回避此项政策的落地。因此，在相关的制度安排进行完善的同时，要对政府购买服务支持创新创业的资源保障和资金预算有一个明确的安排。其中需要从两个层面进行努力：一方面是从法律法规方面，从每年的政府“双创”资金预算中，将政府购买服务的资金预算通过科技专项经费的单设项目和中小企业资金预算、就业创业资金预算、转型发展基金的单项项目中进行款目一级的单列，通过这种形式进一步将政府购买服务支持“双创”的资金保障制度化和长效化。还可以在国家科技与民生等预算的基础上，通过授权国务院及其财政部门通过政策的安排，在预算的增量上进行地区之间的比例切分和转移支付项目的安排，对不同的地区进行资金的补助和调剂，从而平衡各地区之间的资源保障工作。另一方面，是在既有的预算资金安排的现有蛋糕模块中，由国务院作出政策性安排，财政部门对政府购买服务的资金的切分和转移支付的比例进行合理测算和统筹安排。科技、人社、工信等部门进行进一步的精细化测算。其中，科技经费预算中，明确科技专项经费中，下设科技创新券资金预算项目，工信部门的中小企业发展扶持资金预算，含产业发展转型资金预算中下设中小微企业服务券预算资金，人社部门的就业创业资金预算中下设创业券补助资金预算项目。现有的资金和补贴项目进一步规范化，纳入政府购买服务支持“双创”的资源保障体系，避免政策的不稳定和不可持续问题。

中央资金预算与资源保障机制的建立，可以运用三种以上的政策

工具撬动地方政府的资金，发挥政府财政资金支持“双创”的乘数效应。一是竞争性资源配置政策工具。通过对地方政府，各省市区和计划单列市进行资源的竞争性配置，对出台政府购买服务政策支持“双创”的省市区进行奖励，不同地区的政府购买服务支持“双创”的资金投入额度、地（市）、县政策覆盖面、支持强度、创客满意度、创新驱动战略实现度等指标进行评估后，进行奖励性补贴，这样一来就会形成类似于高铁和农网改造类似的政策竞争效应，推动地方政府设法投入资金，甚至是通过 PPP 模式，引入“双创”资金的投入，同时争取中央的政策支持。这样一来，通过 20%—50% 的比例杠杆，中央财政资金至少可以撬动 2 倍以上的地方政府资金，甚至会带来 3—4 倍的创客购买服务投入，从而更好地发挥资源的保证作用。二是比例补贴的转移支付政策工具。按照不同地区和不同财力状况，对政府购买服务支持“双创”的资金支持按照一定的额度进行扶持。这种扶持政策跟竞争性的资金补助不同的是，额度是封顶和确定的，只要符合要求，考核评估合格，就可以给予一定额度的转移支付，其中西部地区的额度相对比例较高一些，中部地区的比例适中，东部地区的额度略低一些，因为东部地区的总额度会很大，所以总额度是动态调整的。这些额度可以授权地方政府进行合理的调剂和配置，进一步权衡本省各市县区的地区不平衡状况。此项资金安排主要是对普惠性的政策工具进行补贴，支持各地出台基本的政府购买服务的项目和进行政策工具组合安排。三是专项政策工具，专项区域性政策资金工具和专项项目凭单工具。用于众创支撑平台的建设补助和创客必需的新项目的专项补助凭单，以及专门的创新业态的补贴工具。

（二）明确地方政府购买服务支持“双创”的资金保障责任

在明确中央财政预算资金安排的基础上，进一步强化地方政府的资金和资源保障责任。没有资金保障，任何政府购买服务政策都是一句空话。因此，一是明确地方政府整合“双创”扶持资金中要有一定比例的政府购买服务的资金预算，此项资金通过政策工具转化为扶持

"双创"的项目，避免地方政府的购买服务的资金来源不清楚，规模不确定、持续性差和不可预期等问题。由于地方政府目前出台的政府购买服务的政策不同，地区差别很大，同一地区不同城市之间，不同政府层级之间都有很大的落差，因此，通过对地方政府的购买服务有较为硬性的资金保障责任安排，会很大程度上推动政策落地。同时，中央财政的资金的竞争性安排有利于地方政府出台政策，保障资金的到位。这种比例安排，应当从实际出发，视各地区的差异规定各项资金的不同配套比例，对于中西部地区要求在科技经费、就业创业资金、中小微企业资金和其他资金中明确政府购买服务的资金投入比例。二是明确地方政府购买服务基本公益类服务项目的资金额度规定。从多元路径分析测算不同地区、不同层级的地方政府基本科技创新、创业就业服务的需求状况，地方本级的资金保障能力和程度，设定一定的基本额度，保障创新创业的基本公益类服务和众创支撑平台建设的基本扶持项目资金预算，并根据财力变化和实际"双创"发展的态势，调整基本的保障额度。建立基本额度保障与中央转移支付资金的划拨挂钩的机制，形成各级资金来源的联动化。

中央政府投入撬动地方政府配套投入的资金杠杆工具分为两种。第一种是强制性配套和额度规定，也就是中央投入的资金要求省市区进行一定程度的配套，这种配套可以是一定的比例，也可以是一定的额度和数量。其目的就是要进一步产生杠杆效应。目前，地方政府尤其是各省、直辖市、自治区本级政府中出台政府购买服务的比例在一半以上，而地市、县一级则政策出台的比例与层级降低成正比，为调动地市以下政府的积极性，可要求政府购买服务配套资金比例下降。但省市区一级的资金配比尤为重要，它不仅影响本级，而且也直接地影响下一级政府和部门的工作。其资金配置的强制性比例，对于地方而言需要有一个合理的权衡，地方政府可以有一定的再分配权利。显然可行的做法是，同一地区中的不发达区域要求配套比例低，副省级城市，特别是计划单列市可以单独要求。第二种是不同地区的政府购买服务投入的弱排名工具。以不同政府层级的政府购买服务投入，投入与中央政府的配套比例，按照同一层级、同一地区之间的数据向社会公开，对扶持政策的强度和资金额度、配套比例来进行定期评价和整体排名。这项评估工作可以通过第三方评估机构进行客观地计算和评价，由于政府购买服务的投入来自财政资金，所以数据的获取比较容易，同一地区、同一层级政府之间也便于比较，有较强的可比性，便于形成一种隐性的竞争压力机制，也会产生一定的政治竞争压力，促使地方政府领导人重视此项工作。

（三）合理划分地方各级政府的资金分担比例

地方政府在出台政府购买服务支持“双创”的政策安排中，绝大多数地区的资金安排都是按照谁出政策谁出钱的原则进行资金和资源的保障。少数地区，如江苏宿迁等地设定了市县区之间的分配比例，这种分配比例总体来说是一种财力之间的合理平衡，但对于财力较为宽裕的县区来说，这种政策资金的比例划分切实可行，但对于国内中西部大多数县而言较低的补贴比例意味着自己是主要出资者，但不是政策的主导者，不符合主体利益的身份定位，会挫伤积极性。而各地的资金分配，尤其是省市区一级很少对省市县三级进行合理的比例分摊作出较为明确和科学的界定，实际上省本级并不直接发放创新券、创业券，而是将创新券额度分配给地市一级，乃至县一级，因此，完全有必要根据各地的财力和资源保障能力，确定一定的共同分担比例，因为这样一来本地区的资金配套来源多元化，有利于争取中央的奖补类政策工具和补助比例政策工具。

就地方政府而言，将资金的分配比例和分担比例进行保障机制的构建有三种工具的选择。第一种是通过地方法规的形式的政策工具来明确。将政府购买服务支持创新创业作为大众创业万众创新的整体政策的有机组成部分，将其资金来源和资金分担比例等措施提交给省市区一级人大进行立法，通过地方法规的形式界定政府购买服务支持“双创”的资金保障责任和各级分担比例。第二种就是行政强制性安排，在国务院相关资金和预算政策安排进一步明晰的基础上，通过行政决定和规章的形式，明确政府购买服务的资金和预算在不同层级之间的分担比例和资金调剂办法。第三种是复制发达地区地市县的成熟的资金分配比例和运作模式的政策工具。就是在原有的地市和副省级城市资金分配比例的基础上，将其政策安排进行科学分析，适度改造，在本地区进行复制推广。省市区本级只是进行资金的综合平衡和竞争性补贴工具的科学使用。

（四）优化政府购买服务支持“双创”的多方资源配置

政府购买服务的资源配置不仅仅是财政资金的配置，从实际的运作看，单靠财政增量资金其投入增长幅度是减缓的，短期内不可能有巨大的增长。而且政府购买服务不仅是服务券、创新券本身的投入，还需要大量的人力、物力和技术力量。牵涉到很多的资源和资金存量的调配问题。因此，一是通过财政资金节流和调剂保障资源。要进一步强化各级“三公”经费和规范津补贴发放，严格执行中央八项规定，做好地方的财政资金的支出结构优化工作，不仅在增量资金中想办法，而且要在存量资金中调整结构，将原来不合理的吃饭财政中过高的部分调整出一部分资金余量，这种调剂要视不同的政府层级和部门情况，也要视不同地区的情况而定。优化整个部门和系统的条块资金预算，通过进一步的资源条件分析和资金项目的测算，从中央部门的预算和资金资源条件分析开始，自上而下，进行资金合理需求量和资金分配调剂量测算，保障资源分配在本系统内实现再优化再平衡。二是调剂同一政府层级的资源和力量。对于创新券、创业券、服务券的管理和运营，需要大量的技术人才、管理人才甚至审计人才，这也需要从各部门之间进行合理调配，取长补短，优势互补。除此之外，众创空间建设支持中，完全可以将落实中央八项规定清退出来的办公用房，予以调剂和改造使用。作为政府购买服务支持“双创”的物质投入，这也是中西部地区投入的一项重要资本。结合机构改革，将扶持“双创”的各项管理人才和技术人才进行合理调配和优化，充实到管理和服务的一线。三是强化省市区一级支撑平台和网络技术服务平台的资源保障，在省市区一级调剂和优化资源的空间大，配置各种技术人才和技术设施的基础条件好，且容易形成区域性的网络综合服务平台的整体协同效应。

这里可以动用的政策工具较多。首先，可以通过政府间资产调拨和人员调拨来解决相关资源问题。由于政府间资金和资产属于国有资产，且大多都在本级政府的管辖范围和权限范围之内。对于利用闲置资产和富余人员的调度则压力更小。对于相关的专业人员则可以将原有的专业技术人员整合，并通过借调和抽用，甚至是调动的方式整合到综合服务平台或者综合管理机构。尤其对于众创空间的改造升级和建设，对于创客的场地租金等服务项目，可以利用当地办公机构清理形成的富余资产比如淘汰的旧办公楼等投入保障。其次，可以通过资产置换甚至是共享资源的方式强化资源保障，在基础条件较好的地方，政府本身对网络基础设施和技术设施投资较多，有的城市综合管理服务平台，特别是智慧城市和网格城市平台较好的城市，在容量和载荷允许的情况下，可以利用现有的平台和系统进行资源保障，减少投入。最后，可以通过第三方的技术和资金力量，采用 PPP 模式，先对众创支撑平台建设和专业服务设施设备进行投入，然后通过运营补助和奖励补贴的方式后期予以扶持，便于短时期内现行落实政策措施和服务项目。

附　　件

问卷编号：

政府购买服务支持大众创新创业的调查问卷

国家社科基金项目："政府购买服务支持大众创新创业的障碍因素与解决机制"课题组

2016 年 7 月 1 日印制

政府购买服务支持大众创新创业的调查问卷

您好！

这里是国家社科基金项目："政府购买服务支持大众创新创业的障碍因素与解决机制研究"课题组。感谢您抽出宝贵的时间填写本问卷！本次调研是为了解政府购买服务支持大众创新创业相关政策的落地情况，向国家有关部门提供政策建议，更好地助推创客创新创业。此次调查采取不记名方式，我们承诺将对问卷内容进行严格保密，请您放心填写！

对您的支持和配合表示衷心的感谢！

国家社科基金课题组

一、基本信息

1. 您的身份是？

A. 创客　　B. 创客空间工作者

C. 政府部门工作人员　　D. 服务提供者

2. 您所在的地区是？

A. 东部地区　　B. 中部地区　　C. 西部地区

3. 您的教育程度是？

A. 高中及以下　　B. 大专

C. 本科　　D. 研究生及以上

4. 您从事创客创业或服务创业事务的时间是？

A. 1 年内　　B. 1 年以上 2 年内

C. 2 年以上 3 年内　　D. 3 年以上

5. 您的户籍地是？

A. 本市　　B. 市外本省

C. 外省　　D. 外国籍

二、政策整体认知

6. 您是否了解政府购买服务支持创客创新创业的相关政策？

A. 不了解　B. 了解一点　C. 基本了解　D. 非常了解

E. 完全了解

7. 您是否了解政府购买服务支持创客创新创业的相关政策？

A. 不了解　B. 基本了解　C. 了解一点　D. 非常了解

E. 完全了解

8. 您对政府购买服务支持大众创新创业政策的服务项目了解情况？

A. 无服务项目　B. 少量服务项目

C. 较多服务项目　D. 服务项目丰富

E. 服务项目充足

9. 您对政府购买服务项目的政策落地的整体满意度？

A. 非常不满意　B. 不满意　C. 比较满意　D. 满意

E. 完全满意

10. 您认为政府购买的服务项目（如果有）对创新创业的帮助如何？

A. 没有帮助　B. 少有帮助　C. 较多帮助　D. 非常有帮助

E. 特别有帮助

三、服务项目与服务方式评价

11. 就您所了解的政府购买服务支持创业的第三方服务项目有哪些？

序号	项目内容	是否提供 （在是　否　）	提供持续度 1. 一次性；2. 持续提供
1	法律、知识产权咨询	是　否	1　2
2	检验、检测、认证服务	是　否	1　2
3	人才信息支持服务	是　否	1　2
4	研发设计支持服务	是　否	1　2

续表

序号	项目内容	是否提供 （在是 否 ）	提供持续度 1. 一次性；2. 持续提供
5	市场渠道拓展服务	是 否	1 2
6	财务、税务服务	是 否	1 2
7	软件开发服务	是 否	1 2
8	网络与设施服务	是 否	1 2
9	创业场地、物业服务	是 否	1 2
10	战略管理咨询服务	是 否	1 2
11	您知道的还有：	是 否	1 2

12. 您对这些服务项目的必要度评价如何？

序号	项目内容	不必要————完全必要 请在对应的数字上打√
1	法律、知识产权咨询	1 2 3 4 5 6 7
2	检验、检测、认证服务	1 2 3 4 5 6 7
3	人才信息支持服务	1 2 3 4 5 6 7
4	研发设计支持服务	1 2 3 4 5 6 7
5	市场渠道拓展服务	1 2 3 4 5 6 7
6	财务税务服务	1 2 3 4 5 6 7
7	软件开发服务	1 2 3 4 5 6 7
8	网络与设施服务	1 2 3 4 5 6 7
9	创业场地物业服务	1 2 3 4 5 6 7
10	战略管理咨询服务	1 2 3 4 5 6 7

13. 您对这些服务项目与创客创业需求的匹配度评价如何？

序号	项目内容	不必要————完全必要 请在1—7的数字上打√
1	法律、知识产权咨询	1 2 3 4 5 6 7
2	检验、检测、认证服务	1 2 3 4 5 6 7
3	人才信息支持服务	1 2 3 4 5 6 7
4	研发设计支持服务	1 2 3 4 5 6 7
5	市场渠道拓展服务	1 2 3 4 5 6 7

续表

序号	项目内容	不必要——————完全必要 请在 1—7 的数字上打√
6	财务税务服务	1 2 3 4 5 6 7
7	软件开发服务	1 2 3 4 5 6 7
8	网络与设施服务	1 2 3 4 5 6 7
9	创业场地物业服务	1 2 3 4 5 6 7
10	战略管理咨询服务	1 2 3 4 5 6 7

14. 您认为创客创新创业的阶段性需求是什么？

序号	阶段	填写后列中的序号即可	服务项目内容
1	初创阶段		1. 法律、知识产权咨询　2. 检验、检测、认证服务 3. 人才信息支持服务　4. 研发设计支持服务 5. 市场渠道拓展服务　6. 财务税务服务 7. 软件开发服务　8. 网络与设施服务 9. 创业场地物业服务　10. 战略管理咨询服务
2	培育阶段		
3	发展阶段		
4	成熟阶段		

15. 您认为创新创业迫切需要但当地政府尚没有购买提供的服务项目有哪些？

序号	项目内容	需要程度 请在 1—7 的数字上打√
1	法律、知识产权咨询	1 2 3 4 5 6 7
2	检验、检测、认证服务	1 2 3 4 5 6 7
3	人才信息支持服务	1 2 3 4 5 6 7
4	研发设计支持服务	1 2 3 4 5 6 7
5	市场渠道拓展服务	1 2 3 4 5 6 7
6	财务税务服务	1 2 3 4 5 6 7
7	软件开发服务	1 2 3 4 5 6 7
8	网络与设施服务	1 2 3 4 5 6 7
9	创业场地物业服务	1 2 3 4 5 6 7
10	战略管理咨询服务	1 2 3 4 5 6 7

续表

序号	项目内容	需要程度 请在 1—7 的数字上打√
11	其他	1 2 3 4 5 6 7
12	其他	1 2 3 4 5 6 7

16. 您了解的目前政府购买服务提供的方式有哪些？

序号	服务提供方式 （直接在序号上打√）	序号	此列请填写您所知道的服务方式
1	政府提供创业通券自主选择	6	
2	主管部门直接安排第三方服务	7	
3	政府向创客空间整体性购买	8	
4	政府向创客发放单项服务凭单	9	
5	政府自己经办创客空间的服务	10	

17. 您对这些服务方式的效率评价如何？

序号	服务提供方式	有效度评价 1. 无效；2. 低效；3. 有效；4. 高效；5. 完全有效
1	政府提供创业通券自主选择	1 2 3 4 5
2	主管部门直接安排第三方服务	1 2 3 4 5
3	政府向创客空间整体性购买	1 2 3 4 5
4	政府向创客发放单项服务凭单	1 2 3 4 5
5	政府自己经办创客空间的服务	1 2 3 4 5
6	其他方式	1 2 3 4 5

四、政策落地的障碍因素评价

18. 您认为当前制约政府购买服务支持创新创业的障碍因素是什么？

序号	项目内容	重要程度排序 请在 1—7 的数字上打√
1	管理部门责任不清，工作缺乏协调落实	1 2 3 4 5 6 7 8 9
2	财力不足，财政资金不能及时到位	1 2 3 4 5 6 7 8 9

续表

序号	项目内容	重要程度排序 请在 1—7 的数字上打√
3	相关政策不完善，规则不清晰，导致操作困难	1 2 3 4 5 6 7 8 9
4	主管部门之间利益不平衡，争夺主导权和利益分配权	1 2 3 4 5 6 7 8 9
5	第三方服务主体选择机制不完善、不合理	1 2 3 4 5 6 7 8 9
6	服务项目匹配性不强，服务质量不佳	1 2 3 4 5 6 7 8 9
7	服务项目提供方式单一，菜单组合性不强	1 2 3 4 5 6 7 8 9
7	您还认为	1 2 3 4 5 6 7 8 9

19. 您认为主管部门履责和部门协作情况如何？

1	相关部门	履责程度 1. 不尽责；2. 少尽责；3. 基本尽责；4. 较好尽责；5. 十分尽责，请在 1—5 的数字上打√
2	本辖区主管机构 （县区政府、高新管委会）	1 2 3 4 5
3	本地区科技主管部门	1 2 3 4 5
4	本地区财政部门	1 2 3 4 5
5	本地区发改委部门	1 2 3 4 5
6	本地区人力资源部门	1 2 3 4 5
7	本地区城建与住房保障部门	1 2 3 4 5
8	您认为有　　　　　部门	1 2 3 4 5

20. 您对政府购买服务的资金保障落实如何评价？

序号	保障充足程度	勾选栏√	保障不足原因分析	勾选栏√
1	没有保障		本地区财力不足，不能保障	
2	十分不足		本地区财力充足，但投入不足	
3	较为不足		财政投入充足，但操作烦琐，影响落实	
4	较为充足		投入充足，操作规范，但本地第三方无力承担，无法落地	
5	十分充足		您认为是	

21. 您对以下政府选择第三方供应商服务的方式如何评价?

序号	供应商选择方式	有效度评价 1. 无效; 2. 低效; 3. 有效; 4. 高效; 5. 完全有效
1	政府公开采购，竞争选择	1 2 3 4 5
2	有限范围协商，重点选择	1 2 3 4 5
3	制定准入门槛，按标准选择	1 2 3 4 5
4	政府不设限，创客自己选择	1 2 3 4 5
5	政府委托第三方评估选择	1 2 3 4 5

22. 您认为技术操作因素对政府购买服务支持创业的影响如何?

序号	相关部门	影响程度 按由低到高请在1—5的数字上打√
1	政策规范不具体、不细致	1 2 3 4 5
2	服务程序和手续繁杂	1 2 3 4 5
3	服务项目单一可选择性不强	1 2 3 4 5
4	缺乏创客服务需求表达渠道	1 2 3 4 5
5	缺乏政府部门、创客与服务方互动方式	1 2 3 4 5
6	其他	1 2 3 4 5

23. 您认为制约政府购买服务支持大众创新创业的制度因素是什么?

序号	影响因素	影响程度 按由低到高请在1—5的数字上打√
1	缺乏顶层设计	1 2 3 4 5
2	缺乏操作规范	1 2 3 4 5
3	缺乏部门工作协同机制	1 2 3 4 5
4	缺乏资金支持的制度保障	1 2 3 4 5
5	其他	1 2 3 4 5

24. 您对政府购买服务支持大众创新创业的建议：
____。

再次感谢您的配合和支持!

调查员：

审核人：

201　年　月　日

政府购买服务支持“双创”政策执行综合模糊评价问卷

为做好政府购买服务支持大众创新创业政策执行过程的事中评价工作，特邀请您作为专家参与指标的设计和权重的赋值工作，便于进行模糊评价和综合分析。

1. 政府的主导作用——地方政府行政推动力和资金保障。（建议权重20%，您的建议权重__30　%__）资金保障指标包括设立科技创新券资金、中小企业服务券资金、创新创业券资金、众创空间扶持资金、创新创业扶持资金。由于是落地与否的评估，因此以有无标准来计算分值和权重。其中资金保障比例不低于15%，您的建议是__20　%__；每一子项的权重建议科技创新券、中小企业服务券、创新创业券、众创空间扶持资金各占比重20%，其他扶持资金占20%。

您认为此项指标的重要程度：1　2　3　4　5　6　7　8　9（相应位置勾选）。

2. 政策的协调性——政策工具的配套完整。（建议权重为50%，您的建议比重是______%）其中政策类型分为创新券、中小企业服务券、综合类创新和创业券、专项扶持券、对众创平台运营补贴项目等类型。每种类型又分为若干政策工具，其中科技扶持类有15种，公益服务类有9种，运营补贴类有9种。建议每种类型的权重由工具子项而来，因此建议以33种工具为总数，每种政策工具3%—3.5%的权重类计算分值；你的建议计算政策工具总数为__33 种__，每种的权重为

____%。

您认为此项指标的相对重要程度：1 2 3 4 5 6 7 8 9（相应位置勾选）。

3. 政策的系统性——地方政策长效机制的配套。（建议权重20%，您认为权重为____%）主要体现在政府推动“双创”政策的若干政策意见，涉及政府扶持“双创”和政府购买服务的10项主要政策文件。其中政府购买服务支持“双创”的政策文件为核心评价标准，其他辅助文件为补充标准。建议出台科技创新券、创新创业券、中小企业服务券、其他服务券管理办法的比重为80%，您的建议是____%（有一种以上的得50%，两种及以上为100%，您的建议是____%、____%）。其他各项制度占比20%，各项制度比重平均计算，你的建议是____%，计算方法是________（加权平均、差一项一票否决）。

您认为此项指标的重要程度：1 2 3 4 5 6 7 8 9（相应位置勾选）。

4. 政策动态性——政策的及时性与回应性（建议权重为10%，您认为权重为____%）。主要是创客和相关利益主体对政策落地的评价和政策更新和加码的政策评价。主要以政策出台的时间窗口和时间跨度为及时性指标、政府购买服务的类型、工具的增减为回应性指标。建议上述两种指标各占5%，您的建议是____%，____%。其中，及时性以一年为界限（建议超过一年的扣减2分），政策工具的增加和政策调整，以有无为判断标准（没有的扣2分，有的得满分）。

您认为此项指标的重要程度：1 2 3 4 5 6 7 8 9（相应位置勾选）。

5. 总体模糊评价（数值越大左边的指标相对重要性越强）。

政策工具 1 2 3 4 5 6 7 8 9 政府主导作用（相应位置勾选）。

政策工具 1 2 3 4 5 6 7 8 9 政府政策配套（相应位置勾选）。

政策工具 1 2 3 4 5 6 7 8 9 政策及时与回应性（相

应位置勾选）。

政策系统配套　1　2　3　4　5　6　7　8　9　政府主导作用（相应位置勾选）。

政策系统配套　1　2　3　4　5　6　7　8　9　政府及时回应（相应位置勾选）。

政府主导作用　1　2　3　4　5　6　7　8　9　政策及时与回应性（相应位置勾选）。

6. 除上述执行过程评价的四个以及指标，您还建议的一级指标和权重分别是_____%、_____%。

您认为此项指标的重要程度：1　2　3　4　5　6　7　8　9（相应位置勾选）（数值越大左边的指标相对重要性越强）。

一级指标五　1　2　3　4　5　6　7　8　9　政府主导作用（相应位置勾选）。

一级指标五　1　2　3　4　5　6　7　8　9　政府政策配套（相应位置勾选）。

一级指标五　1　2　3　4　5　6　7　8　9　政策及时与回应性（相应位置勾选）。

一级指标五　1　2　3　4　5　6　7　8　9　政策工具（相应位置勾选）。

专家签名：

年　月　日